연세대학교 상경대학과 경영대학의 명예교수님들이 추천하는

경제학과 경영학의 명저들

이두원, 이지만 편

연세대학교 상경대학과 경영대학의 명예교수님들이 추천하는

경제학과 경영학의 명저들

2023년 2월 28일 1판 1쇄

이두원, 이지만 편

펴낸곳 연세대학교 출판문화원

주소 서울특별시 서대문구 연세로 50

등록 1955년 10월 13일(제9-60호)

전화 02) 2123-3378~80

팩스 02) 2123-8673

전자우편 ysup@yonsei.ac.kr

홈페이지 http://press.yonsei.ac.kr

인쇄 (주)동국문화

ISBN 978-89-6850-705-2(93320)

값 20,000원

연세대학교 상경대학과 경영대학의
명예교수님들이 추천하는

경제학과 경영학의 명저들

이두원 · 이지만 편

연세대학교 출판문화원

감사의 글

본 연구는 제22대와 제23대 연세대학교 상경·경영대학 동창회장을 역임하셨던 ㈜한독의 김영진 회장님의 지원으로 이루어졌다. 김영진 회장님은 2017년부터 상경·경영대학 융복합연구 활성화를 위해서 매년 큰 금액을 지원하고 계시며, 이러한 지원을 통해서 2017년부터 2019년까지는 상경대학과 경영대학의 교수님들이 함께 연구를 하고 그 결과를 발표해 오고 있었다. 하지만 2020년도에는 코로나 사태로 인해 대면 연구 및 발표회가 무산되었으며, 그 대안을 모색하던 중 본 사업을 기획하게 되었다.

최근 상경대학과 경영대학에 입학하는 젊은 학생들은 이미 고등학교 때부터 경제학과 경영학의 기본적인 이론을 공부한 경우가 많다. 하지만 이러한 이론들이 탄생하게 된 배경을 역사적 맥락과 함께 접할 기회는 적었으며, 그런 과정에서 자칫하면 각 이론을 지나치게 도식적으로만 이해하여 협소한 관점으로 해석할 위험성이 있다. 이러한 점을 안타깝게 생각하고 있었던 상경대학과 경영대학의 교수님들은 이번 기회에 김영진 회장님의 양해를 구해서 상기한 지원금을 본 사업에 사용하게 되었다. 이에 경제학 분야에서 다섯 편의 명저를 그리고 경영학 분야에서 세 편의 명저를 선정하여, 모두 8인의 명예교수님들이 각 책의 핵심적인 내용을 축약하고 번역하게 된 것이다. 젊은 학생들은 이제까지 그래프와 수식으로만 경제학과 경영학의 이론들을 공부하고 있었다. 하지만 이 책에 소개된 원문을 읽어보면 각 명저의 저자들이 얼마나 방대한 지식과 수많은 고민, 그리고 뛰어난 통찰력을 가지고 이 명저들을 저술하였는지 알게 될 것이며, 그들의 주장이 왜 아직도 21세기를 사는 우리에게 큰 함의를 주는가를 이해할 수 있을 것이다.

본 사업의 저술작업은 상기한 8인의 명예교수님들의 도움 없이는 불가능하였다. 이분들이 각자 저술을 담당했던 책은 다음과 같다. 상경대학의 경우 윤석범 교수님이 아담 스미스Adam Smith, 1723~1790의 『국부론The Wealth of Nations, 1776』을, 정창영 교수님이 존 메이야드 케인즈John M. Keynes, 1883-1946의 『일반이론The General Theory of Employment, Interest, and Money, 1936』을, 김학은 교수님이 프리드리히 하이에크Friedrich Hayek, 1899-1992의 『노예의 길The Road to Serfdom, 1944』을, 홍훈 교수님이 칼 맑스Karl Marx, 1818~1883의 『자본론Das Kapital, 1867』을, 그리고 신동천 교수님이 데이비드 리카아도David Ricardo, 1772~1823의 『정치경제학 및 과세의 원리에 관하여Principles of Political Economy and Taxation, 1817』를 저술해 주셨다. 또한 경영대학의 경우 오세철 교수님이 빌헬름 라이히Wilhelm Reich, 1897~1957의 『파시즘의 대중심리The Mass Psychology of Fascism, 1946』를, 김준석 교수님이 김준석·박주연·김치헌 공저의 『변화와 혁신: 혁신역량을 키울 때 창의성의 꽃이 피어난다2019』를, 그리고 박헌준 교수님이 리처드 루멜트Richard P. Rumelt, 1942~의 『좋은 전략, 나쁜 전략Good Strategy/Bad Strategy: The Difference and Why it Matters, 2011』의 해설 및 요약을 저술해 주셨다. 이분들은 평생에 걸친 연구와 교육을 통해서 해당 분야에서 국내 최고의 권위를 가지고 계신 분들이다. 수십 년간 축적된 이분들의 지식과 경험이 있었기에 본 사업의 취지에 부합되는 결과물이 나왔다고 생각하며, 다시 한번 이분들의 노고에 감사드린다. 또한 본 저술작업을 위해서 행정적 그리고 실무적으로 도와주신 연세대학교 상경대학과 경영대학의 행정직원분들과 출판문화원 관계자분들에게도 감사의 마음을 전한다.

이두원 제37대 상경대학장(2020.2.~2022.1.)

이지만 제10대 경영대학장(2021.2.~2023.1.)

목 차

제1장

서문

이두원·이지만

INTRODUCTION

이두원

◎ 소속
연세대학교 경제학부 교수(현)

◎ 경력
한국주택금융공사 비상임이사
한국경제발전학회 회장
한국동북아경제학회 회장
연세대학교 국제처장
연세대학교 제37대 상경대학장

이지만

◎ 소속
연세대학교 경영학과 교수(현)

◎ 경력
대한민국 근정포장 수상
최저임금위원회 공익위원
연세대학교 기획실 정책부실장
연세대학교 언론사 편집인 겸 연세춘추 주간
연세대학교 경영대학장 겸 경영전문대학원장

서 문

경제학 분야의 명서들은 사회과학을 공부한 사람이라면 누구나 알고 있는 고전들이라고 할 수 있다. 경제학의 수 많은 고전들 중에서 본 책에서는 현대경제학에 가장 큰 영향을 미쳤다고 생각하는 다섯 명의 경제학자가 저술한 명저 다섯 편을 다루고 있다. 이들은 아담 스미스Adam Smith, 1723~1790의 『국부론The Wealth of Nations, 1776』, 데이비드 리카아도David Ricardo, 1772~1823의 『정치경제학 및 과세의 원리에 관하여Principles of Political Economy and Taxation, 1817』, 칼 맑스Karl Marx, 1818~1883의 『자본론Das Kapital, 1867』, 존 메이야드 케인즈John M. Keynes, 1883-1946의 『일반이론The General Theory of Employment, Interest, and Money, 1936』, 그리고 프리드리히 폰 하이에크Friedrich Hayek, 1899-1992의 『노예의 길The Road to Serfdom, 1944』이다. 이들 다섯 편의 저술들은 현대경제학의 개념들을 정립하는데 지대한 영향을 미쳤으며, 이들이 주장했던 이론들은 아직도 많은 부분 현대경제학에서 받아들여지고 있다. 이 다섯 편의 명저들을 연세대학교 상경대학 경제학부 다섯 명의 명예교수님들이 그 핵심적인 내용을 요약하여 번역하였다.

제2장의 제목은 고전학파 경제학의 효시라고 할 수 있는 아담 스미스의 『국부론』 해제(解題)이다. 이 글을 작성하신 윤석범 명예교수님은 University of Pennsylvania에서 계량경제학을 전공하여 박사학위를 취득하셨으며, 본인의 전공분야 뿐만 아니라 경제학 및 인문사회학 전분야에 걸쳐서 해박한 지식을 축적하신 분이다. 특히 역사에 대한 관심이 지대하셔서 각 국의 정치경제학사 뿐만 아니라 미술사 등에도 조예가 깊으시다. 윤

석범 교수님은 이러한 지식을 바탕으로 국부론이 지니고 있는 역사적 가치와 함께 현대 경제학에 기여한 부분들을 정리하고 있다. 우선 국부론이 그 이전의 경제사상이었던 중농주의 및 중상주의와 어떻게 다른가를 강조하고 있다. 그리고 가장 널리 알려진 바늘 제조업의 사례를 통해 분업이 어떻게 생산성을 획기적으로 증가시킬 수 있는가를 보여주고 있다. 분업사회가 교환사회로 발전하고, 교환사회가 되면서 화폐가 필요하게 되었으며, 화폐의 사용을 통해 자본축적이 가능해져서 자본가와 노동자 계층이 등장하는 자본주의 시대가 도래하게 되었음을 알기 쉽게 설명하고 있다. 또한 임금 및 이자율의 결정 논리를 소개하고 있으며, 중상주의에서 주장하는 관세 및 보조금을 왜 폐지해야 하는가를 보여준다. 일반적으로 아담 스미스의 국부론은 정부의 개입을 반대하는 자유방임주의를 주장하였다고 알려졌지만, 윤석범 교수님은 국부론에서 강조한 국가의 의무 즉 정부의 역할 및 세금징수의 원칙을 소개하고 있다. 이러한 분석을 통해 국부론이 단순히 자유방임만 주장한 책이 아니며 공공재를 제공해야 하는 정부의 역할도 강조하였음을 보여주고 있다.

제3장은 데이비드 리카아도의 『정치경제학 및 과세의 원리에 관하여』를 신동천 명예교수님이 저술하셨다. 신동천 교수님은 University of Minnesota에서 경제학 박사학위를 취득하셨으며, 퇴임하시기 전까지 연세대학교 상경대학에서 국제무역론을 강의하셨고 한국무역위원회 위원으로 활동하시면서 정부의 무역정책에도 깊이 관여하셨다. 그러므로 비교우위론을 주창한 리카아도의 저서를 번역하는데 가장 적합한 분이라고 할 수 있다. 비교우위론은 현대경제학에서도 가장 중요하고 또한 현실설명력이 큰 이론이다. 리카아도는 이 책에서 가치론과 분배론, 비교우위에 입각한 국제무역의 논리, 그리고 조세부과의 효과를 분석하고 있다. 우선 가치론에 있어서

모든 상품의 가치는 그 상품 생산에 필요한 상대적 노동량에 의존한다고 하였다. 그리고 이 노동량에는 자본재를 생산하는데 들어간 노동량도 포함된다. 또한 모든 가격은 자연가격(현대경제학에서 말하는 시장에서의 균형가격)과 시장가격이 있으며, 자연가격과 시장가격은 일시적으로 일치하지 않을 수 있다. 하지만 이윤이 낮은 산업으로부터 높은 산업으로 자본이 이동함으로서 결국은 자연가격과 시장가격은 일치하게 된다. 이는 상품의 가격, 임금, 이윤 등 모든 가격에 적용될 수 있다. 이는 현대경제학에서 이야기 하는 안정적인 균형점을 설명하고 있다고 할 수 있다. 우리가 잘 알고 있는 비교우위론을 설명하기 위해서 리카아도는 영국과 포르투갈의 옷과 포도주 생산을 예로 들고 있다. 이 예에서 비록 포르투갈이 더 적은 노동력으로 두 상품을 생산할 수 있지만, 상대적으로 비교우위가 있는 포도주의 생산에 특화해서 포도주를 영국에 수출하고 옷을 수입하는 것이 더 이익이 됨을 보이고 있다. 또한 각국이 자국에 가장 이로운 산업에 자본과 노동을 투입해서 생산과 무역을 할 때, 이것이 결국 국제무역에 관여하고 있는 모든 국가들의 보편적 복리를 증진시킬 수 있음을 보여주고 있다. 이는 현대경제학에서도 강조하고 있는 무역을 통한 상호이득mutual gains from trade를 설명하는 개념이라고 할 수 있다. 마지막으로 조세부과는 자본을 축적하는 힘을 감소시킬 수 있다고 경고하고 있으며, 정부는 사람들이 소득에서 조세를 지불하도록 장려해야 한다고 주장하고 있다.

제4장은 칼 맑스의 자본론을 『다시 보는 맑스의 자본론』이라는 제목으로 홍훈 명예교수님이 저술하셨다. 홍훈 교수님은 주류경제학에 대한 대안적 학문을 연구하는 학교로 유명한 The New School에서 박사학위를 취득하셨으며, 경제학설사 등을 강의하시며 국내의 맑스 경제학 연구의 주도적인 역할을 해 오셨다. 홍훈 교수는 오늘 우리가 자본론을 다시 살펴봐야 하

는 이유가 두 가지 있다고 주장한다. 하나는 현대 경제학이 우리 사회에서 지니고 있는 압도적 지위에 대한 비판이며, 또 하나는 한반도에서 자본론이 지니는 특별한 의미 때문이다. 가치론에서 맑스는 노동가치론으로 상품가격을 설명했을 뿐만 아니라, 불평등한 관계 속에서 자본가가 노동자를 착취해 이윤을 얻는다고 주장했다. 이를 통해서 가치를 확대재생산하는 것이 자본주의의 핵심이라는 것이다. 또한 홍훈 교수님은 현대경제학의 한계효용학파 및 일반균형 이론과 맑스의 자본주의 확대재생산 이론을 비교하며 설명하고 있다. 홍훈 교수님은 이런 논의를 소개한 후 자본론의 가치론을 현대 사회에서 수용할 방향을 일곱 가지로 모색하고 있다. 예를 들어 가치를 시장에서 형성된 가격과 구분해야 한다고 주장하고 있으며, 가치는 관계에서 발생한다고 강조하고 있다. 가치론에 대한 설명 이후 홍훈 교수님은 인식과 방법론에 있어서 맑스는 변증법과 총체주의를 표방하고 있다고 설명한다. 맑스가 경제, 정치, 윤리, 문화, 종교, 자연을 분리하지 않고 총체적인 체계로 파악한 데 반하여, 현대경제학은 정치과 경제의 분리, 형식논리에 근거한 과학성의 강조, 경험주의에 입각한 수량주의를 강조하고 있다고 설명한다. 인식과 방법론에 있어서도 홍훈 교수님은 현대사회에서 맑스의 생각을 수용할 방법을 모색하고 있다. 예를 들어 최근 행동경제학에서 모순적 선택을 예시하는 것이 변증법적인 예라고 소개하고 있다. 또한 21세기에는 경제, 사회, 자연의 상호연관과 상호작용이 커지기 때문에 이들을 총체적으로 파악해야 한다고 설명하고 있다. 마지막으로 맑스의 총체주의나 변증법은 전통적인 동양사상과도 일맥상통 한다고 주장하고 있다. 홍훈 교수님은 맑스의 자본론의 핵심을 설명하면서, 이를 현대 경제학과 비교하며 또한 수용방안을 모색했다는 점에서 다른 저술과는 다소 차이가 있다고 할 수 있다. 또한 중간 중간에 직접 그린 도표를 삽입하여 독자의 이해를 돕고 있다.

제5장은 존 메이야드 케인즈John M. Keynes, 1883-1946의 『일반이론』은 제15대 연세대학교 총장을 역임하셨던 정창영 명예교수님이 저술하셨다. 정창영 명예교수님은 저술의 앞부분에서 『일반이론』은 20세기에 출판된 경제학 서적들 중에서 가장 중요한 책으로 꼽히며, 이 책으로 케인즈는 경제학설사에서 스미스Adam Smith, 리카도David Recardo, 마르크스Karl Marx 등과 동등한 반열에 올랐다고 설명한다. 케인즈 이전의 알프레드 마샬Alfred Marshall이 대표하는 신고전학파는 자원의 완전고용을 가정하였다. 하지만 케인즈는 바로 이러한 신고전학파의 가정을 배격하였으며, 소비와 투자를 더한 유효수요의 부족으로 자원의 불완전고용이 발생하고 비자발적인 실업이 주기적으로 일어날 수 있다고 보았다. 따라서 정부의 재정정책이 필요하다는 것이다. 또한 신고전학파는 장기를 분석대상으로 하였으나, 케인즈는 '장기에 우리는 모두 죽는다'We are all dead in the long run.는 생각으로 단기를 분석대상으로 삼았다. 이런 의미에서 케인즈의 『일반이론』은 현대 거시경제학의 출발점이라고 할 수 있다. 제1편에서 일반이론The General Theory of Employment, Interest and Money" 이라는 책제목의 강조점은 접두사인 "일반general"에 있다는 것을 밝힌다. 이는 케인즈 자신의 이론과 고전학파 이론을 서로 대비시키기 위한 것이다. 즉 고전학파적 이론의 공리公理, postulates들은 특수한 경우에만 적용될 수 있으며, 일반적인 경우 또는 현실에서는 적용할 수가 없다는 것을 강조하며, 케인즈의 이론은 보다 일반적이고 현실적인 경우를 설명할 수 있다는 것이다. 제3편에서는 소비성향을 설명하고 있으며, 한계소비성향을 이용한 간단한 수식을 소개하고 있다. 또한 제4편은 투자유인을 설명하고 있다.

제6장은 프리드리히 폰 하이에크의 『노예의 길』은 경제학부 김학은 명예교수님이 저술하셨다. 이 책은 제2차 세계대전 기간 동안 작성되었으며,

나치즘 파시즘 사회주의는 결국 전체주의 독재가 될 수밖에 없음을 여러 각도에서 논리적으로 설명하고 있다. 개인의 자유를 포기하고, 사회주의와 같은 전체주의를 선택하는 것은 결국 노예의 길을 선택하는 것임을 강조한다. 아무리 좋은 컴퓨터를 이용해서 수요와 공급을 일치시키는 가격을 결정하여도, 이는 결코 자유시장을 대신할 수 없음을 설명하고 있다. 사회주의에서는 능력대로 생산하고 필요에 따라 분배한다는 유토피아를 꿈꾸지만, 이는 달성 불가능하다는 것이다. 사회주의자들은 사회적 행복을 최대로 하는 목표를 세우지만, 그 과정에서 어느 개인의 행복을 희생해도 되는지 그리고 사회적 행복의 정체가 무엇인지 설명하지 못한다. 또한 사회주의 계획은 결국 독재를 부를 수밖에 없으며, 이는 히틀러의 나치즘이 증명하고 있다. 또한 개인의 자유가 보장되기 위해서는 법이 지배하는 국가가 되어야 함을 강조한다. 그리고 법을 제정하는 입법부를 제어하기 위해서 권리장전이 필요하며 특히 언론의 자유가 필요함을 역설하고 있다. 자유주의의 약점이 소득불평등이지만, 사회주의에서는 권력과 지위에 따른 소득불평등이 발생하며 이는 자유시장에서 나타나는 소득불평등보다 그 폐해가 심각함을 설명한다. 사회주의에서는 계획에 모두가 순종해야 함을 강조하지만, 계획자 자신은 예외가 되며 결국 법 위에 군림하는 독재자가 된다. 이 책이 발간된 1944년은 나치즘과 파시즘이 몰락하던 시대였다. 하지만 하이에크는 그 빈자리를 사회주의가 차지할 수 있다는 경고를 하고 있으며, 이러한 경고는 결국 현실이 되고 말았다. 사회주의 경제에서 국제경제에 대한 정교한 이론이 없는 이유는 사회주의 국가 간 서로 다른 계획이 충돌하기 쉽기 때문이라고 설명한다. 사회주의 국가의 독재자는 중앙계획하에 권력을 유지하기가 쉬운 폐쇄경제를 선호할 수밖에 없다는 것이다. 마지막으로 하이에크는 전후 세계 질서를 구상하는데 있어서 분권적 세계시장, 개방경제, 국제법의 준수, 그리고 영국과 서유럽 미국의 협조로 세계기구의 출현을 제안하고 있으며 이는 칸트가 제안한 영구평화론과 일맥상통한다. 마지막으로 김학은 교수님은 추천자 후기를 통해서 하이에크가 고발한 1940년대 유럽 전체주의의 실상은 현재 북한의 주체사상에도 적용될 수 있으며, 주체사상은 결국 신격화된 독재로 퇴화할 수밖에 없다고 결론짓고 있다.

경영학 분야의 명저들은 경영학에 관심이 있는 학생, 그리고 경영학을 전공으로 하고자 하는 학생들에게 학제간inter-disciplinary 학문으로서의 경영학을 소개하는데 도움이 되는 저서들이라고 할 수 있다. 마케팅, 매니지먼트, 회계, 재무관리, 그리고 경영과학 등 다양한 경영학 영역의 기초가 될 수 있는 사회학, 심리학, 그리고 경영전략과 혁신과 관련된 세 편의 명저를 소개하고 있다. 세 편의 명저는 빌헬름 라이히Wilhelm Reich, 1897~1957의 『파시즘의 대중심리The Mass Psychology of Fascism, 1946』, 리처드 루멜트Richard P. Rumelt, 1942~ 의 『좋은 전략, 나쁜 전략Good Strategy/Bad Strategy: The Difference and Why it Matters, 2011』, 그리고 김준석 · 박주연 · 김치헌 공저의 『변화와 혁신: 혁신역량을 키울 때 창의성의 꽃이 피어난다(2019)』 이다. 이러한 세편의 저술들은 최신 경영학을 이해하는데 근원적인 영향Fundamental Effect을 미치고 있다고 볼 수 있다. 이 세편의 명저들은 연세대학교 경영대학 세 명의 명예교수님들이 그 기본적인 내용과 시사점을 전달하는 방식으로 요약하였다.

제7장은 빌헬름 라이히Wilhelm Reich, 1897~1957의 『파시즘의 대중심리The Mass Psychology of Fascism, 1946』이다. 이 글을 작성하신 오세철 명예교수님은 1975년 Northwestern University에서 조직행동을 전공하여 박사학위를 취득하셨으며, 본인의 전공분야인 매니지먼트의 조직행동 분야뿐만 아니라, 인문학, 사회심리학, 사회변혁이론 등 다양한 분야의 풍부한 지식을 소지함과 동시

에 사회 변혁적 학술활동을 하신 분이다. 특히 1977년 오세철 교수님은 네 명의 교수님들과 (연세대학교 경영학과 오세철 교수님, 사회학과 박영신 교수님, 영문학과 임철규 교수님, 철학과 박동환 교수님, 그리고 이화여자대학교 정치학과 진덕규 교수님) 함께 한국사회의 인문·사회과학 발전을 위한 학제간 동인지 (현재, 연구재단의 등재 학술지)인 『현상과 인식』을 창간함으로써 한국사회에서의 융합 연구의 초석을 마련하셨다. 『파시즘의 대중심리The Mass Psychology of Fascism, 1946』는 오세철교수님께서 1986년 번역한 명저이다. 이 저서는 경영학과 학생들에게 보다 폭넓은 인문·사회과학을 기초로 하여 응용사회과학인 경영학을 학습하는데 기본이 될 미시학문으로서의 심리학과 거시학문으로서의 사회학의 심층적 성격구조, 내면적 결정론, 구조적 결정론, 그리고 프로이트의 정신심리학 등 다양한 이론을 소개하고 있다. 오세철 교수님은 『파시즘의 대중심리』는 물질적 하부구조가 인간의 의식을 결정한다는 유물론자인 칼 맑스Karl Marx가 예측하지 못한 독일에서의 히틀러의 등장과 구소련에서의 스탈린의 등장은 하부구조 결정론이 지니는 약점을 노출시켰으며, 맑스가 허위의식으로 불렀던 예매한 개념을 인간의 심층적구조라는 개념으로 대체시키는 선명한 이론 틀을 제시하는 빌헤름 라이히 작업의 산물로 소개하고 있다.

제8장은 리처드 루멜트Richard P. Rumelt, 1942~ 의 『좋은 전략, 나쁜 전략Good Strategy/Bad Strategy: The Difference and Why it Matters, 2011』의 해설 및 요약이다. 이 글을 소개하신 박헌준 명예교수님은 연세대학교 경영학과에서 학부와 석사과정을 마치고 미국 1990년 오하이오주립대학교The Ohio State University에서 경영학 박사 학위를 받았다. 조직행동 및 조직이론을 아우르는 매니지먼트 전 분야에 관심을 가지고 있으며 특히 경영 리더의 학습과 성장을 위한 전략적 사업적 윤리적 결단과 딜메이킹 리더십에 대한 연구와 교육에 집중하고 있

다. 박헌준 교수님은 정년퇴임 이후에도 교수님의 제자분이신 국민대학교 김나정 교수님, 가천대학교 강승완 교수님, 이화여자대학교 김상준 교수님과 함께 오랫동안 실천해오신 경영자 교육의 "관점전환 변혁적 학습 Transformative Learning"에 관한 연구를 진행하는 등 다양한 연구와 교육 활동을 지속하고 있다. 박헌준 교수님은 경영학에 대한 학문적 관심을 넘어서 '경영'이라는 실질적이고 실천적인 지혜를 얻고 싶다면 『좋은 전략, 나쁜 전략』은 꼭 읽어야 할 책으로 소개하고 있다. "경영이란 경(經)과 영(營)이다. 근본적으로 경영이란 최선의 파워를 찾아내고 최선의 파워를 이끌어 내어 최고의 성과를 만들어 내는 실천적 기술이고 예술적 역량이다. 이와 같은 경영이라는 수련법을, 전략이라는 수련법을, 익히고 단련하는데 이만큼 영향력이 있는 지시는 없을 것이다. 『좋은 전략, 나쁜 전략』은 치밀한 사례분석과 연구로 경영리더들이 어떻게 전략을 강력하게 업그레이드 할 수 있는지 실천적인 방법과 통찰력을 제시한다." 박헌준 교수님은 전략에 대한 관점의 전환을 원한다면, 그리고 경영학에 대한 학문적 관점을 넘어선 실천적 관점을 품고 싶다면 꼭 『좋은 전략, 나쁜 전략』을 읽으라고 권하고 있다.

제9장은 김준석 · 박주연 · 김치헌 공저의 『변화와 혁신: 혁신역량을 키울 때 창의성의 꽃이 피어난다2019』라는 저서이다. 본 저서는 김준석 명예교수님이 직접 집필하신 저서를 후배 학부학생들에게 귀감이 될 내용을 요약 정리했다. 김준석 교수님은 1971년 연세대학교 상학에서 학부를 졸업하신 이후, Indiana University에서 석사 학위1978년와 박사학위1982년를 취득한 후, 1982년부터 연세대학교 상경대학 경영학과에서 교육과 연구를 시작하였다. 특히, 2003년 경영학과가 상경대학에서 분리되어 경영대학으로 신설된 이후 초대 경영대학장2003년~2007년과 경영전문대학원장2001년~2007년을 역임

하고 현재 연세대학교 경영대학과 경영전문대학원Yonsei School of Business의 기틀을 마련하였다. “혁신은 창의적 아이디어에 의하여 시작되며, 창의적 아이디어는 혁신을 위한 씨앗이다.”라는 저자의 문장에서 알 수 있듯이 김준석 교수님은 『변화와 혁신: 혁신역량을 키울 때 창의성의 꽃이 피어난다 2019』에서 경영학과 학생들에게 혁신과 창의성의 중요성을 전달하고 계신다. 그리고 ‘혁신의 방향’과 ‘창의성의 구성요소’를 구체적으로 설명하며 혁신적 마인드와 창의적 능력이 단지 아이디어 수준에 머물러 정체되지 않고 실현될 수 있는 방향을 제시하고 있다. 혁신적 역량 향상과 창의성의 결실을 기대하는 학생들은 이 저서를 숙독하기를 바란다.

제2장

아담 스미스의 『국부론』 해제(解題)

윤석범 | 연세대학교 경제학부 명예교수

ADAM SMITH: THE WEALTH OF NATIONS

윤석범

◎ 소속

연세대학교 경제학부 명예교수(현)

◎ 경력

국제연합 아시아 · 태평양 경제사회 위원회 상담역
아시아 · 태평양 개발훈련연구기관연합회 회장
금융통화운영위원회 위원
Asian and Pacific Development Centre, Kuala Lumpur, Malaysia(정부간 국제기구)소장
연세대학교 상경대학 학장

Ⅰ. 스미스의 생애와 시대

아담 스미스는 1723년 스콧트란드의 작은 마을 커크칼디Kirkkaldy에서 하급 공무원의 아들로 태어났다. 열네살의 나이에 글레스고우에 있는 대학에 보내졌다가 다시 열일곱살 때 옥스퍼드 대학의 벨리올 단과 대학으로 보내졌다. 그는 그곳에서 철학과 문학을 공부하며 여섯 해를 보냈고, 졸업과 더불어 집에서 얼마 동안 머문뒤에 1748년에야 에딘버러 대학교University of Edinburgh에서 문학을 가리키는 강사 자리를 얻게 되었다. 다시 1751년에는 글레스고우 대학교University of Glasgow에서 문학 교수로 임명 되었고, 다음 해인 1752년에는 도덕 철학moral philosophy를 강의하는 주임 교수Chair가 되었다.

당시 도덕 철학은 광범위한 과목을 포괄하는 학문으로서 정치경제학, 자연신학, 윤리학, 법학 등이 이과목 속에 포함 되었다. 1763년 스미스는 뷰클로이츠 공직Duke of Buccleuch 공작의 가정교사로 초청되어 약 두해 가까이 프랑스와 스위스에서 머물게 되었으며, 이때 당시 프랑스의 중농주의physiocrats 학자들과 만날 수 있게 되고, 여기에서 경제학에 관하여 많은 토의와 의견 교환을 가질 수 있게 되었다.

1773년 스콧트란드로 돌아온 스미스는 커크칼디에 조용히 머물면서 국부론을 구성하였고 때때로 런던을 방문하면서 1776에는 그의 유명한 주저서 국부론을 완성하기에 이르렀다. 국부론의 원제는 「여러 나라의 부의 성격과 원천에 관한 하나의 물음」An Inquiry into the Nature and Causes of the Wealth of Nations

라고 불렀다. 1778년에는 스콧트란드 세관위원 위원장The Commissioner of Customs in Scotland를 수락하여 공무원이 되었고, 1790년 사망하였다.

스미스의 국부론이 출간될 때까지 경제학이라는 학문은 독립적인 과목으로 성립되지 않았고 철학이나 정치학의 한 분과로 여겨져 왔다. 스미스의 국부론이 역사적으로 출간되었다는 사실은 국부론을 계기로 경제학이 하나의 독립적인 학문으로 성립될 수 있다는 사실 외에, 국부론이 담고 있는 내용에 그 특성이 있기도 하다. 어느 면으로 보나 국부론은 당시까지 전에 시도되지 않았던 새로운 학문으로서의 많은 새로운 내용을 담고 있었다. 스미스는 국부론 외에도 「도덕감정론」Moral Sentiment같은 책을 쓰기도 하였으나 그 규모나 내용에 있어서 「국부론」을 능가한다고 보기는 어렵다.

스미스가 「국부론」을 집필할 당시의 사정을 살펴보면, 영국은 막 산업혁명의 초창기에 접어들고 있었다고 할 수 있다. 물론 그때까지는 새로운 발명들이 많이 나오지 않았고 또한 산업화의 정도도 미미하였지만 산업혁명의 기운은 느낄 수가 있었다. 영국을 위시한 유럽의 여러 나라들은 국제무역을 통하여 경제적 후생을 중대시키는 한편, 국제수지의 잉여를 축적하여 국부를 늘리려는 데에 정책적인 주안점을 두었다. 이른바 중상주의mercantilism 사상에 의하여 가능한한 귀금속을 많이 축적하는 것이 국부론 늘릴 수 있는 일이라고 생각하였다. 물론 귀금속의 축적은 국부를 늘릴 수 있는 하나의 수단은 되었으나, 귀금속의 축적 그자체가 국부가 될 수는 없었다.

프랑스의 이른 바 중농주의자physiocrats라고 불리우는 퀘네Francois Quesnay, 1694-1774를 비롯한 사상가들은 농업에서의 생산을 증대시킴으로써 국부를 축적할 수 있다는 사상을 가지고 농업의 중요성을 강조하기도 하였다. 물론 당시의 생산 기술로 보아서는 제조업이나 건설업에서의 모든 원료가 농업에 의존하고 있었기 때문에 농업을 중요시한다는 것은 당연한 귀결이었다.

그러나 스미스의 생각은 여기에서 한발자국 더 전진하여 제조업에서의 생산성 증가에 초점을 맞추게 되었다. 「국부론」은 모두 5권으로 구성되어 있다. 제1권은 "노동의 생산력의 개선과 생산물이 국민 각층에 자연스럽게 배분되는 질서의 원인"이라는 제목으로 다시 11개의 장으로 나뉘어지고 있다. 제2권은 "자본의 재고의 성격, 축적과 고용에 관하여"라는 제목으로 다섯 개의 장으로 나뉘어지고 있으며, 제3권은 "여러 상이한 나라에서의 부유함의 상이한 발전에 관하여"라는 제목아래 네 개의 장으로 나뉘어져 있다. 제4권에서는 "정치경제학의 체계"라는 제목 밑에 아홉 개의 장으로 나뉘어졌고, 마지막으로 제5권에서는 "주권 또는 연방의 세입에 관하여"라는 제목 밑에 세 개의 장으로 나뉘어져있다. 거의 900쪽이나 되는 방대한 저술로서 당시로서는 경제의 거의 모든 분야를 망라하는 대작이라고 할 수 있다.

스미스는「국부론」 서론에서 한 나라의 연간 노동 투입량은 곧 생활의 필요와 편의를 제공하는 모든 생산물과 또한 다른 나라들로부터 사들이는 것들의 원천이 된다고 보았다. 또한 이들 생산물의 양은 이들을 생산하기 위하여 투입되는 필요 노동과 불필요 노동의 비율에 의하여서도 결정되나, 노동의 기술, 정교성, 그리고 판단에 의하여서도 결정된다. 따라서 스미스는 근본적으로「국부론」에서의 주제를 노동이 가치를 창조한다는 데에 초점을 맞추고 있다고 볼 수 있다.

제1권의 제1장에서는「국부론」에서 가장 넓게 그리고 깊이 알려지고 있는 그 유명한 분업으로 시작이 된다. 노동 생산력의 가장 큰 개선과 노동이 투자되는 기술, 정교성, 그리고 판단의 대부분은 분업의 효과라고 볼 수 있다. 이 분업의 효과를 쉽게 관찰하기 위하여서는 단순한 산업의 하나인 바늘 제조업에서 쉽게 찾아 볼 수 있을 것이다. 한명의 노동자가 처음부터 끝까지 바늘을 만드는 것 보다는, 한사람은 철사를 뽑아내고, 다른 사람은 철사를 곧게 펴며, 세 번째 사람은 철사를 자르고, 네 번째 사람은 틀을 만들고, 다섯 번째 사람은 바늘의 머리를 만드는, 등 이렇게 나누어서 작업을 하면 한 사람이 이 작업을 모두 하였을 때보다도 같은 수의 노동자가 수천 배를 더 만들 수 있다는 것이 관찰될 수 있다. 그러나 이러한 분업은 농업에서는 쉽게 일어날 수가 없다. 우선 농업에서는 모든 작업이 계절성이 있어서 시간의 순서가 명확하게 결정되어 있기 때문이다. 따라서 분업은 농업에서 보다 제조업에서 쉽게 이루어지게 된다. 그러므로 농업 위주의 나라보다 제조업 위주의 나라가 생산성이 높게 된다.

작업의 질이 분업에 의하여 개량되는 것은 첫째로 분업에 따른 같은 작업의 반복 때문에 정교성이 높아지며, 둘째 한 작업에서 다른 작업으로 옮기는데 낭비되는 시간이 분업에 의하여 절약되고, 셋째로 분업에서 얻어진 경험 때문에 기구의 이용이 쉬어진다는 점에서 발견될 수 있다.

분업은 언제나 제조업에서 가능한 것은 아니다. 분업을 결정하여 주는 중요한 요인은 시장의 크기이다. 시장이 작을 경우에는 팔리는 생산물이 소량이기 때문에 분업은 불가능하여 진다. 시장이 넓어야 대량생산의 필요성이 발생하게 되고 대량생산이 전제되어야 분업이 가능하여 진다. 육지교통만을 이용하던 시기에는 시장이 제한될 수밖에 없었다. 그러나 수상교통이 발전하며 많은 생산물을 넓은 곳으로 더 광범위하게 보급할 수 있으므로 시장은 넓어지고 분업의 필요성이 발생하게 된다. 따라서 해안지역이나 항해가 가능한 강변 도시의 발전으로 모든 제조업의 분업이 발생하게 되고 또 다양하여지게 될 수밖에 없다. 또한 이러한 해안 도시와 강변 도시를 기점으로 하여 대형 육로 교통수단이 발명되면서 내륙 시장 또한 확대될 수 있게 된다. 이러한 이유 때문에 지중해 연안 도시들이 일찍이 경제적으로 다른 곳보다 더 번영할 수 있었고, 또한 이러한 이유 때문에 아시아의 내륙, 아프리카의 내륙 지역은 다른 지역에 비하여 경제적으로 낙후될 수밖에 없었다.

Ⅱ. 분업과 화폐 시장

분업은 대량생산을 낳게 되나 분업으로 얻어진 생산물은 그 생산자에게도 절대적으로 혼자 소비하기에는 많은 양이 된다. 따라서 분업은 내가 생산한 것과 남이 생산한 것을 교환하여 소비하게 되는 것을 전제한다. 분업은 곧 교환 사회를 의미하게 되며, 분업에 참여하는 생산자는 동시에 상인이 되며, 분업사회는 곧 상업사회로 바뀌게 된다. 그러나 분업의 초기에는 교환에 있어서의 불편성 때문에 분업이 좌절되는 경우가 발생할 수 있게 된다. 여기에 교환의 매개체인 화폐의 필요성이 등장할 수밖에 없게 되는 상황이 발생하기 마련이다. 이러한 교역 사회에서는 교역에 참여하는 사람이면 누구나가 기꺼이 받아 드리려고 하는 공통의 상품이 등장 하게 되고 이것이 바로 화폐의 기능을 하게 된다. 경제 활동의 발전 상황과 시대에 따라 이러한 상품은 성격을 달리 하였으나 대체로는 주조된 형태의 금속, 즉 주화가 화폐로 등장하게 되었다. 특히 금이나 은과 같은 귀금속은 이러한 목적을 위하여 매우 편리하게 이용될 수 있었다.

생산되는 모든 상품은 이렇게 만들어진 화폐와의 교환 비율을 갖게 되고 이것이 바로 그 상품의 가격이 된다. 그러나 상품의 실질 가격과 명목 가격은 늘 같을 수만은 없다. 상품이 생산되는데 투자되는 노동량은 거의 일정하나 상품의 가격은 변동한다. 상품을 생산하는데 투자되는 노동에 의한 가격 표시가 실질 가격이라고 한다면 화폐로 표시된 가격이 명목 가격이 된다. 실질 가격은 대체로 자주 변하지 않으나 명목 가격은 귀금속의 공급의 크기에 따라 자주 변동될 수밖에 없다. 상품의 가격은 주로 그 상품을 생산하는데 투자된 노동량의 크기에 의하여서도 결정되나, 그 상품을 생산하는데 투자된 토지에 대한 지대와 자본에 대한 이윤의 크기에 의하여서도 결정된다. 따라서 명목가격의 변동은 이러한 요소가격의 변화에 의하여서도 좌우된다. 다시 가격은 자연가격과 시장가격의 개념으로 나뉘어질 수가 있다. 시장가격을 형성하는 임금, 지대 그리고 이윤의 변동과 화폐를 구성하는 귀금속의 가격에 따라 다양하게 바뀌나, 자연 가격은 장기적으로 시장가격이 수렴하는 중력점의 가격이라고 할 수 있다.

궁극적으로 상품의 가격을 결정하여 주는 것은 그 상품을 생산하는 데에 투자된 노동의 크기에 따라 결정되기 때문에 분업의 결과는 장기적으로 기술과 효율의 향상을 통하여 상품의 가격을 하락시키게 된다.

단순한 제조업에서 분업으로 인하여 대량 생산이 가능하게 되고 자급자족 체제에서 시장경제로 바뀌게 되면 화폐가 등장하게 되고, 화폐의 등장으로 자본 축적이 가능하여지게 되면 사회는 노동자와 자본가의 계급으로 분화하게 된다. 자본가들은 축적된 자본을 가지고 시장을 대상으로 하는 생산에 임하게 되며, 자본을 가지고 있지 못하는 노동자들은 임금을 받으면서 생산에 임하게 된다. 곧 산업혁명과 더불어 분화된 사회에서도 자기소비가 아닌, 시장에서 매매를 목적으로 교환경제로 진입하게 된다.

교환경제는 곧 시장경제를 의미하며 자본주의 사회의 도래를 말한다. 여기에서 상품의 가격처럼 노동자의 임금은 어떻게 결정되느냐 하는 것이 주요한 연구의 대상이 된다. 국부론에서 구체적으로 "노동의 임금에 관하여"라는 장을 설정하여 임금 결정을 논의하고 있다. 생산에 참여하는 노동자와 자본가 사이에서 결정되는 임금은 두 계급의 계약에 의하여 이루어지게 되는데 자본가는 수적으로도 적은 수일뿐더러 생활 여력이 더 큼으로 자본가의 압력에 의하여 임금 수준이 좌지우지 될 수밖에 없는 실정에 있다. 그러나 장기적으로 볼 때 노동자들이 임금을 가지고 생계를 유지할 수 없다면 노동력의 공급은 줄어들 수밖에 없으므로, 임금은 기본적으로 노동력의 재생산에 필요한 수준에서 결정된다. 하루의 노동이 끝나고 다시 다음날 노동에 임할 수 있는 노동력의 재생산은 물론, 장기적으로 노동자의 가정이 노동력을 공급할 수 있도록 하는 재생산이 필요하게 되고 종국적으로 노동의 임금은 노동가정의 생계비 수준에서 결정될 수밖에 없다. 자본가들은 노동에 임하는 노동자들에게 임금을 지불하려면 축적된 자본에서 여러 가지 비용을 공제하고 남는 기금fund에서 임금을 지불할 수밖에 없게 된다. 국부론은 대체로 이렇게 임금 지불에 들어가는 자금을 일종의 임금 기금으로 보았고 이 기금은 그 크기가 고정되어 있다고 보았다. 물론 장기적으로 생산성이 높아지고, 국부가 증가되면 노동자의 임금으로 쓰일 수 있는 기금도 커지게 되고 임금도 상승될 수 있다. 임금이 상승하게 되면 노동자의 생활에도 여유가 생기고 노동의 공급은 원활하여지게 되며, 반면에 임금이 하락하면 노동자의 생활은 어려워지게 되고 장기적으로는 노동의 공급이 줄어들면서 다시 임금이 상승할 수 있는 계기를 만들어 주게 된다. 따라서 상품의 가격처럼 임금도 생계비용을 중심으로 하는 균형임금으로서 자연임금과 시장에서 노동력의 수급에 따라 변동하는 시장임금으로 다시 나누어서 관찰할 수 있다.

자본가들이 자본의 대가로 받는 이윤 또는 이자율은 노동의 수급에서 임금이 결정되는 것처럼 그 사회의 자본의 수급에 의하여 결정된다. 그러나 임금과는 달리 이윤의 변동에 영향을 주는 요인은 더욱 다양하게 많다. 이윤의 크기는 흔히 이자율의 크기에서 크게 영향을 받는다. 산업혁명 이전의 사회에서는 상당히 많은 경우 이자율의 수수가 금지되었으나 고리대 금지법이 퇴조된 뒤에는 제도적으로 결정되는 이자율에 따라서 이윤율이 크게 좌우되었다. 엘리자베스 I세때, 헨리 VIII세의 법령이 개정되자 이자율의 법정 최고 한도도 10퍼센트까지 유지되었다. 그 뒤 제임스1세 때에는 6퍼센트, 그리고 앤여왕 때에는 5퍼센트로 유지되었다. 이러한 이자율의 하락추세는 산업혁명의 결과로 산업화에 따라 자본의 축적이 많아졌다는 데 기인하고 있다고 볼 수 있다.

토지에서 얻어지는 지대도 또한 토지를 경작하기에 필요한 노동력에 대한 보수, 개량을 위한 경비, 농사에 필요한 투입물의 가치를 고려한 뒤에 그 잉여로서 결정되기 때문에 토지의 비옥도, 토지의 근접성, 토지와 관련된 시설에 의하여 결정된다.

III. 자본축적

일단 분업으로 인하여 시장 경제가 발전하게 되면, 모든 생산 체계는 자급자족적인 기초에서 이루어지는 것이 아니고 시장에서의 교환을 전제로 하여 이루어지기 때문에 자연히 자본이 필요하게 된다. 우선 시장에서 교환을 전제로 하는 생산물의 재고는 일정기간 보관되어야 하고 이를 위하여서도 자본이 필요하게 된다. 이렇게 필요한 자본의 축적은 두 가지로 나뉘게 되는데, 첫째는 시장에서 교환을 전제로 축적되는 재고를 유지하기 위하여 필요로 하는 자본과 둘째는 자기 소비를 위하여 축적되는 재고에 투입되는 자본이다. 첫 번째에 해당하는 시장에서 교환을 전제로 한 상품의 축에 소요되는 자본에서는 당연히 수입이 기대되며 이 수입의 크기는 그 사회의 산업의 발전 정도의 크기에 따라 결정된다. 여기에서 다시 모든 자본의 축적은 화폐를 필요로 하게 된다. 자본 축적의 다른 한편은 바로 화폐의 축적을 의미하기 때문에 화폐는 그 사회의 자본 축적의 한 기축이 된다고 보아야 할 것이다.

고정자본의 축적이 커지면 커질수록, 이를 유지하는 비용 등이 커질 수밖에 없게 되고, 이를 유지하는 비용은 유통자본의 형태로 축적된다. 따라서 화폐는 모든 제조업과 상업에서 필요로 하는 고정 자본을 돌리는 거대한 바퀴가 된다. 또한 귀금속 본위의 주조 화폐에서 지폐로 전환되면서 유통 자본의 역할은 더 저렴하여졌을 뿐만 아니라 더욱더 확대되었다. 이는 은행에서 발행되는 지폐의 기능 때문에 지폐로서의 유통 자본은 귀금속으로서의 유통 자본을 몇 배 확대시키는 효과를 가져 오게 되었다. 이렇게 비축된 귀금속 화폐는 해외에서 새로운 상품을 추가적으로 구입하는데 쓰일 수 있게 되고, 따라서 국부는 더 크게 창출될 수 있게 된다.

축적된 자본은 여러 가지 용도로 쓰일 수 있다. 첫째로 소비나 직접적인 사용에 필요한 물품을 구입하는 데에, 둘째로 소비재나 생산재를 제조하는 원료를 구입하는 데에, 셋째로는 원료로서의 소비재를 수송하는 데에, 끝으로는 수요에 따라 제조된 상품을 분류하고 포장하는 데에 쓰일 수가 있을 것이다. 그리고 이들 네 가지의 용도는 서로 긴밀하게 연결되어 있다. 이렇게 분류되는 자본의 용도는 모두 가치를 창조하는 데에 기여한다. 그러나 이렇게 활용되는 자본의 사용처가 한군데 모여 있다는 보장은 없고 모두 지역적으로 분산되어 있을 수도 있다. 특히 지역에 따라 생산 양상이 다른 경우, 특히 국내시장과 해외시장이 분리되어 있는 경우에도 이러한 자본의 용도가 적절하게 재분배됨에 따라 생산 활동과 교역이 촉진될 수 있을뿐더러 따라서 국부도 증대된다. 또한 이렇게 자본의 용도가 재분배되면서 자본가에게는 이익이 증대될 수 있을뿐더러, 이익의 크기에 따라 자본의 용도도 재분배되고, 그러한 이익동기가 자본이동의 동인이 됨으로써 더욱더 가속적으로 국부는 늘게 되고 생산적인 노동도 이에 따라 움직이게 될 것이다.

Ⅳ. 도시와 농촌의 유기적 교류

어떤 나라에서든지 초기 부의 자연적인 증가는 농촌과 도시 사이의 교역으로 이루어져 왔다. 분업의 결과로 도시에서의 제조업이 발달하게 되고 농촌에서는 농업에만 전념하게 되면 생산에 있어서 효율은 높아지고 생산량은 늘게 되어 자기 소비를 초과하는 잉여가 발생하게 된다. 농촌에서의 생산량의 잉여는 도시민에게 식량으로, 그리고 제조업의 원료로 공급되는 한편, 도시에서의 생산량의 잉여는 농촌에서의 생산을 높이는 수단으로 공급되기 마련이다. 이렇게 농촌과 도시 사이의 교역을 통하여 생산이 더욱 효율화되고 거래량이 많아지면 도시와 농촌 모두에서 부는 증가될 수밖에 없다.

토지가 많은 영국의 아메리카 식민지 같은 지역에서도 도시의 제조업자가 축적한 자본이 싼 토지 구입에 투입되며 도시의 제조업자는 제조업과 동시에 지주로서 제조업에 필요한 원료를 더 많이 생산할 수 있게 되고, 이렇게 남는 잉여 생산물은 해외 시장으로 팔리게 되어 더 광범위한 교역이 이루어질 수 있게 된다. 따라서 성장하고 있는 사회에서의 자연적인 성장과정은 축적된 자본의 많은 부분이 농업에 투입되기 마련이며, 다시 농업에 투입된 자본 때문에 늘어나 잉여 생산물은 제조업으로 투입되고 종국에는 해외 무역의 확대에 기여하게 된다.

이와 반대로 로마의 멸망을 초래한 야만인의 서유럽 침략은 도시와 농촌의 교역을 무너트리고, 도시는 황폐하여 졌으며, 농촌은 경작되지 않은 채로 남게 되어, 로마제국 아래에서 부의 축적을 누렸던 서유럽은 빈곤의 최악의 상태와 야만의 사회로 전락하고 말았다.

도시의 발전과 도시에서의 부의 축적은 일차적으로 농촌의 생산성과 잉여에 따라 결정되기도 하지만 경우에 따라서는 그 도시가 어디에 위치하고 있는가에 따라서도 결정된다. 도시의 위치가 해안이나 항해가 가능한 하천 주변에 있게 된다면, 그 도시는 제조업이 필요로 하는 원료를 주위의 농촌뿐만 아니라 원격지나 해외에서도 습득할 수 있게 된다. 따라서 그 도시에서의 제조업은 이렇게 얻어진 원료 덕분에 번성할 수 있게 되고 도시의 부도 축적될 수 있다. 터키의 침략이전 이집트의 여러 도시, 이탈리아의 해안 도시, 그리고 지중해 연안의 여러 도시가 이러한 발전의 좋은 예가 된다. 도시의 발전은 농촌의 생산물의 수요를 창조하게 되며, 따라서 그 사회의 부는 더욱이 크게 증가될 수 있다. 또한 상품의 품질도 개선시키게 되어, 옛날에는 사치품이었던 것이 이제는 편의품 또는 필수품이 되어 그 상품의 가격도 저렴하게 되어 수급을 더 원활 하게 증가하게 된다.

상업과 제조업이 중심이 되는 도시의 번영은 농촌으로부터의 원자재 구입을 증대시키게 됨에 따라, 첫째로 원자재의 증산을 자극시키고 증대시키며, 둘째로는 도시에서 축적된 부로 농촌의 개척되지 않은 토지를 구매하는 자금으로 쓰이며 도시의 상업과 제조업은 농촌에 질서를 확립하게하고 또한 주변 지역과 부단하였던 갈등을 종식시킴으로서 농촌사회를 개선하고 안정시킴으로서 농촌사회를 개선하고 안정시키는데 크게 도움을 주었다. 이점은 스미스와 평생지기였으며 연구의 동반자였던 흄David Hume, 1711-1776에 의하여 지적된바 있다. 이러한 사례는 영국의 엘리자베스 I세 때와 프랑스의 샤르르 VII세 때에 잘 보여 지고 있다.

V. 중상주의에 대한 비판

금과 은은 보관이 쉬우며 마모되거나 부식되지 않기 때문에 부의 축적수단으로도 많이 이용된다. 금과 은과 같은 귀금속은 교역에 있어서 지불수단이 되기 때문에 모든 나라가 필요로 하는 것은 물론이려니와 또한 군대와 함정을 유지하는 데에도 필요하기 때문에 국방의 목적을 위하여서도 매우 중요하다. 그러나 금과 은 같은 귀금속이 필요 이상으로 축적되면 그 가격이 하락하게 되고, 따라서 운반의 용이성 때문에 귀금속 값이 비싼 외국으로 밀수를 하게 되며, 여기에서 귀금속을 지나치게 많이 보관하고 있다는데서 손실이 발생하게 되고 국가가 제제할 수 있는 범위도 제한적이 된다. 군대나 함대의 유지에 필요한 것은 종국적 귀금속 그 자체가 아니고, 그 군대와 함대가 필요로 하는 소비재일 것이다.

한 나라가 축적하고 있는 금과 은은 대체로 세 가지로 나뉘어질 수가 있다. 첫째로는 그 나라가 상품의 매매에 있어서 유통 수단으로 쓸 수 있는 유통화폐로서, 둘째로는 개인 부문에서 장신구, 식기 등과 같이 직접 사용되는 형태로서, 그리고 셋째로는 정부가 재정의 일부로서의 비축 자산의 형태로 분류된다. 상품의 유통에 소요되고 화폐로서의 귀금속도 단기적으로 상품의 교역량이 별안간 급격하게 증가되지 않는 한 일정한 수준에 머물러 있게 된다. 둘째로 말한 민간 부문에서 수요 되고 있는 귀금속도 일정 수준을 유지하고 있다. 셋째로 군주들의 재정 자금 비축 수단으로 쓰이는 귀금속도 전쟁 중이거나 특별한경우가 아니면 크게 변동하지 않는다. 그러나 이러한 전비마저도 귀금속의 수출보다도 상품의 수출에 의하여 조달되는 경향이 커지고 있다.

미국 대륙에서의 풍부한 귀금속 광산의 발견과 이에 따른 귀금속의 수입으로 유럽의 국가들이 부유하게 된 것은 아니다. 오히려 귀금속 값의 하락으로 상품의 가격이 올라가게 됨으로서 적은 양의 상품의 판매로 더 많은 귀금속을 매입할 수 있게 되었고, 귀금속으로 만들어진 가정용품의 보유는 늘게 되었다. 오히려 신대륙의 발견은 시장을 넓혀 주고, 따라서 더 많은 양의 상품을 만들 수 있게 되고 생산기술이 더 정교하고 효율적으로 발전시키는 데에 기여하였다고 볼 수 있다. 노동자들의 생산력이 커지면서 유럽의 많은 나라에서의 생산량이 늘게 되고 따라서 유럽 여러 국가의 주민들의 생활수준은 상승하게 되었다. 금이나 은과 같은 귀금속 자체가 부의 축적이라고 보는 견해는 오히려 수입을 줄이고 수출을 장려함으로서 국제수지를 개선하려고 하는 태도를 낳게 하나 한편으로도 수입이 규제된 상품의 국내 생산이 독점화하게 되어 자원의 배분을 왜곡시킬 수 있게 한다. 따라서 외국에서 싸게 구입될 수 있는 상품이 국내에서 비싸게 생산되는 결과를 초래한다. 수출을 장려하기 위하여 지급되는 보조금은 수출 상품의 가격을 싸게 함으로서 생산비를 보존하지 못하는 수준으로 가격을 떨어뜨리기 때문에 자본에서 얻는 이익도 줄어들게 하고 자원의 배분도 왜곡시키게 한다. 또한 수출 보조금의 지불은 국내 시장에서의 그 상품의 가격을 상승키는 경향이 있어서 국내 소비자에게는 불리하게 작용할 수밖에 없다. 해외 시장을 넓히기 위하여 지출되는 수출 보조금은 결과적으로 국내 시장에서 비용으로 나타나게 마련이다.

스미스는 중상주의 체계에 관하여 수입 관세, 수출 보조금 등의 폐해에 대하여 심도 있게 역사적 사례를 들어 논의하면서, 다시 식민지와 식민 모국사이의 교역이 중상주의 체계에 기여한 바에 대하여서도 깊게 논의하고 있다. 논의 본질은 귀금속 축적을 목표로 하는 중상주의 체계가 종국적으로 국민경제에 주는 위해에 대하여 역점을 두고 있다. 결론적으로 중상주의 체계는 수출은 증진하고 수입을 감소시킴으로서 국부를 증진시킨다는 것이나 실제로는 반대방향으로 작용하여 수입을 늘리게 하고 수출을 위축시키는 결과를 가져올 수 있게 된다.

근본적으로 나라의 부를 증대시키는 것은 기초 원료를 생산하는 농업 부문에 있다. 농업부문에 생산된 원료에 제조업자의 노동이 가해져서 그 상품의 가치가 증대되고 또한 상인들에 의하여 다른 지역으로 팔리게 되는 것도 부차적이다. 따라서 자국에서의 수요를 초과하는 상품의 해외 수출은 부차적으로 그 상품의 가치를 높이게 되고 국부를 증대시키는 데에 기여하게 된다. 그러나 농업 위주의 국가가 높은 관세나 수입금지와 같은 조치로 국제무역을 위축시키게 되면 해외 상품과 제조업 제품의 가격을 국내 시장에 높이게 되므로 자국의 농업의 잉여생산물의 상대적 가격을 하락시키고, 그와 교환되는 해외상품의 수요가 줄어들 수 있다. 또한 이러한 조치로 국내에서 독점을 형성하게 하여 이윤도 농업으로 귀속되는 것이 아니고 상인이나 제조업자에 돌아가게 된다. 따라서 자국의 농업과 제조업의 촉진을 위하여서도 자유 무역이 절대적으로 필요하다. 농업과 제조업, 그리고 상업과의 연관을 설명하는 이른바 [경제표]라는 도식은 퀘네Francois Quesnay에 의하여 제시되고 있다. 이러한 도식적 제안은 몇 가지의 중요한 오류를 범하고 있으나 근본적으로 이제까지 발표된 정치경제학의 주제를 가장 근사하게 묘사하고 있는 요약이 된다. 이렇게 농업을 다른 부문의 산업보다 중요하게 생각하는 견해도 상업만을 중시하는 중상주의 체계처럼 근본적으로는 오류를 내포하고 있다. 이와 같은 국가에 의한 제약이나 선호가 경제체계로부터 제거된다면, 그 경제 체계는 스스로의 자연적 자유에 맡겨져서 운영될 것이다. 따라서 모든 사람은 정의 법칙을 위반하지 않고 오로지 자신의 의무를 자신만의 방법으로 추구하고 그의 노력과 자본을 다른 사람과의 경쟁에만 투입시켜야만 할 것이다. 자연적 자유의 체계 아래에서도 군주는 다만 다음의 세 가지 의무만을 지켜야 한다. 첫째는 다른 독립된 사회의 침입과 폭력으로부터 자기 사회를 보호하여야 할 의무, 둘째로 다른 사회의 개인으로부터의 부정과 탄압에서 우리 사회의 개인을 보호하는 의무, 그리고 셋째로 개인이나 소수의 힘만으로는 이룩되고 유지될 수 없는 공공사업과 공공제도의 확립과 유지의 의무이다.

VI. 공공재와 재정

위에서 열거한 국가의 의무를 수행하기 위하여서는 군주나 연방정부도 수입이 있어야하고 이 수입에서 지출이 이루어져야 하는 것은 물론이다. 군주 또는 연방정부의 지출의 첫 번째는 국방비이다. 군주나 연방정부의 첫 번째 의무는 말할 것도 없이 다른 독립된 사회의 폭력이나 공격으로부터 자기 사회를 보호하는 것이다. 국가의 형태가 이루어지지 않은 북아메리카의 원시 부족의 사회에서는 방어가 나라에 맡겨지지 않고 개인에 의하여 수행될 수밖에 없다. 그러나 제조업이 충분히 발전한 사회에서는 전쟁이 발생할 경우 그 사회의 구성원으로부터 전투원이 징집되어야하며 따라서 이들의 생계를 유지하여야할 재정이 필요로 하게 된다.

군주의 두 번째 의무는 그 사회의 구성원들을 그 사회의 다른 개인으로부터 가해지는 불공정과 압박으로부터 보호하고 정의의 집행을 위한 제도를 확립하는 것이다. 수렵과 채집을 위주로 하는 사회에서는 보호받아야 할 개인 재산의 규모가 크지 않기 때문에 이를 위한 제도는 필요하지 않으나 그래도 신체적인 위해는 보호받아야 할 필요가 있게 된다. 그러나 사회가 발전하면서 부터는 정의를 구현하는 계층에 대한 복종이 필요하게 되고, 이를 보장하기 위하여서는 첫째로 상위 계층의 개인적인 우수성, 지혜 등과, 둘째로 연령상의 이점, 셋째로 재산상의 우수성, 그리고 넷째로 출신상의 우위, 즉 신분을 들 수 있다. 공공의 토목사업과 같은 업무를 수행하기 위하여서도 군주는 또한 막대한 재정을 필요로 하게 되는 것은 물론이다. 이러한 모든 재정은 각종의 세금으로 충당될 수밖에 없다.

군주가 집행하여야 할 비용을 충당하기 위하여서는 군주의 수입의 원천이 있어야 한다. 이를 위하여 군주는 토지를 보유하거나 또는 자본의 저축을 가지고 있어야한다. 그리고 경우에 따라서는 군주가 직접 운영하는 상업적인 기업이 있을 수도 있다. 그러나 이러한 세입의 원천은 원시적인 형태에 불과하고, 세입의 주된 원천은 조세 징수가 될 수밖에 없다. 사회 구성원의 소득의 원천은 지대, 이율 그리고 임금이다. 조세징수의 원천은 이 세 가지 소득으로부터 시작된다.

세금의 징수에 있어서도 다음의 네 가지 요건이 갖추어져야 할 것이다. 세금을 납부하는 모든 주민은 각자의 능력. 즉, 소득에 따라 비례하여 세금을 납부하여야한다. 둘째로 개인이 납부하는 세금은 금액, 납세방법 등에 있어서 정확하여야하며 모호성이 없어야한다. 세 번째로 세금의 납부는 납세자에게 가장 편리한 시점에서 편리한 방법으로 이루어져야 한다. 그리고 넷째로는 모든 세금은 납세자로부터 국비에 충당하는데 필요로 하는 최소액으로 징수되어야 한다. 스미스는 이렇게 징세의 원칙을 열거한 뒤에 지대에 대한 세금, 가옥에 대한 세금, 자본 이율에 대한 세금, 그리고 임금 소득에 대한 세금 등에 관하여 상세하게 부가적으로 설명하고 있다.

세금의 유형에 대해 세금의 공정성도 논의되고 있는데, 이른바 모든 사람에게 무차별하게 부과되는 인두세는 재산과 신분, 직업 등에 대하여 과세되기는 하지만 불공정할 가능성이 지적되고 있다. 인두세는 과세와 징수에 있어서 편리성은 있으나 저소득층에서 징수 되었을 때에 임금에 부과되는 소득세와 같은 효과를 갖는 역진적인 성격의 세금이 된다. 필수품에 대한 과세 또한 임금 소득에 대한 과세와 같은 효과를 가지게 됨으로서 역진적 성격을 갖는다.

정부의 세입은 과세뿐만 아니라 정부가 국민으로부터 차입하는 부분으로서도 상당한 부분이 이루어지고 있다. 정부가 의존하는 차입에는 단기적으로 원금과 이자를 지불하는 공채와 영구적으로 이자만을 지불하는 영구채 두 가지로 나눠질 수 있다. 이러한 공채의 대부분은 자금의 여유가 있었던 상인이나 제조업자로부터 이루어졌다. 공채는 세금에 비하여 국민으로부터의 불평을 받지 않고 쉽게 팔수가 있다는 장점이 있다. 그러나 대부분의 공채에 대한 이자는 과세에 의하여 지불되기 때문에 단순히 국내에서의 자금의 이전지출의 성격을 갖고 있다. 국부론의 내용은 여기에서 저술이 끝나고 있다.

Ⅶ. 국부론과 자유시장 경제

국부론은 근본적으로 분업이라는 생산방식이 생산에 있어서 효율과 생산을 증대시킨다는 데에서 출발하고 있다. 분업에 의하여 효율이 형성되고 기술이 축적되면 여기에서 기계가 발명될 수 있는 기초가 마련되며, 따라서 대량 생산이 가능하여지게 된다. 대량 생산은 곧 넓은 시장을 기초로 하기 때문에 운수업이 발달되고 도시의 형성이 가능하게 된다. 여기에서 경제발전과 나라의 부가 창출 될 수 있게 된다. 이러한 국부의 창출은 중상주의자들의 주장처럼 무역을 통한 귀금속의 축적이나 중농주의자들의 주장처럼 농업의 강조만으로 이루어지지 않고 모든 산업의 균형적인 발전에 의하여서만 가능하다. 이렇게 모든 산업이 균형적으로 발전하여야 산업을 규제하는 정부의 통제가 가능한 없어지거나 최소화하여야 된다. 또한 모든 산업의 발전에 따라 모든 상품들이 자유롭게 거래될 수 있는 국내외 시장의 형성이 필수적이다. 시장에서 거래되는 상품의 가격은 그 상품을 생산하는 데에 투하된 노동의 크기에 따라 결정된다. 이것이 바로 스미스가 재창한 노동가치학설의 효시로서 이 이론은 리카도David Ricardo, 1772-1823과 맑크스Karl Marx, 1818-1883에 의하여 더욱더 정교하게 발전되었으나 근본적으로 이들이 스미스의 모순Smith's Paradox을 벗어나는 데에는 성공하지 못하였다. 물이나 공기와 같이 인간에게 꼭 필요한 상품가치가 높은 상품은 값이 전혀 없는데 비하여 거의 인간 생활에서 쓸모가 없는 금강석은 사용가치가 전혀 없는데도 값이 비싸게 부여된다는 것이다. 또한 이점에서 사용가치와 교환가치가 분리되는데 교환가치는 바로 그 상품의 가격으로 나타나게 된다. 물론 대부분의 경우 물과 같은 사용가치가 생산되는 데에는 노동투입량이 많지 않지만, 그렇다고 사용가치가 높은 금강석의 생산에서도 투입 노동량이 언제나 많은 것은 아니다.

이 문제는 바로 상품가격의 결정은 투입 노동량이나 비용뿐만 아니라 그 상품의 수요측면에서도 영향을 받는다는 것을 의미한다. 전통적으로 객관적 가치 창출을 주장한 고전학파의 경제학자들은 소비자가 수요측면에 갖는 주관적 가치체계를 무시하였다는 약점을 가지고 있다. 즉 상품이 주는 총효용과 한계효용을 구분하지 않았다는 맹점을 지니고 있다. 이 문제는 약 한 세기 뒤에 등장한 한계론자들에 의하여 합리적으로 설명된 바 있다. 가치론의 문제도 나중에 경제학에서 중요한 이념적인 문제로 발전하였기 때문에 안이하게 넘길 문제가 아니라고 볼 수 있다. 이와 같이 스미스를 필두로 하는 고전학파 중심의 경제 이론은 오스트리아의 한계학파에 의하여 보완되고 마샬Alfred Marshal, 1842~1924에 의하여 통합됨으로서 이른바 신고전학파의 통합neoclassical synthesis에 의하여 발전될 수 있었다.

스미스는 국부의 원천적 축적과 경제발전을 위하여서는 정부의 규제와 인위적인 개입이 최소화되고, 완전히 시장의 기능에 의하여 경제가 운영될 뿐만 아니라 국내시장은 물론 국제무역에 있어서는 수출 보조금이나 관세 등의 규제가 최소화되는 자유방임주의를 주장한 것은 오늘 날의 자유시장 경제의 정신을 이룩하는 데 기초가 되었다. 이렇게 시장이 자유방임에 맡겨졌을 때에, 그 사회의 구성원인 모든 개인은 자신의 이익을 극대화하고 자신의 안전을 도모함으로써, 개인의 기대와는 달리 다른 목적도 달성할 수 있게 된다. 즉, 자기 이익만을 추구함으로써 직접적으로 사회적 이익을 증진시키겠다는 의도 없이 사회전체의 이익도 증대시킬 수 있게 된다. 이른바 보이지 않는 손이 그렇게 인도 하게 된다는 것이다. 이것이 바로 스미스가 기여한 자유시장경제의 원리이며, 자유방임주의의 핵심이 된다. 모든 사람이 자유롭게 움직이고 제약이 없으며, 공급자와 수요자가 무한하게 많고, 또 어떤 한 공급자나 수요자도 독자적으로 시장의 움직임에 영향을 주지 못하게 되면 그 경제에서의 일반 균형이 이루어지고 후생이 극대화 된다는 이론적 전개는 스미스의 "보이지 않는 손"이 세상에 알려지고 두 세기가 지나고서야 이론적으로 그 존재가 입증되었고, 노벨상 수상자를 낳게 하였다. 물론 이러한 이론적 전개는 많은 가정과 전제조건을 세워야만 가능하기 때문에 현실적으로 부서지기 쉬운 이상적인 아름다운 꽃에 불과하다.

그러나 스미스가 언제나 자유시장 원칙에만 고집한 것은 아니다. 어느 때나 옛날이나 오늘날을 막론하고 경제사회에서는 시장만이 모든 경제문제를 해결하여 주는 것은 아니다. 이른 바 오늘날의 경제학 용어로 "시장실패"market failure는 항상 존재하여 왔고, 스미스는 시장 실패라고는 하지 않았으나, 시장에 맡기지 말고 군주나 정부가 직접 개입하여 해결할 부분을 분명히 밝히고 있다. 국가는 언제나 재정, 즉 세입과 지출을 통하여 중요한 경제 문제를 해결하여야 할 의무를 가지고 있으며 이는 시장에 맡기어 질 수 없는 것임을 분명히 하였다. 이른바 오늘날의 용어를 빌려 쓴다면 바로 공공재의 문제이다. 공공재라 함은 개인이 시장에서 부담하기에는 너무 규모가 크며, 또한 투자의 회임기간도 길고 저조하기 때문에 개개 기업이 생산할 수 없는 재화로서 개인 혼자서 사용하거나 집단이 공동적으로 사용하여도 거기에서 오는 효용이 감소되지 않는 특별한 재화나 서비스를 말한다.

이러한 공공재의 대표적인 것이 국방의 서비스이다. 외부의 적으로부터 나의 생명과 재산을 보호하는 데에는 이를 개인이 시장에서 해결하기에 비용도 너무 크며 또한 감당할 수도 없다. 국방은 또한 나 하나의 개인의 문제가 아니라 사회 전체의 공동의 문제이기 때문에 나 혼자 혜택을 받거나 공공의 모두가 공통적으로 혜택을 받더라도 각자 받는 효용은 변하지 않는다. 여기에는 국내적으로 나의 재산과 생명을 보호받는 치안도 들어가기 때문에 경찰의 용역은 국가가 생산하고 공동으로 제공하여야 할 공공재에 해당한다. 이런 것들 외에도 대규모 토목사업 즉, 도로건설, 항만건설, 교량, 치안, 치수 같은 것들이 여기에 속한다. 현대 사회에서는 여기에다 국민 모두에게 제공되는 기본 교육, 건강 유지를 위한 의료혜택 등을 포한 시킬 수 있다. 오늘 모든 선진 국가에서 제공되고 있는 정부의 사업이 이미 스미스에 의해 분명하게 언급된 바 있다.

이와 같이 시장에서 해결 될 수 없는 사업을 위하여, 국가는 징세로서 세입을 확보하고 여기에서 재정 지출을 집행 할 수 있다. 국민이 세금을 납부하여야 할 의무가 있다면 국민은 또한 국가로부터 국방, 치안, 교육, 건강 사회 관련 시설의 혜택을 받을 권리를 가지고 있다. 이것이 바로 근대 선진 국가의 경제적 기능이다.

국부론이 간행된 1776년 이전에는 상징적으로 경제학이라는 사회과학의 한 영역이 독립적으로 존재하지 않았다고 보는 견해가 일반적으로 학계에서의 공통적인 생각이었다. 물론 스미스 이후 경제학에서는 끊임없는 이론의 발전으로 경제학이 보완되어 왔으며, 경제학economics라는 새로운 단어가 생기게 된 것은 1895년 마샬 이후의 일이나, 경제학에서는 1776년 국부론이 집필된 해를 경제학이 하나의 분과된 사회과학의 한 과목으로 보는 견해가 일반적이다. 물론 경제학이라는 과목의 이름은 초기 정치산술학political arithmetics, 정치경제학political economy라는 용어로 불리기도 하였으나 이제는 공공연히 경제과학economic science라고 불리기도 한다. 스미스의 국부론은 이러한 맥락에서 경제학의 효시이며 시초라 할 수 있을 것이다.

제3장

데이비드 리카아도의 『정치경제학 및 과세의 원리에 관하여』

신동천 | 연세대학교 경제학부 명예교수

DAVID RICARDO: PRINCIPLES OF POLITICAL ECONOMY AND TAXATION

Principles of Political Economy and Taxation, 1817

신동천

◎ **소속**

연세대학교 경제학부 명예교수(현)

◎ **경력**

연세대학교 상경대학장 겸 경제대학원장

한국무역위원회 위원

한국무역보험학회 회장

한국환경경제학회 회장

I. 리카아도의 생애와 연구

리카아도David Ricardo는 1772년 4월 18일 런던에서 태어나 1823년 9월 11일에 사망하였다. 그의 부모는 모두 유태인이었으며 그의 아버지Abraham Ricardo는 네덜란드 암스테르담에서 영국으로 이주해 온 부유한 증권중개인이었다. 리카아도가 진통적인 학교교육을 받지 못했던 것으로 일반적으로 알려져 있으나 전혀 학교에 가보지 못했던 것은 아니고 10대 초반 약 3년 동안 암스테르담의 명망 있는 유태인학교에 다녔던 것으로 알려졌다. 또한 집안이 부유하였기 때문에 그가 원하는 분야의 어떤 선생이라도 사적인 가르침을 받을 수 있었다고 한다.

리카아도는 청소년기에 이미 그의 아버지를 도와 증권거래 등 사업경력을 쌓았으나 21세 되는 해에 리카아도 가족이 속한 유태계의 여자와 결혼해야 한다는 전통을 어기고 퀘이커 교도인 여자와 결혼함으로써 가족과 멀어지게 되었고 재적정 지원도 받을 수 없게 되었다. 그러나 그 당시 증권거래소의 영향력 있는 회원들의 도움을 받아 증권중개업을 계속할 수 있었고 증권중개업 뿐만 아니라 다른 사업에서도 성공을 거두어 상당한 부를 축적할 수 있었다.

증권중개업 등을 통하여 큰 부를 축적한 이후 리카아도는 수학, 화학, 지리학 등 학문분야에도 관심을 갖게 되었다. 특히 아담 스미스Adam Smith,

1723-1790의 『국부론』을 읽고 감명을 받아 경제학에 큰 관심을 갖게 되었고 아담 스미스뿐만 아니라『자유론On Liberty』를 썼으며 고전학파 경제학에 큰 기여를 한 존 스튜어트 밀John Stuart Mill, 1806-1873의 아버지이자 역시 경제학자인 제임스 밀James Mill, 1773-1836과『인구론*An Essay on the Principle of Population*』을 쓴 맬서스Thomas Robert Malthus, 1766-1834를 빼 놓을 수 없다. 특히 맬서스는 당대 영국 최고의 경제학자 중 하나였으며 리카아도는 맬서스와의 교류와 토론을 통하여 경제에 관한 자신의 생각을 다듬고 발전시키는 계기가 되었다.

리카아도가 화폐와 금융문제에 있어서는 화폐수량설the quantity theory of money, 상품의 가격과 가치문제에 있어서는 노동가치설the labour theory of value이 중심축이라고 할 수 있다. 리카아도의 첫 번째 논문으로 1809년에 발표된「금의 가격The Price of Gold」에서 볼 수 있듯이 초기에는 화폐와 금융분야에 관심을 가지고 있었으나 1810년대 초기부터 그의 관심을 사로잡았던 것은 주로 분배이론the theory of distribution이었다. 곡물경작자나 제조업자들의 자본이 낳는 이윤profit, 토지소유주들의 지대rent, 그리고 노동자들의 임금wage이 어떻게 분배되고 그들 사이의 관계가 무엇인지를 밝히고자 했다. 1815년의 곡물법Corn Laws시행과 같은 영국의 국제무역 정책이 영국의 경제적 후생과 이윤과 임금 등 분배에 미치는 효과 등에 대한 분석과정에서 오늘날 경제학에서 이견 없이 널리 받아 들여 지고 있는 국제무역의 비교우위comparative advantage원리도 제시하였다. 리카아도의 경제사상은 고전학파 경제학에 속하지만 이후의 신고전학파 경제학과 마르크스 경제학으로 갈라지는 경제학의 시대적 전개에 중심에 있었으며 경제학의 발전에 핵심적 역할을 했다는 점을 누구도 부인할 수 없다.

이러한 리카아도의 경제사상과 분석이 집약된 저서가 바로 『정치경제학 및 과세 원리에 관하여*on the Principles of Political Economy and Taxation*』이다. 이 책의 초판본은 1817년에 출간되었으며 1819년과 1821년에 각각 이판과 삼판이

발행되었다. 여기서는 Sraffa1970가 리카아도의 저술과 서신을 편집한 *The Works and Correspondence of David Ricardo*의 삼판본 제1권인 『정치경제학 및 과세 원리에 관하여on the Principles of Political Economy and Taxation』 내용을 축약하여 소개하고자 한다.『정치경제학 및 과세 원리에 관하여』는 총 32장으로 구성되어 있다. 제1장~제7장이 가치론과 분배론 그리고 국제무역에 관한 내용으로 리카아도의 가치와 분배에 관한 경제사상이 기술된 핵심부분이라고 할 수 있다. 제8장~제18장은 각종 조세부과의 효과를 분석하고 있으며 제19장~32장에서는 자본축적이 이윤과 이자에 미치는 효과라든가 혹은 수출장려금과 수입규제, 화폐와 은행 등 다양한 소주제들을 다루고 있다.

허락된 지면의 제약으로 이 책의 전체 내용을 소개하는 것이 불가능하고 이 책의 내용 중에는 지금의 현실과 맞지 않는 그 당시만의 경제문제들에 대한 연구와 분석들도 많이 포함하고 있어서 그러한 부분들을 과감하게 생략하고 리카아도 경제사상의 핵심이라고 볼 수 있는 가치론과 분배론을 중심으로 리카아도의 비교우위론과 조세부과가 지대, 이윤, 임금 등에 미치는 효과를 축약하여 소개하고자 한다. 여기서의 각주는 『정치경제학 및 과세 원리에 관하여』에 있는 각주가 아니고 본문의 내용에 대한 이해를 돕기 위하여 본 저자가 붙인 것임을 밝힌다.

II. 정치경제학 및 과세 원리에 관하여

1. 가치(on value)

상품의 가치, 혹은 그 상품과 교환되는 다른 상품의 양은 그 상품 생산에 필요한 노동에 지불되는 보수의 많고 적음에 의존하는 것이 아니라 그 상

품 생산에 필요한 상대적 노동량에 의존한다.[1]

아담 스미스는 "가치라는 단어는 두 가지 다른 의미를 갖는다. 하나는 어떤 물건의 쓸모를 표현하는 사용가치value in use이고 다른 하나는 그 물건이 갖는 다른 물건들에 대한 구매력을 나타내는 교환가치value in exchange이다."라고 말 한 바 있다. 물과 공기는 사용가치가 엄청나게 크지만 교환가치는 없는 반면에 반대로 금은 사용가치는 크지 않지만 교환가치는 크다. 쓸모 있음utility이 상품의 교환가치를 측정하는 단위는 아니지만 교환가치에 절대적으로 필수적인 요소다. 물건이 쓸모가 없다면, 즉 그것이 우리에게 어떤 만족도 주지 않는다면 아무리 희귀하고 혹은 그것을 얻는데 아무리 많은 노동량이 투입되더라도 교환가치는 존재하지 않는다.

상품이 쓸모가 있다면 해당 상품의 교환가치는 상품의 희소성과 그 상품을 얻기 위하여 필요한 노동량으로부터 나온다. 교환가치가 희소성에 의해서만 결정되는 상품들이 있다. 예를 들어 희귀한 그림, 책이나 동전 등은 매우 제한된 양이 존재하며 그것들의 가치는 그것들을 처음 생산하기 위하여 원래 필요했던 노동량에 의존하지 않는다. 그러나 이러한 상품들은 시장에서 매일 거래되는 상품들의 극히 작은 부분을 차지하며 대부분의 상품들은 노동에 의하여 생산되고 노동량의 증가 혹은 감소는 생산량을 증가 혹은 감소시킨다. 상품의 교환가치 및 상대가격을 결정하는 법칙에 대하여 말할 때 항상 노동을 통하여 생산량을 증대시킬 수 있고 생산에 있어서 제한없는 경쟁이 존재하는 상품들을 대상으로 한다.

아담 스미스는 "어느 것이나 그것의 진정한 가격은 그것을 얻기 위해 쏟는 노력과 수고이다. 노동이 모든 것을 얻기 위하여 지불되는 첫 번째 가격

1 — 상품 생산에 필요한 상대적 노동량(relative quantity of labour)은 해당 상품생산에 필요한 노동량을 다른 상품 생산에 필요한 노동량으로 나눈 값이다.

이다. 상품을 다른 상품들과 교환하기 위한 규칙을 제공할 수 있는 요소는 상품을 획득하기 위하여 필요한 노동량의 상품 간 비율인 것 같다. 예를 들어 비버를 사냥하는데 드는 노동량이 사슴을 사냥하는데 필요한 노동량의 두 배이라면 당연히 비버 한 마리는 사슴 두 마리와 교환되어야 한다" 라 말했다. 상품을 얻기 위하여 필요한 노동량의 상품간 비율이 노동으로 증가될 수 없는 것들을 제외한 모든 상품의 교환가치를 결정하는 진정한 기반이라는 것이 경제학에서 가장 중요한 원리이다. 상품생산에 필요한 노동량이 상품의 교환가치를 결정한다면 상품생산에 필요한 노동량의 증가는 해당 상품의 가치를 증가시켜야 하고 노동량의 감소는 해당 상품의 가치를 낮추어야 한다[2].

노동이 모든 가치의 근본이고 상품생산에 필요한 상대적 노동량이 상품의 상대적 가치를 결정한다고 말할 때 현실적으로 존재하는 노동의 질적 차이를 무시하는 것은 아니다. 어느 직업에서의 한 시간 혹은 하루 노동을 다른 직업에서의 한 시간 혹은 하루 노동과 비교하는데 어려움이 있음을 부인할 수 없다. 노동의 질적 차이는 노동자의 상대적인 기술과 노동의 강도에 많이 의존한다. 질적 차이에 따른 노동 등급scale은 한번 생기면 거의 변동하지 않는다. 예를 들어 보석상의 하루 노동이 보통 노동자의 하루 노동보다 더 가치가 있다면 이는 이미 오래 전에 조정된 것이며 가치의 등급

2 — 리카아도는 상품가치에 대한 아담 스미스의 이러한 기준과 함께 아담 스미스가 이것과 동일한 기준이라고 제시한 가치척도에 대하여 비판하고 있다. 아담 스미스의 두 번째 기준은 '상품가치는 해당 상품으로 시장에서 구입할 수 있는 노동량'이라는 것이다. 아담 스미스는 상품을 생산하기 위하여 필요한 노동량, 즉 아담 스미스가 원래 정의한 상품의 가치는 해당 상품이 시장에서 구입할 수 있는 노동량과 동일하다는 것이다.

에서 적합한 위치에 놓여 있는 것이다[3].

상품 생산에 직접적으로 투입된 노동뿐만 아니라 노동과 함께 사용되는 도구나 건물 등과 같은 자본의 생산에 필요한 노동량도 상품의 가치에 영향을 준다. 예를 들어 사슴 사냥꾼이 사냥을 위해 만든 사냥도구와 같은 자본은 사냥에 꼭 필요하거나 혹은 사냥을 쉽게 해준다. 비버 사냥과 사슴 사냥에 직접적으로 필요한 시간과 노동이 같다고 하더라도 비버 사냥에 사용된 무기 생산에 필요한 노동량이 사슴사냥에 사용된 무기 생산에 필요한 노동보다 더 많다면 사냥된 비버의 가치가 사슴의 가치보다 큰 것이다. 이와 같이 사냥된 동물의 가치는 사냥꾼이 동물을 잡기 위해 사용한 시간과 노동뿐만 아니라 사냥에 도움을 준 사냥무기와 같은 자본을 만드는데 사용된 시간과 노동도 포함한다.

상품 생산에 직접적으로 필요한 노동과 함께 사용되는 자본의 생산에 필요한 노동량 전부가 상품가치에 이전되는 것은 아니다. 자본이 일정 기간 동안 사용될 수 있는 내구성durability이 있으면 자본의 생산에 필요한 노동량의 일부만 상품가치에 포함되며 자본의 내구성이 없을수록 자본생산에 필요한 노동량의 더 큰 부분이 상품가치에 포함된다.

산업과 기술이 발전하고 상업이 번창하는 사회에서 상품의 가치는 변동한다. 예를 들어 시장에서 양말의 교환가치는 양말을 만들어서 시장에 가져오는데 필요한 노동총량에 의존한다. 첫째 양말을 만드는 원재료인 목화를 재배하기 위하여 투입된 노동, 둘째 수확된 목화를 양말제조공장으로

3 — 따라서 상품 생산에 필요한 노동량을 계산할 때 이러한 등급을 고려한다는 것이며 리카아도는 상품 생산에 필요한 상대적 노동량을 계산할 때의 어려움을『국부론』에서 아담 스미스가 언급한 내용을 인용하고 있다. "(두 상품에 사용된 노동량 비율을 계산하는데 있어서) 두 가지 다른 종류의 작업에 사용된 노동시간만이 항상 이 비율을 결정하는 것이 아니다. 작업들의 서로 다른 힘든 정도와 발휘된 창의력도 같이 고려되어야 한다. 쉬운 일 두 시간보다 힘든 일 1시간에 더 많은 노동이 사용될 수도 있다. 힘든 정도나 창의력에 대한 정확히 측정할 수 있는 척도를 찾기란 쉽지 않다."

운반하는데 필요한 노동과 운반수단을 만드는데 사용된 노동의 일부, 셋째 방적공과 직공의 노동, 넷째 양말제조 공장의 건물이나 기계 등의 자본 생산에 투입된 노동의 일부, 다섯째 시장의 소매상들과 기타 관련 사람들의 노동 등이 양말의 교환가치, 즉 양말과 교환되는 다른 상품들의 양을 결정한다. 목화 경작에서 양말이 최종소비자에게 도달하는 전체 과정 중 일부에서 노동을 절약하는 개선이 이루어진다면 양말 생산에 필요한 노동총량이 감소하게 되고 양말의 교환가치는 하락하게 된다.

노동과 함께 상품 생산에 사용되어 상품의 가치에 영향을 주는 자본은 빨리 소모되거나 자주 재생산되어야 하는 순환자본circulating capital과 비교적 오래 사용할 수 있는 고정자본fixed capital으로 나뉜다. 고정자본의 내구성 정도와 순환자본과 고정자본의 구성비율이 상품별로 다를 수 있으며 이런 차이가 상품들의 상대가치 변동에 또 다른 원인을 제공한다. 예를 들어 양조업자는 맥주를 생산하기 위하여 건물과 기계 같이 내구성이 있는 고정자본을 큰 비중으로 사용하고, 구두제조인에게는 건물과 기계보다는 주로 음식과 의복 등 더 빨리 사라지는 상품들을 구입하는데 사용되는 임금으로 지불되는 순환자본의 비중이 더 크다[4].

제조업자인 두 사람은 각각 옷과 면직물 생산을 위한 기계를 만들기 위하여 동일하게 일 년간 100명의 노동자를 투입하고 또 다른 한 사람인 농부는 곡물을 경작하기 위하여 일 년간 100명의 노동자를 투입한다고 하자[5]. 상품의 가치는 해당 상품을 생산하기 위하여 필요한 노동량이므로 일 년

4 — 리카아도는 상품을 제조하는 기업 혹은 사람의 입장에서 노동자들이 식량과 필수품들을 구입하는데 주로 사용되는 임금으로 지불되는 자금 등과 내구성이 없거나 짧은 자본을 '순환자본'이라고 하고 상품 생산에 필요한 건물, 기계, 공장 등 더 내구적인 자본을 '고정자본'이라고 하고 있지만 스스로 말하고 있듯이 그 구분이 필수적인 것은 아니며 정확히 구분 할 수 있는 기준이 명확한 것도 아니다.

5 — 리카아도는 이 예를 통하여 고정자본의 생성과 생산을 위한 순환자본과 고정자본의 구성이 상품가치에 어떤 영향을 주는가를 보여주고자 하였다.

후 만들어진 각 기계의 가치는 농부가 수확한 곡물의 가치와 동일하다. 노동자 연봉이 50파운드라고 하고 이윤율이 10%라고 가정하면 첫해에 100명의 노동자를 고용하여 생산된 옷을 만드는 기계와 면직물을 만드는 기계의 가치는 각각 5,500파운드로서 동일하며 100명의 노동자를 사용하여 수확된 첫해 곡물의 가치도 마찬가지로 5,500파운드가 된다[6].

다음 해 두 제조업자는 100명의 노동자와 첫해에 만들어진 기계를 사용하여 각각 옷과 면직물을 생산하고 농부는 다시 100명을 고용하여 곡물을 생산한다고 하자. 농부는 임금으로 5,000파운드를 지급하고 수확된 곡물을 이윤율을 고려하여 5,500파운드에 팔 것이나 제조업자들의 경우는 농부와는 달리 노동자 임금으로 지급된 자본 5,000파운드와 이에 대한 이윤 500파운드를 합한 5,500파운드와 함께 기계에 투자된 5,500파운드의 자본에 대한 이윤 550파운드를 더해 자신들의 상품을 6,050파운드에 팔아야 한다.

이 예에서 볼 수 있듯이 매년 동일한 수의 노동자를 사용하지만 고정자본량이 다르면 그들이 생산하는 상품의 가치가 달라지게 된다. 동일한 노동량과 동일한 고정자본을 이용하여 생산된 옷과 면직물은 동일한 가치를 갖는 반면에 곡물은 제조업과 동일한 노동량을 사용해도 고정자본이 없기 때문에 이들 제조업 상품보다 낮은 가치를 갖는다.

위의 예는 시장에 상품이 나오는 시간이 길어지면 질수록 자본에 대한 이윤이 다시 자본으로 축적되기 때문이며 이윤이 보류되는 시간에 대한 보

6 — 첫 번째 해에 기계를 만들거나 곡물을 생산하거나 자본이 5,000파운드가 투자된 것이며 만약 이 5,000파운드를 다른 사업에 투자했다면 이윤율 10%로 500파운드의 이윤을 얻을 수 있었으나 이를 포기하고 기계 혹은 곡물을 생산한 것이니 포기한 이윤 500파운드는 기회비용으로서 기계와 곡물의 가치에 포함되어야 한다. 곡물과 각 기계의 가치는 임금으로 지불한 5,000파운드와 이윤 500파운드를 합쳐 5,500파운드가 된다.

상이라는 점을 보이고 있다. 다음의 예도 위의 경우와 결국 같은 예로서 시장에 나오는 시간의 길고 짧음에 따라 상품의 가치가 달라진다는 것을 보이고 있다. 첫 번째 경우는 연봉 50파운드에 20명의 노동자를 고용하여 일년 동안 상품을 생산하고 연말에 다시 20명을 고용하여 다음 해에 해당상품을 완성하여 연말에 시장에 내놓는 경우, 1차년도에 노동자 임금으로 지불한 1,000파운드(=20명×50파운드)와 이윤 100파운드를 합하여 1,100파운드의 순환자본이 투자되었고 2차년도에 역시 1,100파운드의 순환자본이 투자되었으나 2차년도 연말에 시장에 나온 상품은 2차년도 순환자본 1,100파운드와 1차년도 순환자본 1,100파운드에 대한 2차년도 이윤 110파운드(=1,100파운드×0.1)을 합하여 총 2,310 파운드에 팔아야 한다. 두 번째 경우는 첫해에 40명의 노동자를 모두 고용하여 1차년도 연말에 상품을 시장에 내놓는 경우 노동자 임금에 지불된 2,000파운드와 2,000파운드에 대한 이윤 200파운드를 합하여 2,200파운드를 받아야 한다. 이와 같이 상품이 시장에 나오는 시간이 길어질수록 상품의 가치는 상승하게 된다. 앞에서도 말한 바 있지만 이는 자본에 대한 이윤이 다시 자본으로 축적되기 때문이며 이윤이 보류되는 시간에 대한 보상인 것이다.

2. 지대(on rent)

지대는 고유하고 파괴할 수 없는 흙의 힘을 이용한 것에 대하여 토지의 산출물 중에서 지주에게 지불되는 부분이다. 지대는 종종 이자나 자본의 이윤과 혼동되며 통상적으로 지대라는 용어가 토지경작자가 지주에게 매년 지불하는 모든 것을 의미하는 것으로 사용된다. 그러나 지대란 오로지 고유하고 파괴할 수 없는 흙의 힘을 사용한 것에 대한 비용이다. 지주가 지은 농장 건물 등 편의시설과 기타 생산관련 시설 사용에 대하여 농부가 지불한 것은 지대가 아니라 지주 소유의 자본을 사용한 것에 대하여 댓가를 지불한 것이다. 예를 들어 자연적 비옥도가 동일한 두 개의 농장이 있는데 한 농장은 농장건물 등 편의시설과 배수로, 울타리 등이 잘 갖추어져 있는 반면에 다른 농장은 그런 것들이 없다면 시설들이 잘 갖추어져 있는 토지는 더 많은 사용료를 내야 할 것이다.

비옥한 토지가 풍부하게 있어서 그 토지의 일부만 사용해도 실제 인구를 먹여 살릴 수 있다면 지대는 존재하지 않는다. 비옥한 토지가 충분히 많이 있고 아직 아무도 토지를 소유하고 있지 않다면 수요 및 공급의 원리에 따라 토지 사용에 대하여 지대를 지불할 필요가 없다. 즉, 모든 토지가 동일한 비옥도와 질을 가지고 있고 그 양이 무한하다면 토지 사용에 대하여 어떤 비용도 지불할 필요가 없다는 것이다.

토지 사용에 대하여 지대가 지불되는 이유는 토지의 양이 무한하지도 또한 동일한 비옥도를 갖고 있지도 않으며 인구가 증가함에 따라 열등하거나 혹은 불리한 위치에 있는 토지가 경작지로 사용되기 때문이다. 인구가 증가하여 곡물에 대한 수요가 증가함에 따라 비옥도가 낮은 열등한 토지가 경작되기 시작할 때 그보다 비옥한 토지 사용에 대해서는 지대가 발생한다. 지대의 크기는 해당 토지들의 질적 차이(즉, 생산력의 차이) 정도에 의하여 결정된다[7].

예를 들어 비옥도에 따라 가장 비옥한 NO.1 토지와 그 다음으로 비옥한 NO.2 토지, 가장 열등한 NO.3 토지가 있다고 하자.그리고 동일한 노동량과 자본 1,000 파운드를 투입하여 곡물을 생산한 후에 노동자들에게 임금으로 지불하는 곡물을 제외한 순 곡물의 양net produce이 각각 100, 90, 80이

7 — 이것을 차액지대론(差額地代論, differential rent theory)이라고 하며 리카아도에 의하여 체계화 되었으며 마르크스(Karl Marx, 1818-1883)는 이에 대한 비판으로 절대지대론(絕對地代論, absolute rent theory)을 주장하였다. 절대지대론은 개인이 토지를 소유하는 경제에서 가장 비옥도가 떨어지는 가장 열등한 토지라 하더라도 아무런 보상 없이 토지이용을 허락할 이유가 없다는 점을 들어 이러한 토지에도 지대가 존재한다고 주장하였다.

라고 하자. 인구에 비하여 NO.1 토지가 충분하게 있는 경우 순 곡물량 100 전부가 경작자의 것이 된다. 이 100은 경작자가 곡물생산에 투입한 자본에 대한 대가인 이윤에 해당한다. 만약 인구가 증가하여 NO.2 토지까지 경작해야 한다면 경쟁으로 인하여 NO.1 토지에 대한 10(=100-90)의 지대가 발생하나 NO.2 토지에 대해서는 지대가 존재하지 않는다. 이는 NO.2 토지 경작자가 그의 자본으로 NO.1 토지를 경작해서 얻을 수 있는 순 곡물량 중 10을 지대로 내도 NO.2 토지를 경작해서 얻을 수 있는 순 곡물량과 같기 때문이다[8]. 인구가 더 증가하여 가장 열등한 NO.3 토지를 경작해야 한다면 동일한 논리로 NO.1 토지에 대한 지대는 20(=100-80)이며 NO.2 토지에 대한 지대는 10(=90-80)가 되고 NO.3 토지에 대한 지대는 없다.

최우등지인 NO.1 토지에 자본을 더 투자하여 곡물을 더 생산할 수 있다고 가정하자. 예를 들어 자본 1,000 파운드를 더 투자하면 추가적으로 85의 순 곡물량을 더 생산할 수 있다고 하면 2,000 파운드의 자본을 투자하면 185(=100+85)의 순 곡물량이 나오는 것이다. 여기서 15(=100-85)는 첫 번째 1,000 파운드 투자에 대한 지대가 되며 두 번째 1,000 파운드에 대한 지대는 없다. 따라서 2,000 파운드의 자본을 투자하면 지대는 15가 된다. 2,000 파운드에 만약 1,000 파운드를 더 투자하고 추가적인 자본에 의하여 생산될 수 있는 순 곡물량이 75라고 하면 3,000 파운드의 자본으로 260(=100+85+75)의 순 곡물량을 생산할 수 있다고 하자. 이때 지대는 첫 번째 1,000 파운드 투자에 대한 지대는 25(=100-75)가 되며 두 번째 1,000 파운드 투자에 대한 지대는 10(=85-75)가 되고 마지막 세 번째 1,000 파운드 투자에 대한 지대는 0이 되어 3,000 파운드 자본에 대한 총

8 — 만약 NO.1을 소유한 지주가 10보다 적은 지대를 받는다면 NO.2 토지 경작자는 NO.1 토지를 경작할 것이기 때문에 경쟁에 의하여 NO.1 토지에 대한 지대는 10이 된다.

지대는 35(=25+10)이 된다.

토지에서 생산되는 곡물의 가치는 지대를 지불할 필요가 없는 정도의 비옥도와 질을 갖는 토지에서 곡물생산에 필요한 노동량에 의하여 결정된다. 곡물의 가치는 지대를 지불하기 때문에 높은 것이 아니라 곡물의 가치가 높기 때문에 지대를 지불하는 것이다. 지대의 상승은 항상 부wealth와 인구의 증가로 인한 식량 공급의 어려움 때문에 발생한다. 곡물가격은 가장 열등한 토지에서 곡물생산에 필요한 노동량에 의해 결정되며 지대는 지불하지 않기 때문에 지대는 곡물가격의 구성부분이 아니다.

인구수는 인구를 고용할 수 있는 자본이 결정하고 자본의 증가 혹은 감소에 따라 인구도 증가하거나 감소하게 된다[9]. 부와 인구가 증가할 때 농업생산에서 현저한 개선이 이루어진다면 비옥도가 크게 떨어지는 토지를 경작할 필요가 없거나 혹은 더 비옥한 토지 경작에 동일한 자본을 더 사용할 필요가 없기 때문에 지대는 하락하게 된다. 농업생산기술의 개선이 이루어지거나 혹은 생산에 필요한 노동량이 감소하면 곡물의 상대가격과 지대는 하락하게 되고 자본에 대한 이윤이 증대하게 되며 자본축적이 증가하게 된다. 이는 노동에 대한 수요를 증가시켜 임금을 상승시키고 인구를 증가시키며 곡물에 대한 수요를 증가시켜 경작을 증가시킨다.

3. 자연가격과 시장가격(on natural and market price)

노동이 상품가치의 기반이고 상품이 다른 상품들과 교환되는 비율을 결정하는 것은 상품생산에 필요한 상대적 노동량이다. 이러한 상품의 본원적인 자연가격primary and natural price으로부터 시장가격이 우연하고 일시적으로

9 — 자본의 감소 ⇒ 곡물에 대한 실효적 수요의 감소 ⇒ 곡물가격의 하락 ⇒ 경작지 감소 ⇒ 지대 감소(최우등지가 최종적으로 경작되는 토지라면 지대는 0임)

이탈한다는 것을 부인할 수 없다. 시장에서 수요량과 공급량이 지속적으로 균형에 있는 것은 아니며 여러 요인으로 인하여 시장이 수시로 불균형상태에 있게 되는 것을 관찰할 수 있다. 여러 상품들의 생산에 자본이 필요한 만큼 정확히 배정되는 것은 오로지 그러한 변동의 결과이다. 상품가격의 상승은 이윤을 일반적 수준 이상으로 상승시키며 가격이 상승한 상품생산에 자본이 투입된다.

자기가 원하는 곳에 자본을 자유롭게 사용할 수 있는 자본소유자들은 당연히 가장 유리한 사업을 찾을 것이고 더 높은 이윤을 낳는 사업에 자본을 투자할 것이다. 이윤이 낮은 사업에서 이윤이 더 높은 사업으로 이동하려는 자본소유자들의 이러한 욕구는 모든 사업의 이윤을 균등화시키게 된다.

자기 자신의 자금만으로 사업을 하는 제조업자는 아마도 없을 것이다. 일반적으로 제조업자들은 유동자본floating capital의 일정부분을 자신이 생산하는 상품에 대한 수요의 증감에 따라 증가시키기도 하고 감소시키기도 한다. 예를 들어 비단에 대한 수요가 증대하고 옷에 대한 수요가 감소했을 때 옷 제조업자는 그의 자본을 비단 사업으로 옮기지는 않으나 노동자의 일부를 해고하고 은행이나 부자들에게서 받던 자금 대출을 줄인다. 비단 제조업자의 경우는 반대로 더 많은 노동자를 고용하려 할 것이며 자금 차용이 증가한다. 비단 제조업자는 더 많은 자금을 외부로부터 차용함으로써 자본이 한 사업에서 다른 사업으로 이동하게 된다.

모든 상품이 자연가격 상태에 있어서 모든 사업에서 자본의 이윤율이 정확히 동일하다고 하자. 이제 유행의 변화로 비단에 대한 수요는 증가하고 모직에 대한 수요는 감소하였다고 하면 비단의 시장가격은 상승할 것이고 모직의 시장가격은 하락할 것이다. 그 결과로 비단 제조업자의 이윤은 일반적 이윤보다 크게 될 것이고 모직 제조업자의 이윤은 일반적 이윤보다 작을 것이다. 이윤뿐만 아니라 노동임금도 영향을 받을 것이다. 이러한 비단에 대한 수요 증가는 자본과 노동이 모직 제조업에서 비단 제조업으로 이동함으로써 비단 공급에 의하여 충족될 것이고 비단과 모직은 다시 자연가격(즉, 해당 상품을 생산하는데 필요한 노동량)으로 돌아갈 것이며 두 상품 제조업자들은 이전의 이윤을 얻게 될 것이다. 시장가격이 지속적으로 자연가격보다 크게 높거나 낮지 않도록 막는 것은 바로 이윤이 낮은 사업에서 이윤이 높은 사업으로 자본을 옮기려는 자본소유자들의 사적인 이익 추구욕망 때문이다.

4. 임금(on wages)

사고 팔수 있고 양이 증가할 수도 감소할 수도 있는 다른 상품들과 마찬가지로 노동도 자연가격과 시장가격이 있다. 노동의 자연가격은 노동자들이 생존하고 노동자들의 수가 증감 없이 영속하기 위하여 필요한 가격을 말한다. 노동자가 그 자신과 가족을 먹여 살릴 수 있는 힘은 그가 임금으로 받는 금액에 의존하는 것이 아니라 임금으로 구입할 수 있는 식량, 필수품들과 편의품들의 양에 의존한다. 그러므로 노동의 자연가격은 노동자와 그의 가족의 생계를 위하여 필요한 식량, 필수품 및 편의품들의 가격에 의존한다. 식량이나 필수품들의 가격 상승은 노동의 자연가격을 상승시킨다.

사회가 발전하면서 노동의 자연가격은 상승하는 경향이 있다. 왜냐하면 노동의 자연가격을 결정하는 곡물의 생산이 점점 어려워져 더 비싸지는 경향을 갖기 때문이다. 그러나 농업에서의 개선, 식량을 수입할 수 있는 새로운 시장의 발견 등이 일시적으로 필수품들의 가격 상승을 막을 수도 있고 자연가격을 하락시킬 수도 있으므로 노동의 자연가격도 하락할 수 있다.

노동의 시장가격은 시장의 수요와 공급에 의하여 실제로 노동이 지불받는 가격이다. 노동이 희귀하면 노동은 비쌀 것이고 노동이 풍부하면 저렴할 것이다. 그러나 다른 상품들과 마찬가지로 노동의 시장가격이 자연가격으로부터 얼마나 많이 이탈되든 상관없이 시장가격은 자연가격에 수렴하는 경향을 갖는다.

노동의 시장가격이 자연가격보다 높을 때는 노동자의 생활은 번창하고 행복할 것이며 더 많은 생활의 기쁨과 필수품들을 향유할 수 있어 많은 가족을 부양할 수 있다. 그러나 높은 임금은 인구증가를 촉진시켜 노동자의 수가 증가하고 임금은 다시 자연가격으로 떨이지게 된다. 노동의 시장가격이 자연가격보다 낮을 때는 노동자들의 생활은 비참해지며 가난으로 인해 노동자들은 절대적 필수품들과 편의품들을 구입할 수 없다. 궁핍으로 인하여 노동자들의 수가 줄거나 혹은 노동에 대한 수요가 증가한 후에야 노동의 시장가격은 자연가격으로 상승하게 된다.

사회가 발진하고 자본이 증가함에 따라 노동의 시장가격은 상승하게 되나 시장가격 상승의 영속성은 노동의 자연가격도 상승했는가에 의존하며 자연가격 상승여부는 노동임금이 사용되는 필수품들의 자연가격의 상승여부에 달려 있다. 식량과 기타 필수품들로 측정된 노동의 자연가격은 절대적으로 고정된 불변의 것이 아니다. 노동의 자연가격은 같은 국가 내에서도 시대에 따라 다르고 또 국가마다 다르다. 노동의 자연가격은 본질적으로 사람들의 습관과 관습에 의존한다. 영국의 노동자가 받는 임금으로 감자이외의 식량을 구입할 수 없고 흙으로 지은 오두막에서 살 수밖에 없다면 그가 받는 임금이 너무 적어 그의 가족의 생계를 꾸릴 수 없다고 생각할 것이다. 그러나 인간의 생명이 값싸고 욕구가 쉽게 만족되는 국가들에서는 종종 이러한 영국의 임금이 충분하다고 여겨진다.

5. 이윤(on profits)

곡물의 가격은 지대를 지불하지 않는 토지에서 곡물을 생산하는데 필요한 노동량에 의하여 결정된다. 가장 낮은 질의 토지를 이용하여 곡물을 생산하는 경작자나 상품을 생산하는 제조업자는 지대를 지불하지 않기 때문에 상품가치는 자본에 대한 이윤과 노동임금으로만 구성된다.

곡물과 제조업제품이 항상 동일한 가격에 판매된다고 가정하면 임금 상승은 이윤 감소를 초래하고 임금 하락은 이윤증가를 가져 온다. 그러나 곡물을 생산하기 위하여 필요한 노동량이 증가해서 곡물가격이 상승하더라도 제조업 제품 생산에 필요한 노동량은 변동하지 않는다. 제조업 제품의 가격은 불변이나 곡물가격의 상승으로 임금이 상승하면 제조업자의 이윤은 하락하게 된다. 곡물가격의 상승으로 제조업자와 마찬가지로 경작자도 인상된 임금을 지급해야 할 뿐만 아니라 지대를 지불해야 하거나 동일한 곡물량을 얻기 위하여 더 많은 노동량을 고용해야 할 것이다.

곡물 생산량 중 지주에게 지대, 노동자들에게 임금을 지불한 후 나머지는 경작자에게 이윤의 형태로 돌아간다. 사회의 발전초기에는 토지의 생산물 중 지주와 노동자에게 돌아가는 몫은 상대적으로 작았으나 부wealth의 성장에 비례하여 그리고 식량 생산의 어려움이 커짐에 따라 그 몫이 증가한다. 예를 들어 곡물가격이 4 파운드이고 특정의 질을 갖는 토지에서 10명의 노동자가 일 년 동안 생산한 곡물 산출량이 180이라고 하면 지대는 지불할 필요가 없으며 경작자는 720 파운드(=180×4)을 얻게 되고 이중에서 임금으로 지불된 금액을 제외한 나머지가 경작자의 자본에 대한 이윤이 된다. 만약 10명의 추가적인 노동자들을 기존의 토지에 더 투입하거나 기존의 토지보다 한 단계 열등한 토지에 투입하는 경우 추가적인 생산량이 170라고 하면 열등한 토지의 경우 지대를 지불하지 않으나 기존의 토지를 사용한 경작자는 지주에게 지대 10을 지불하게 되니 기존의 토지 경작자나 그 보다 열등한 토지의 경작자가 모두 170의 곡물량을 갖게 된다. 이때 경작자가 지주에게 지불하는 지대 10을 소비자들에게 전가한다면 곡물가격은 약 4.235 파운드(=720 파운드÷170)로 상승하게 된다. 경작자의 경우

기존의 토지만을 사용하는 경우 지대가 없어서 경작한 곡물의 화폐가격인 720 파운드에서 임금을 뺀 금액이 이윤이었으나 열등한 토지를 사용하게 되고 곡물가격이 상승하게 되면 임금도 상승하게 되니 경작자에게 돌아가는 720 파운드에서 상승한 임금을 빼면 곡물가격 상승에도 불구하고 이윤은 하락하게 된다[10]. 농업이나 제조업의 모든 경우에 곡물가격이나 원재료의 상승이 임금상승을 초래하면 이윤은 하락한다.

초과수요로 인하여 상품의 시장가격은 일시적으로 자연가격을 초과할 수도 있다. 해당 상품을 생산하는데 투입된 자본에 대한 높은 이윤은 당연히 그 상품 생산 쪽으로 자본을 끌어 들일 것이며 해당 상품의 생산은 증가하고 시장가격은 하락하여 해당 상품생산에 투입된 자본에 대한 이윤은 경제의 일반적 수준으로 수렴하게 된다.

이윤의 자연적 추세는 하락하는 것이다. 왜냐하면 사회가 발전하고 인구가 증가하며 부가 커짐에 따라 요구되는 추가적인 식량은 점점 더 많은 노동을 투입함으로써 얻을 수 있기 때문이다. 필수품들의 생산과 관련된 기계들의 개선과 필수품 생산에 필요한 노동을 절약해서 주요 필수품들의 가격을 낮추는 농업과학의 발전에 의하여 이윤의 하락 추세는 시간을 두고 반복적으로 멈추어지기도 한다. 이윤의 지속적인 하락으로 자본이 이윤을 낳지 못하게 되면 추가적인 노동에 대한 수요도 사라지게 되고 이렇게 되기 전에 이미 매우 낮은 이윤율은 자본축적을 중지시키며 노동자 임금을 지불한 후의 나머지 생산량은 지주들과 조세수입을 받는 정부 등에 귀속될 것이다.

10 — 리카아도는 노동자들이 임금으로 구입하는 곡물이나 필수재들의 가격 상승은 생계유지를 위하여 임금을 상승시킨다고 본다

6. 국제무역(on foreign trade)

국제무역은 국민들이 소비할 수 있는 상품들의 양을 증가시켜 국민들의 만족을 증대시키는데 기여한다. 상품들을 해외에서 수입하는 국가에서 모든 수입품들의 가치는 그 수입품들과 교환되는 해당 국가의 수출품들의 양으로 측정되므로 새로운 시장의 발견으로 동일한 수출량으로 두 배의 외국 수입품을 얻을 수 있다하더라도 해당 국가에서 가치의 총량은 증대하지 않는다[11]. 예를 들어 어느 상인이 영국에서 1,000 파운드의 영국 상품을 사서 외국에 팔고 영국시장에서 1,200 파운드를 받을 수 있는 외국 상품을 수입한다면 그는 20%의 이윤을 얻을 수 있으나 그 상인의 이득이나 수입된 상품들의 가치는 변동하지 않는다.

기계를 도입함으로써 소비자가 소비하는 대부분의 상품들이 20%의 가치 하락을 하였다면 소비자의 지출액은 20% 감소하는 셈이 된다. 마찬가지로 외국의 값싼 상품들을 수입함으로써 소비자의 지출액을 효과적으로 줄일 수 있다. 해외로의 시장 확장을 통하여 국내에서 소비할 수 있는 상품량을 효과적으로 증대시킬 수도 있으며 노동임금을 지급하거나 상품 생산에 필요한 재료를 사기 위한 자금을 증가시킬 수도 있다. 노동의 더 효율적인 배분과 각국이 그 국가의 경제환경과 기후 등을 고려할 때 그 국가에 더 적합한 상품들을 생산하고 상품들을 다른 나라의 상품들과 교환함으로써 국민들의 만족을 증가시켜야 한다는 것은 인류의 행복을 위하여 아주 중요하다.

완전히 자유로운 상업체제하에서 각국은 당연히 자국에 가장 이로운 산업에 자본과 노동을 투입한다. 이러한 개인적 이익의 추구가 전체의 보편

11 — 상품들의 동일한 수출량에 대하여 외국으로부터의 수입량이 두 배가 되어도 수출하는 상품들을 생산하기 위하여 필요한 자국의 노동량에는 아무런 변화가 없으므로 자국의 가치 총량은 변동하지 않는다.

적 복리와 연결되어 있다는 것은 놀라운 일이다[12]. 열심히 일하게 하고 창의성을 보상하며 자연이 준 특별한 힘을 가장 잘 사용하면서 개인적 이익의 추구는 노동을 가장 효과적이고 가장 경제적으로 배분하는 한편 전반적으로 생산을 증가시킴으로써 일반적인 혜택을 퍼뜨리고 이익과 교류의 공통 결합에 의하여 문명세계에 두루 걸쳐서 보편적 사회를 결속시킨다. 포도수는 프랑스와 포르투갈에서 만들어지고 곡물은 아메리카와 폴란드에서 경작되며 기계설비 및 기타 상품들은 영국에서 제조됨을 결정하는 것이 바로 이 원리이다.

어느 한 국가의 국내에서는 일반적으로 이윤은 항상 같은 수준에 있다. 그러나 국가들 사이에는 이윤이 다를 수 있다. 영국 요크셔의 이윤율이 런딘의 이윤율을 초과한다면 자본은 빠르게 런던에서 요크셔로 이동할 것이며 궁극적으로 런던과 요크셔의 이윤은 균등화될 것이다. 그러나 영국의 임금이 오르고 이윤이 하락한다고 자본과 인구가 영국보다 이윤이 높은 네덜란드, 스페인 혹은 러시아로 반드시 이동하는 것은 아니다.

영국은 옷을 생산하는데 일 년 동안 100명의 노동자가 필요하고 포도주를 생산하기 위해서 일 년 동안 120명이 필요하다면 영국은 옷을 수출하고 그 대가로 포도주 수입하는 것이 영국에 이익이 될 것이다. 포르투갈에서 포도주를 생산하는데 일 년 동안 80명의 노동자가 필요하고 옷을 생산하기 위해서 일 년 동안 90명이 필요하다면 포르투갈은 옷과 교환하여 포도주를 수출하는 것이 유리할 것이다[13]. 옷은 포르투갈이 일 년 동안 90명의 노동자를 투입하여 생산할 수 있는 반면에 영국은 일 년 동안 100명의 노동자

12 ── 개인들의 경제적 자유와 사적인 이익추구가 국가경제 전체 혹은 세계경제 전체의 효율적인 자원배분을 낳을 수 있다는 것이다.

13 ── 상품 생산에 있어서 어느 한 국가가 다른 국가에 비하여 적은 노동력이 투입된다면 그 국가는 해당 상품 생산에서 다른 국가에 대하여 절대우위(absolute advantage)를 갖는다고 한다. 리카아도의 예에서 포르투갈은 옷과 포도주 생산 모두에서 영국에 대하여 절대우위를 갖는다.

가 필요하므로 포르투갈이 더 적은 노동력으로 생산할 수 있음에도 불구하고 영국에 포도주를 수출하고 영국으로부터 옷을 수입하는 것이 포르투갈에게 이익이 된다[14].

위와 같은 교환은 국내 개인들 사이에서는 일어날 수 있다. 영국노동자 100명의 노동이 동일한 영국노동자 80명의 노동과 교환될 수 없다. 그러나 100명의 영국노동자가 생산한 상품은 80명의 포르투갈 노동자 혹은 60명의 러시아 노동자가 생산한 상품과 교환될 수도 있다. 국내에서의 교환과 국가 간 교환의 이러한 차이는 이윤이 더 큰 사업을 찾아 자본이 한 국가에서 다른 국가로 이동하는데 어려움이 있다는 것과 국내에서 한 지방에서 다른 지방으로 언제나 활발히 이동한다는 것을 생각하면 쉽게 설명된다.

포도주와 옷이 모두 포르투갈에서 생산되고 영국에서 옷을 제조하는데 고용된 자본과 노동이 포르투갈로 이동하는 것이 영국의 자본가들이나 양국의 소비자들에게 이득이 된다는 것은 의심할 바 없다. 만약 그렇다면 이들 상품의 상대적 가치는 국내에서 이루어지는 교환에서 성립하는 동일한 원리에 의해서 결정된다. 자본이 가장 이윤이 많이 나는 국가들로 자유롭

14 — 포르투갈이 영국에 대하여 모든 상품 생산에서 절대우위에 있지만 포르투갈이 옷을 수입하는 것이 유리한 것은 포르투갈이 옷을 국내에서 생산하자면 일 년 동안 90명의 노동력이 필요한데 이는 포도주 (9/8)병 (=90명÷80명)을 생산할 수 있는 노동력이다. 즉, 포르투갈에서 옷을 한 벌 생산하기 위해서는 포도주를 (9/8)병 희생하는 꼴이다. 포도주 (9/8)병을 옷 한 벌 생산하는 기회비용(opportunity cost)인 셈이다. 영국의 포도주 생산의 기회비용은 옷 (6/5) 벌 (=120명÷100명)이다. 따라서 포르투갈이 국내에서 포도주 한 병을 영국에 수출하고 옷 (6/5) 벌을 수입한다면 옷 한 벌을 국내 생산할 때의 들어가는 기회비용 포도주 (9/8)병이므로 국내에서 포도주 (9/8)병을 주고 옷 1벌을 얻을 수 있는 반면에 포도주 1병을 영국에 수출하면 옷을 (6/5)벌 얻을 수 있으니 포르투갈의 입장에서 포도주를 수출하고 옷을 수입하는 것이 이득이 되는 것이다. 반대로 영국은 옷을 포르투갈에 수출하고 포도주를 수입하는 것이 포도주를 국내에서 생산하는 것보다 이득이 된다. 포르투갈에서 포도주 생산의 기회비용은 옷 (8/9)벌 (= 80명÷90명)이고 영국에서 포도주 생산의 기회비용은 옷 (6/5)벌이다. 이와 같이 어느 한 국가의 상품 생산의 기회비용이 다른 국가에 비하여 낮은 경우 해당 국가는 해당 상품 생산에서 다른 국가에 대하여 비교우위(comparative advantage)가 있다고 한다. 리카아도 예에서 포르투갈은 포도주 생산에서 영국에 비하여 비교우위가 있고 영국은 옷 생산에서 포르투갈에 비하여 비교우위가 있다.

게 이동한다면 이윤의 국가간 차이는 있을 수 없으며 상품들이 팔리는 여러 시장에 상품들을 수송하는데 필요한 추가적인 노동량의 차이 이외에는 상품의 실질 혹은 노동가격의 차이도 없다[15].

그러나 외국으로 이동한 자본은 자본소유자의 직접적인 통제하에 있지도 않고 사람이면 누구가 자연스럽게 갖는 태어난 나라와 그 나라에서의 연술을 떠나 익숙하지 않는 외국 정부와 그 나라의 법에 자신을 맡기기 싫어하는 등 자본소유자의 상상이던 혹은 실제이던 투자된 자본에 대한 불안감이 외국으로의 자본이동을 억제한다. 따라서 자산가들은 외국에 자신의 부를 투자할 더 유리한 사업을 찾기 보다는 자국의 낮은 이윤에 만족하게 되는 것이다[16].

만약 영국과 포르투갈의 교역이 구상무역a trade of barter[17]이고 영국이 옷을 충분히 싸게 만들어 주어진 노동량으로 포도주를 생산하는 대신 옷을 제조함으로써 그 노동량으로 영국 내에서 생산할 수도 있었던 포도주 양보다 더 많은 포도주를 포르투갈과의 교역에서 얻을 수 없다면 영국과 포르투갈의 국제무역은 이루어지지 않을 것이다. 이제 영국이 포도주를 만드는 공정을 발견해서 포도주를 수입하는 것 보다 직접 생산하는 것이 이익이 된다고 가정하자. 영국은 당연히 국제무역에서 국내거래로 자본의 일부분을 돌릴 것이다. 수출을 위하여 옷을 만드는 일도 중지하고 포도를 직접 재배할 것이다. 옷의 가격은 변동하지 않겠지만 포도주의 가격은 하락할 것이

15 —— 상품의 노동가격(labour price of a commodity)은 상품 생산에 필요한 노동량을 의미한다.

16 —— 자본과 노동 같은 본원적 생산요소(primary factors of production)들의 국제적 이동이 완전하지 않는 이유를 설명하고 있다. 리카아도의 비교우위론은 국제적 생산요소이동이 불완전하다는 것을 전제하고 있다.

17 —— 엄격한 의미의 구상무역(求償貿易)은 국가들 사이의 무역거래에서 화폐가 사용되지 않는 물물교환(barter)이며 오늘날에는 교역국들 사이의 협정에 의하여 일정기간 교역국들 사이의 상품의 수출액과 수입액을 동일하게 하여 교역차액이 0이 되도록 하여 무역수지를 균형시키는 방법으로 무역차액의 화폐결제가 필요 없는 무역형태를 말한다.

다. 포르투갈에서는 옷과 포도주의 가격에는 아무런 변동이 없을 것이다. 포르투갈에서의 옷 가격이 영국보다 높기 때문에 얼마 동안 포르투갈은 옷을 영국에서 수입할 것이나 영국이 포도주를 더 이상 수입하지 않기 때문에 이제는 포르투갈이 옷을 수입하는데 포도주 대신에 화폐로 지불할 것이다. 이에 따라 영국의 화폐량은 증가하고 포르투갈의 화폐량은 감소하게 되어 양국에서 옷의 상대가치에 영향을 주게 되는데 포르투갈의 옷 가격은 하락하고 영국의 옷 가격은 상승하여 영국이 옷을 수출해도 이익을 얻지 못하게 될 것이다[18].

영국의 포도주 생산 기술의 개선이 획기적이라면 영국이 모든 포도주를 만들고 포르투갈이 모든 옷을 만들게 될 수도 있다. 영국의 포도주 제조기술의 발전이 낳는 실질적 우위의 결과로 영국에서 포도주의 상대가격, 즉 자연가격은 하락하게 되고 옷의 상대가격은 통화량의 증가로 상승하게 된다.

영국이 자국의 소비를 위하여 옷과 포도주를 모두 생산하는 것보다 옷을 포르투갈에 수출하고 포도주를 수입함으로써 영국은 옷과 포도주를 더 많이 소비할 수 있다. 포르투갈의 산업도 양 국가를 위하여 포도주 생산이 유익하므로 포도주를 수출하고 옷을 수입한다[19]. 만약 영국이 옷 생산에 더 많은 어려움이 있거나 포르투갈이 포도주 생산에 많은 어려움이 있거나 혹은 영국이 포도주를 더 쉽게 생산할 수 있게 되거나 혹은 포르투갈이 옷을 더 쉽게 생산하게 되는 경우 국제무역은 즉시 중지된다.

18 — 리카아도는 화폐수량설(quantity theory of money)을 이용하여 화폐량과 물가의 관계를 설명하고 있다. 화폐수량설에 의한 다면 영국이 옷 수출을 통하여 화폐가 수입되어 통화량이 증가하고 포르투갈은 통화량이 감소하게 되어 영국의 일반적인 물가는 상승하고 포르투갈은 통화량이 감소하여 물가가 하락한다.

19 — 각 교역국들이 다른 교역국에 비하여 생산에 있어서 기회비용이 낮은, 즉 비교우위를 갖는 상품 생산에 특화함으로써 양국이 소비할 수 있는 각 상품의 양이 모두 증가한다.

국제무역의 자연스러운 흐름에 영향을 주어 균형을 변동시키는 것들로 생산기술 발전과 기계의 개선 이외에도 여러 가지 원인들이 있을 수 있다. 정부에 의한 수출 혹은 수입 장려금, 상품세 등과 같은 직접 및 간접적인 정부의 정책도 자연스러운 국제무역을 교란한다.

7. 조세(on taxes)

조세는 토지와 노동의 생산물 중 정부가 가져가는 부분이며 궁극적으로 자본이나 소득에서 지불된다. 한 국가의 연간 생산이 그 국가의 연간 소비보다 크면 자본이 증대하고 연간 소비보다 작으면 자본이 감소한다[20]. 추가적인 조세부과로 증가하는 정부소비가 생산의 증가 혹은 국민들의 소비 감소로 이루어진다면 그 조세는 자본을 변동시키지 않는다. 그러나 생산증가도 없고 소비감소도 없다면 조세부과를 통한 정부소비의 증가는 자본을 감소시킨다. 자본감소에 비례해서 국가의 생산은 반드시 감소할 것이다. 그러므로 국민들과 정부의 비생산적 지출이 계속 된다면 지속적으로 연간 재생산이 감소하면서 국민들과 국가의 자원은 빠른 속도로 줄어들고 고난과 파괴가 뒤따를 것이다.

모든 조세는 자본을 축적하는 힘을 감소시킨다. 조세가 자본을 잠식하면 그 잠식 정도에 따라 국가의 생산력이 제약된다. 만약 조세가 소득증가에 부과되면 자본축적을 줄이거나 조세납부자로 하여금 소비를 줄임으로써 조세를 납부하도록 강요한다.

자본에 부과된다고 다 자본세가 아니고 소득에 부과된다고 다 소득세가

20 — 현대적으로 해석하면 국내총생산(GDP)은 일반적으로 일 년 동안 국내에서 생산된 최종생산물들을 시장가격으로 평가한 총합계(혹은 부가가치의 총합계)로 정의되는데 국내 총생산에서 소비(=민간소비 + 정부소비)를 빼면 투자(즉 자본형성)와 국제수지흑자의 합계가 된다. 따라서 만약 국제수지가 균형이라면 결국 연간 총생산에서 소비를 빼면 자본증가분(혹은 자본감소분)이 된다.

아니다. 예를 들어 연간 1,000 파운드인 소득으로부터 100 파운드의 세금을 내야 하는 경우 만약 900 파운드의 지출에 만족한다면 그 조세는 소득세이나 여전히 연간 1,000 파운드를 소비한다면 그 100 파운드는 자본세일 것이다. 연간 1,000 파운드의 소득이 10,000 파운드의 가치가 있는 사본으로부터 나오는 경우, 그런 자본에 대한 1%의 조세는 100 파운드이다. 100 파운드의 조세를 납부한 후 900 파운드에 지출에 만족한다면 10,000 파운드의 자본은 그대로 이므로 100 파운드의 조세는 소득세가 된다[21].

삶에서 자기의 지위를 유지하고 부를 유지하려는 욕망을 갖는 모든 사람은 자본세든 소득세든 대부분의 조세를 소득에서 지불하려고 한다. 조세부과가 이루어질 때 자본과 소득을 비례적으로 증가시킬 수 없다면 사람들의 만족수준은 감소한다. 정부는 사람들이 소득에서 조세를 지불하도록 장려하고 불가피하게 자본을 감소시킬 그런 조세를 부과하지 않는 정책을 사용하여야 한다. 자본을 감소시키는 조세는 노동을 유지할 자금을 감소시키며 국가의 미래 생산능력을 감소시킨다.

곡물가격은 지대를 지불하지 않는 마지막 열등지 혹은 자본 으로[22] 곡물을 생산하는 비용에 의하여 결정되며 생산비용을 증가시키는 어떤 요인도 곡물가격을 상승시킨다. 더 열등한 토지를 경작하게 되면 불가피하게 곡물의 교환가치는 증가하게 된다. 경작자에게 부과되는 조세는 그것이 토지세이든 혹은 수확시 부과하는 생산물세이든 곡물가격을 상승시킨다. 조세를 부과하였을 때 곡물가격이 오르지 않는다면 경작자의 이윤은 일반적 수준

21 — 만약 100 파운드의 조세납부 후 900 파운드의 지출에 만족하지 못하고 1,000 파운드의 지출을 계속 유지한다면 100 파운드의 세금은 10,000 파운드의 자본을 9,900으로 감소시킬 수밖에 없으니 100파운드 조세는 자본에 대한 조세가 된다.

22 — 동일한 토지에 자본을 추가적으로 더 투입하는 경우 추가적인 마지막 자본에 대해서는 지대를 지불하지 않는다(앞의 지대에 관한 설명 참조).

이하로 떨어질 것이고 경작자는 곡물생산을 그만 둘 것이다. 이렇게 되면 곡물의 공급량은 감소할 것이고 결국 곡물가격은 상승하게 되고 곡물생산에서 얻을 수 있는 이윤이 다른 산업에 대한 자본투자에서 얻을 수 있는 이윤 수준으로 다시 증가하게 된다. 곡물가격의 상승만이 경작자가 세금을 납부하면서 그의 자본으로부터 통상적이고 일반적인 이윤을 계속해서 얻을 수 있는 유일한 수단이나. 경작자는 지대에서 세금만큼을 제하고 지대를 지불하여 지주가 세금을 납부하도록 할 수도 없다. 왜냐하면 가장 열등지의 경우 경작자가 지대를 지불하지 않기 때문이다. 결국 곡물에 대한 조세는 경작자도 지주도 지불하지 않으며 가격인상을 통하여 소비자들이 지불하게 된다. 곡물이나 노동자들의 다른 필수품들에 대한 조세부과는 임금도 상승시킨다.

지대에 대한 조세는 지대에만 영향을 미치고 조세는 전적으로 지주만이 부담하며 소비자들에게 전가될 수 없다. 지대에 대하여 조세를 부과하더라도 지주는 지대를 올릴 수 없다. 왜냐하면 가장 열등한 토지의 생산량과 그 열등지 보다 질이 높은 토지로부터 얻는 생산량의 차이가 변화하지 않았기 때문이다. 예를 들어 연간 각각 180, 170, 160의 곡물 산출량을 내는 최우등지인 No.1 토지와 그 다음 우등지인 No.2 토지, 가장 열등한 No.3 토지가 있다고 하자. 가장 열등한 No.3 토지는 지대를 지불하지 않으니 과세되지 않는다. No.2 토지의 지대는 10(=170-160)을 초과할 수 없으며 No.1 토지의 지대는 20(=180-160)을 초과할 수 없다. No.3 토지의 경작자는 지대도 조세도 내지 않으므로 그는 결코 곡물가격을 올릴 수 없기 때문에 지대에 대한 조세는 곡물가격을 상승시키지 않는다. 지대에 대한 조세는 No.3 보다 열등한 새로운 토지의 경작을 막지 못할 것이다. 왜냐하면 그 토지의 경작자는 지대를 지불할 필요가 없기 때문이다. 연간 생산량이 150인 새로운 토지가 경작된다면 No.3 토지에 대한 지대가 10(=160-150) 발생하므로 새롭게 조세부과의 대상이 된다.

지대에 대한 조세는 지주가 받는 이윤에 대한 조세이므로 토지 경작을 위축시킬 것이다. 앞에서도 말한 바와 같이 통상적으로 '지대'라는 용어는 경작자가 그의 지주에게 지불하는 총 금액을 일컫지만 그 총 금액 중 일부만이 엄밀한 의미의 토지사용에 대한 지대이고 나머지는 지주가 비용을 지불한 농장 건물이나 설비 등은 지주가 투자한 자본의 일부분이며 만약 지주가 제공하지 않으면 경작자가 지불해야 할 것들이다. 지대에 대하여 조세를 부과할 때 토지사용에 대하여 지불하는 금액-엄밀한 의미의 지대-과 지주의 건물 등 자본 사용에 대하여 지불하는 금액을 구분하지 않고 경작자가 지주에게 지불하는 총 금액에 대하여 부과되므로 조세의 일부는 지주의 이윤에 대한 조세이다. 따라서 곡물가격이 상승하지 않는다면 지대에 대한 과세는 지주가 경작을 위한 토지 임대를 꺼려하게 된다.

이윤에 대한 조세는 해당 상품의 가격을 상승시킨다. 예를 들어 모자 제조업자의 이윤에 대한 조세는 모자 가격을 상승시킬 것이다. 다른 제조업자들의 이윤은 그대로 두고 모자 제조업자의 이윤에만 조세를 부과했음에도 모자가격을 올리지 않는다면 그의 이윤이 일반적 이윤 이하로 떨어지게 되고 그는 다른 사업을 찾아 모자 제조를 그만 둘 것이다. 같은 이유로 곡물 경작자의 이윤에 대한 조세부과는 곡물가격을 상승시킨다. 이윤에 비례한 조세 부과가 모든 사업들에 대하여 이루어지면 모든 상품의 가격은 상승하게 된다.

모자 제조업자, 토지 경작자, 옷 제조업자 등 동일한 자본을 사용하고 동일한 이윤을 얻는 모든 사업자들의 이윤에 조세를 부과하면 이들은 조세를 소비자에게 전가하므로 그들이 판매하는 상품의 가격은 상승하게 되어 판매수입은 증가하게 되며 판매수입 중에서 일부로 조세를 납부하게 된다. 이윤에 대한 조세로 인하여 모든 상품의 가격이 상승하므로 사업자들은 자신과 가족을 위한 소비지출을 줄인다. 이것은 결국 노동과 토지가 생산한 산출물 중 일부를 정부에 조세로 납부하는 것이 된다. 판매수입 중 조세를 납부하고 남은 부분을 저축하여 자본을 축적한다면 모든 상품의 가격이 상승하여 임금, 원재료와 기계 등의 비용도 상승하므로 조세부과 이전에 얻었던 판매수입으로부터의 자본축적보다 실질적으로 작게 된다.

임금에 대한 조세는 임금을 상승시키면서 이윤을 감소시킨다. 필수품에 대한 조세는 필수품의 가격을 상승시키면서 임금도 상승시킨다. 필수품에 대한 조세와 임금에 대한 조세의 차이는 전자는 반드시 필수품의 가격을 상승시키나 후자의 경우는 필수품의 가격을 상승시키지 않고 이윤을 감소시킨다는 점이다.

| 참고문헌 | | | |

Ricardo, David, on The Principles of Political Economy and Taxation, the Third Edition, 1821, London, In: Sraffa, Piero (eds) with the collaboration of M.H. Dobb, The Works and Correspondence of David Ricardo, Volume I, Cambridge University Press, 1970.

de Vivo, G., "Ricardo, David (1772-1823)", In: Eatwell, J., M. Milgate and P. Newman(eds), The New Palgrave, A Dictionary of Economics, Volume 4, The Macmillan Press Limited, London, 1987, pp.183-198.

제4장

다시 보는 칼 맑스의 『자본론』

홍 훈 | 연세대학교 경제학부 명예교수

KARL MARX: DAS KAPITAL

Das Kapital, 1867

홍 훈

연세대학교 명예교수이다. 연세대학교와 미국 뉴욕 사회과학대학New School for Social Research에서 경제학을 공부한 후, 경제사상, 정치경제학, 경제이념, 행동경제학 등을 가르치며 연구해왔다. 현재는 신고전학파 경제학의 이념과 이론에 대해 연구하고 있다. 저서로 『마르크스와 오스트리아학파의 경제사상』(2000), 『경제학의 역사』(2007), 『행동경제학 강의』(2016), 『경제학자의 인간수업』(2020) 등이 있다. 논문으로는 "경제민주화의 사상적 배경"(1994), "교육은 상품이 될 수 있는가?"(2008), "한국경제사회, 한국인, 한국교육: 한국형 모델의 이론적인 구성요소들"(2012) 등이 있다. 한국사회경제학회 회장과 연세대학교 상경대학 학장을 역임했다.

다시 보는 칼 맑스의 『자본론』

『자본론』*Das Kapital: Kritik der politischen Ökonomie*은 독일의 사상가 맑스Karl Marx, 1818-1883가 1867년에 발간한 자본주의 체제와 경제학에 대한 비판서이다. 맑스는 이 책을 통해 노동자계급이 자본주의를 극복하고 사회주의 및 공산주의로 나아갈 것을 인류에 호소했다. 20세기 대부분을 자본주의에 대항했던 사회주의와 공산주의 체제는 『자본론』에 근거하고 있다.

그런데 1990년 동구 붕괴이후 맑스에 대한 관심은 퇴조했다. 반면 신고전학파 경제학(이후 경제학)은 다양하게 발전했다. 그런데 한반도에서는 『자본론』이 맑스뿐만 아니라 여러 비판적인 시각을 대변하는 '우산'과 같았다. 이에 따라 이 글은 『자본론』을 경제학과 대비시키면서 경제학과 시장경제에 대한 대안들을 포괄적으로 모색하는 기반으로 해석해 보고자 한다.

Ⅰ. 『자본론』을 다시 보는 관점

맑스는 헤겔과 포이에르바하를 비판하면서 사적이고 변증법적인 유물론을, 공상적 사회주의와 리카도적인 사회주의를 비판하면서 사회주의 및 공산주의 이념을, 그리고 고전학파 경제학을 비판하면서 정치경제학을 내세웠다. 이런 사상적인 근원으로 인해 『자본론』은 주류경제학, 특히 현대의 지배적인 경제학과 이념, 방법, 이론의 모든 점에서 반대되는 입장을 제시했다. 이 시점에 한반도에서 『자본론』을 검토하려면 두 가지를 고려해야 한다.

우선 역사적으로 1990년 동구 붕괴이후 세계화와 신자유주의로 맑스주의는 퇴조한 반면 경제학은 일취월장해 경제뿐만 아니라 사회를 보는 지배적인 관점으로 발전했다. 또한 사회학자들은 블랙-숄즈 모형에서 보듯이 경제이론이 단순히 경제를 설명하는 수준을 넘어서 시장을 만든다는 경제학의 수행성performativity을 내세우고 있다MacKenzie & Millo, 2003. 나아가 경제학자가 경제를 손질하는 기술자, 장인 혹은 배관공이라고 자처하는 수준에 이르렀다Duflo, 2017.

그렇지만 주요 국가들 사이에 1.5도라는 합의를 낳은 지구온난화 등 환경문제, 피케티가 지적한 80년대 이후의 소득 불평등, 2008년의 글로벌 금융위기를 위시한 금융체계의 불안정, 그리고 2022년 말까지 끝나지 않고 있는 코비드-19는 창궐은 경제학와 시장주의에 대한 의구심을 낳고 있다. 이런 상황이 자본주의와 경제학에게 가장 비판적인 『자본론』을 다시 검토할 필요를 낳는다.

둘째, 한반도에서 『자본론』은 특별한 의미를 지니고 있다. 서양과 달리 한반도에서는 반도라는 성격, 식민지 시대, 분단, 민주주의와 차본주의의 일천함 등으로 인해, 지난 세기 내내 사상과 인식이 다양하게 꽃핀 적이 없다. 경제사상에 있어서도 서구와 미국, 그리고 일본으로부터 경제학과 맑스의 정치경제학을 피상적으로 받아들이는 데 그쳤다.

대안적인 시각들이 별로 존재하지 않은 상황에서 『자본론』은 강단을 차지한 경제학과 이념, 이론, 방법에 있어서 견해를 달리하던 서양의 여타 모든 경제학 고전과 수백 년 역사의 경제사상 전체를 대신했다. 단순화하면, 서양에서는 A, B, C, D가 있는데 한반도에는 지배적인 A와 이에 반대되는 D만 들어와 D가 B나 C를 대신한 것이다.

이런 현상들은 서구와 한국이 행위나 언어에 있어 같거나 달라서 혹은,

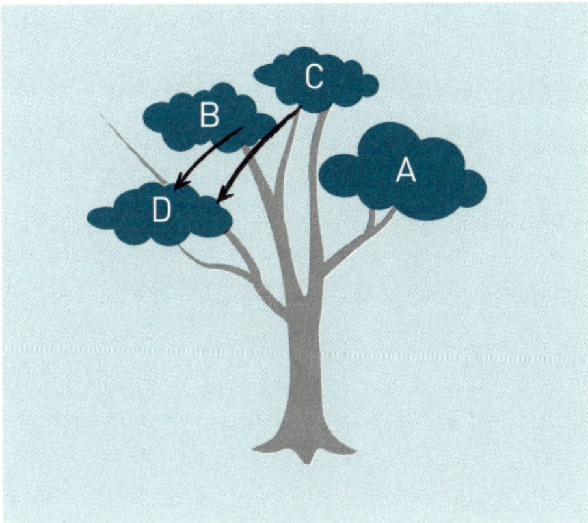

더 정확하게는, 같으면서 달라서 발생한다. 이것은 인류학자가 지적하는 문화의 충돌이나 번역과정에서 나타나는 언어의 충돌과 비슷하다. 예를 들어, 우리에게 '밥'은 먹는 것을 대표해 서양의 'rice'보다 범위가 넓고 서양의 'bread'에 가깝다. 따라서 밥과 'rice' 혹은, 뒤집어서, 'bread'와 빵의 의미와 가치는 동일하지 않다.[1]

> 아프리카 지역의 언어 중 하나에서 어떤 단어를 "붉은색"으로 번역할 수는 있겠지만, 만약 그 지역 언어에 '갈색"을 의미하는 단어가 없다면, 그들이 말하는 "붉은색"과 영어의 붉은색"은 사실 동일한 색이 아닐지도 모른다(Graeber, 2001, 13; 번역본 51쪽).

구체적으로 『자본론』을 통해 우리는 맑스를 섭취했을 뿐만 아니라 여타 다양한 시각의 결핍에 대한 갈증을 채웠을 것이다. 『자본론』은 역사학파와 제도학파, 부분적으로는 고전학파와 케인즈, 그리고 심지어 한계효용학파 중 오스트리아학파를 대신했을 것이다. 한국의 경제학자들은 다른 고전을 가지고 논의해야 할 주제도 『자본론』에 근거해 논의했을 수 있다.

나아가 『자본론』은 20세기 중반 경제학이 수리화되기 이전 2백년 이상

1 — 이것은 경제사상과 이론의 수입과정에서 일어나는 여러 현상 중 하나에 불과하다. 특정 사상/이론이 단순히 수용되거나 거부될 수도 있지만, 한국 사회에 맞게 변형/왜곡되거나, 정착된 후에 진화할 수도 있다. 이에 더해 서구개념의 일본어 번역은 우리에게 도움이 되기도 하고 방해가 되기도 했다.

영국을 중심으로 경제사상이 거쳐온 개념, 범주, 이론에 대한 수많은 논의의 역사 전체를 대신하는 것이었다. 이렇게 보면 『자본론』이 우리에게 지닌 호소력이 자본주의에 대한 비판이 아니라 상품 등 제반 개념들에 대한 논의에서 나왔을 수 있다. 한국의 교육과 경제학 교육이 지닌 한계를 고려한다면, 『자본론』은 맑스나 『자본론』 자체 혹은 여러 학파 중 하나가 아니라 기존 경제학이 아닌 모든 것이었을 수 있다.[2]

만약 맑스의 『자본론』이 한반도에 더 일찍 전파되었거나 신고전학파가 더 느리게 발전했더라면, 한반도에 상륙한 『자본론』이라는 상자 속에 잠재되어 있던 생각들이 튀쳐나와 다양한 학파나 사상과 결합했을 것이다. 그렇지 않았기 때문에 한반도에서 맑스의 『자본론』은 맑스나 『자본론』 이상의 포괄적인 의미를 담은 채 쇠락했다.

요약하면 현대 경제학의 압도적인 지위와 한반도에서 『자본론』이 지니는 의미를 고려해 『자본론』을 여러 대안을 포괄적으로 수용하는 출발점으로 삼을 필요가 있다.

Ⅱ. 가치

1. 맑스의 노동가치와 착취

영국의 로크John Locke가 사유재산의 근거로 삼았던 노동을 스미스Adam Smith와 리카도David Ricardo는 상품가격의 근원적인 결정요인으로 삼았다. 맑스는 노동을 단순히 가격의 결정요인으로 간주하는 고전학파의 견해를 비판하

2 — 기계적으로 이해한 사상/이론과 현실의 괴리로 인식에 대한 속박도 있었다. 1970년대 한국에서는 독재정권의 억압 이외에도 대학의 학문, 그리고 경제학이 우리의 인식에 가하는 억압이나 속박도 있었다. 특히. 강단 안의 새뮤엘슨의 *Economics*과 강단 밖의 『자본론』이 모두 기계적인 학습의 대상이었다.

면서, 『자본론』에서 가치론을 자본주의 체제 전체를 설명하는 기반으로 승격시켰다.

이를 위해 맑스는 '노동'만큼 '가치'에 중점을 두면서, 상품, 노동, 가치, 가격, 시장, 화폐, 생산, 자본, 자본주의, 노동력, 생산수단, 이윤, 임금, 잉여가치 등 기본 범주 혹은 개념을 재검토하고 변형시켰다. 특히, 그는 노동가치론으로 상품가격을 설명했을 뿐만 아니라 자본가가 노동자를 착취해 이윤을 얻는다고 주장했다. 그리고 시장의 교환과정과 공장의 생산과정을 통해 착취를 늘리고 가치를 반복적으로 확대재생산하는 운동이 자본이자 자본주의의 핵심이다. 그리고 이런 자본의 확대재생산이 일국에 그치지 않고 전세계로 확산되는 것이 세계화이다.

이에 따라 생산, 교환, 분배, 소비로 구성되는 자본주의의 경제활동은 자본과 가치의 확대재생산에 지배된다. 통상 사회/역사/문화적 요인으로 결정되는 소비의 내용과 양식도 자본주의에서 기업의 잉여가치와 이윤을 위해 재생산된다. 소비가 경제사회적으로 규정되므로 개인 차원의 선호와 수요는 부차적이다.

자본주의는 하부구조인 경제뿐만 아니라 상부구조인 정치, 문화, 과학과 이념, 종교 등을 아우르는 총체적인 사회구조이다. 특히, 상부구조에는 자본주의를 정당화하는 상품물신숭배Warenfetischismus의 이념과 이를 교육하고 홍보하는 기업과 학교가 자리잡고 있다. 이 기제들은 자본주의가 인간이 자유롭고 동등하며 착취가 없는 최상의 영구적인 체제라고 선전해 대안을 모색하려는 노력을 차단한다.

자본주의의 구조는 행위자들 사이의 교환관계나 계급들 사이의 착취관계와 같은 생산관계와 사회관계로 구성되어 있다. 관계들이 내재화되어 상품이나 화폐, 계급, 자본, 그리고 행위자 자체가 이미 관계이다. 사회관계는 물적인 관계가 인적인 관계를 지배하는 인적이면서 물적인 복합관계이다. 가치는 이런 구조와 관계를 통해 창출되고 늘어난다.

착취관계는 노동자계급과 자본계급의 불평등에 근거하고, 교환관계는 상품(소유자)와 화폐(소유자)의 우열에 근거한다. 이같이 재산, 화폐나 자본 등의 소유여부 및 정도 등 물적인 조건에 따라 결정되는 힘과 세력관계가 자본주의의 운행에 있어 필수적이다. 따라서 자본주의에서 사람들은 평등하지 않다.

경제와 사회 속의 인간은 개인으로서가 아니라 관계와 구조 속에서 존재하며, 동시에 행위를 통해 반복적으로 이 관계와 구조를 재생산하면서 변형시킨다. 시장에서 상품과 노동력을 매매하고 기업과 공장에서 생산하고 착취하는 것이 그런 과정이다. 현대의 바스카르Roy Bhaskar 등이 주장한 비판적 실재주의critical realism가 이런 생각을 대변하고 있다.

2. 경제학의 효용가치와 한계생산성

영국의 경제사상은 인간이 태초부터 로빈슨 크루소같이 고립되고 이기적인 개인이었다고 가정하면서 이를 경제인으로 삼아왔다홍훈 2020. 1871년에 등장한 한계효용학파는 개인의 이익을 효용으로 간주하고 상품 혹은 재화의 가치를 개인의 효용에 근거해 설명하면서 한계원리를 도입했다. 이에 따르면 재화의 가격이 소비자의 수요에 의해 결정되어 소비자가 시장을 움직이고 시장이 경제를 움직인다. 따라서 노동이나 비용이 아니라 소비자 개인의 선호와 수요가 시장경제의 뇌관이 된다. 그리고 이로부터 시민의 주권에 상응하는 소비자주권이 나온다.

20세기로 넘어가면서 한계효용학파를 이어받은 경제학은 경제인의 합리성을 강화시켰다. 비합리적인 사람은 시장의 경쟁 속에서 생존할 수 없으므로 시장에 살아남은 사람은 합리적이다. 합리적인 개인은 한계원리에 따라 극대화/극소화/적정화를 수행한다. 이기적이면서 합리적인 개인의 선택이 수요와 공급을 이루면서 가격기구를 통해 조정되어 효율적인 결과를 낳으므로 시장경제 전체의 효율성과 안정성이 확보된다.

맑스가 관계, 계급, 구조, 총체, 힘, 평균으로 파악하면서 경제를 자본주의로 규정했다면, 경제학은 이같이 개인, 개체, 합리성, 선택, 한계로 파악하면서 경제를 시장으로 규정했다. 맑스의 노동가치론에서 '노동'보다 '가치'가 중요하다면, 한계효용이론에서는 '효용'보다 '한계'가 중요하다. 이 때문에 경제학은 경쟁 속에서 이루어지는 개별행위자의 선택과 미세한 대체를 부각시키면서 인간의 관계와 상호의존이 모두 시장의 가격으로 용해되어 재화나 행위자로 개별화된다고 가정한다.

결과적으로 1백만원 짜리 냉장고의 가격은 냉장고 자체의 '가치'이고 CEO의 연봉은 본인의 능력이자 그의 '가치'를 반영한다. 이런 가격에 따른 개인의 합리적 선택이 시장에서 모여 수요공급을 이루면서 자원배분을 일차적인 경제문제로 만든다. 이것은 재화의 종류와 수량을 결정하기 위해 토지, 노동, 자본을 여러 산업에 배치되는 것이다.

경제학의 초석인 일반균형체계에 따르면 재화시장과 생산요소시장 등 시장에서 균형이 형성되면서 자원배분을 위시한 경제문제들이 효율적으로 해결된다. 이에 따르면 재화와 생산요소의 모든 시장에서 균형이 동시에 결정되고 개인의 선택과 시장의 균형이 동시에 결정된다. 시장의 개별행위자는 균형가격을 고려해 선택하고 이런 선택이 시장에서 수요공급곡선을 이루어 다시 이 균형가격을 확인하면서 고정점을 낳는다.

맑스가 자본주의의 재생산을 내세운다면, 경제학은 이같이 시장의 일반균형을 내세운다. 맑스의 재생산체계나 경제학의 일반균형체계나 모두 근본주의적이다. 그리고 이런 근본주의는 서양사상의 특징인 것 같다. 그래서 이것들은 아리스토텔레스나 칸트가 인식을 근본적으로 규명했던 것과도 통한다. 그렇지만 일반균형은 재생산과 차이가 있다.

일반균형체계는 동시결정으로 시간의 흐름을 허용하지 않고 균형으로 가는 과정을 경시한다. 또한 이 체계는 '다른 조건이 같다'ceteris paribus는 가정으로 선호나 기술이 변동하지 않는다고 가정한다. 나아가 구조와 관계를 배제하면서 이것들이 가격에 용해되어 있고 개인이 가격을 고려할 때 이것들을 이미 선택에 고려한다고 가정한다.

한계효용이 재화의 가격을 결정하듯이, 한계생산성이 생산요소의 서비스에 대한 가격으로 임금, 이윤 및 이자, 지대를 결정한다. 이에 따르면 경쟁 속에서 토지, 노동, 자본의 마지막 한 단위가 공헌한 것에 대한 시장의 평가가 노동자, 자본가, 지주의 소득을 결정한다. 각자가 소유한 생산요소의 서비스나 각자의 능력 및 노력에 따라 소득이 분배되므로 수탈이나 착취는 없다. 이런 의미에서 한계생산성이론은 시장에서 결정되는 소득분배는 효율적일 뿐만 아니라 정당하다고 생각한다Mankiw, 2013.

맑스는 생산수단에 근거한 계급적인 불평등과 착취가 자본주의의 실체이고, 시민이나 시장참여자의 평등은 이것의 외피로서 형식적이라고 비판했다. 이에 비해 경제학은 개인 차원의 사유재산를 전제로 한 형식적이고 절차적인 동등성을 금과옥조로 삼는다. 경제학은 선택과 가격을 통해 시장의 참여자들이 시장에 동등하게 참여한다고 전제한다. 특히, 경제학은 물적자본뿐만 아니라 인적자본도 사유재산으로 간주하므로 능력주의 meritocracy와 통한다.

나아가 경제학은 완전경쟁 등을 통해 힘의 작동을 부정한다. 시장에서도 불공정거래나 독과점으로 수탈이 발생할 수 있지만 이것은 일시적이다. 적어도 시카고학파 등 극단적인 시장주의에 따르면 시장이 스스로 경쟁을 낳고, 스스로 경쟁을 복원시키는 힘을 가지고 있기 때문이다. 따라서 정부가 경제정의 등을 내세워 시장에서 결정된 소득분배에 정책적으로 개입하면 시장의 효율성과 정당성이 손상된다. 또한 시장에서 발생하는 미시적인 차원의 수탈보다 통화정책과 물가변동을 통해 거시적으로 발생하는 가치이전이나 소득재분배가 더 큰 문제이다.

경제학은 마샬Alfred Marshall이래 시장을 정치, 사회, 문화 등 경제이외의 영역과 분리시켜 파악해 왔다. 그런데 최근에 경제학과 신자유주의는 여타 영역으로 침투해 이들을 시장, 기업, 상품이나 선택의 대상으로 만들고 있다. 이를 통칭하는 경제학의 제국주의economic/s imperialism는 극단적인 경제주의이자 시장주의이다. 『자본론』이 자본에 의한 세계화를 예측했다면, 경제학은 시장에 의한 세계화를 내세운다. 그리고 경제학은 『자본론』과 반대로 개인의 합리적 선택과 가격기구에 의존하는 시장을 경제와 사회의 현실이자 이상으로 삼고 있다.

3. 모색

이런 논의와 함께 세계화를 고려하면 『자본론』의 가치론을 수용할 방향은 다음과 같다.

(1) 가치는 가격과 다르다.
(2) 가치는 경제와 모든 영역에서 총체적으로 발생하나 영역/대상별로 차이가 있다.
(3) 가치는 결과뿐만 아니라 의도/목적과 활동/과정으로 발생한다.
(4) 가치는 인간이나 물체의 속성뿐만 아니라 관계에서 발생한다.
(5) 가치(와 가격)는 소비자가 아니라 기업이 주도하는 세력관계에 달려있다.
(6) 노동가치를 정통성/정당성으로, 효용가치를 유용성/효율성으로 재해석한다.
(7) 가치를 실현/분배하는 화폐는 경제의 불가결한 제도이다.

첫째, 가치의 결정요인이 무엇이든 가치를 시장에서 형성되는 가격과 구분해야 한다. 이것이 가치론의 출발점이다. 만약 시장가격이 언제나 어디서나 가치를 반영하고 가격이 곧 가치라면 가격과 별도로 가치을 내세울 이유가 없다. [가치=가격]은 시장주의를 의미하는 데, 『자본론』은 시장의 역할을 인정할 수는 있어도 시장주의와 같이 갈 수는 없다. 맑스주의는 시장과 세계화에 대해 경제학과 견해를 달리한다. 또한 『자본론』을 떠나 완벽한 시장이란 현실도 아니다. 경제학과 달리 경영학에 등장하는 '가치사슬' value chain이나 '가치 극대화' value maximization 등의 개념은 이에 대한 증거이다.

둘째, 가치론은 시장과 경제의 여러 부문을 전체적으로 파악하고, 시장과 경제와 엇물려 있는 정치, 문화, 자연 등의 여러 영역을 총체적으로 파악해야 한다. 먼저 상품과 생산수단뿐만 아니라 서비스, 인적자본, 부동산과 금융자산, 플랫폼 활동을 고려해야 한다Mazuccato, 1992. 또한 정치(투표), 법(공정거래), 윤리(정직), 정의(공정), 이념(성장주의), 문화(고려청자), 말과 글(광고와 홍보), 표정과 동작(유명인), 자연(환경)과 가치를 연관시켜야 한다. 나아가 가치는 인간의 삶, 행위, 참여, 관계, 애정과 친절, 신체와 정신을 포괄해야 한다Graeber, 2001; Carney, 2021.

단적으로 세계 공통의 과제로 합의를 낳은 기후변화 등 환경문제는 자연이 경제 및 사회와 분리되지 않음을 보여준다. 또한 생태계는 여러 행위자와 국가, 그리고 여러 세대의 공유자산으로 드러났다. 합리적인 선택의 대상이었던 화석연료와 플라스틱 컵은 점차 사라질 것이다. 이들 경우 가격(+)이 그것의 가치(-)를 반영하지 않았다는 것이 드러났다. 무엇보다 산업혁명 이후의 사회적 '가치'인 경제성장이 재고되고 있다.

경제적 가치로부터 위협을 받고 있는 정직, 절제, 자긍심, 자유, 평등 등 윤리/정치/사회의 전통적인 가치를 고려해야 한다Graeber, 2001. 나아가 맑스가 지적한 자본주의 이념, 경제학의 제국주의와 수행성, 기업의 선전광고,

언론보도, 정치담론은 말과 글의 가치를 보여준다. 가령, 행동경제학의 개념적 소비conceptual consumption에 따르면 사람들이 스타박스의 커피 자체가 아니라 이 커피에 담겨 있는 개념과 문화를 소비한다Ariely & Norton, 2009.

동시에 모든 가치를 노동이나 효용으로 환원하거나 경제의 여러 부문의 가치들, 사회/문화적 가치, 자연의 가치를 동질화하지 않아야 한다Carney, 2021. 이들을 사용가치나 산업별로 구분해서 개별적으로 가치가 형성되고 변동하는 특징을 규명하고 그것의 양적 차원과 함께 질적인 차원을 고려해야 한다.

가령, 부동산과 금융자산은 모두 투기의 대상이다. 그렇지만 아파트의 가격에서는 구체적인 위치나 집단성이 중요한 데 비해, 주식의 가격은 이와 무관해서 추상적이고 가상적이다. 혹은 돌봄노동에서는 수량보다 질이 더 중요한데 질이 가격에 반영되지 않는 경향이 있다. 특히, 특정 영역의 가치마다 화폐가격으로 환산되는지 여부와 정도에 있어 차이가 있으므로 생산과 소비를 결정하는데 있어 시장의 가격과 선택 및 수요공급 이외의 요인을 고려해야 한다. 또한 가치가 어디에서 나오고 누구에게 귀속되는지를 규명해야 한다.

셋째, 가치는 결과뿐만 아니라 의도나 목적에 따라 달라지며 활동이나 과정 자체에서 발생할 수 있다. 경제학은 공리주의의 영향으로 (재화라는) 결과에 집착해 과정과 활동에 가치를 부여하지 않는 경향이 있다. 이에 비해 맑스는 (상품이라는) 결과와 함께 과정이나 활동을 중시한다. 이에 따라 맑스의 생산과정을 확장하면, 생산이나 활동은 ① 출발점, 활동에 대한 개념이나 의도나 동기, ② 과정 혹은 절차, 그리고 ③ 결과로 구성된다. 여기서 가치가 ③이 아니라 ①이나 ②에서 발생할 수 있다.

구체적으로 사과나 자동차는 완성된 제품으로 유용성을 낳지만, 설교, 강의, 공연 같은 서비스는 과정 자체로서 유용성을 지닌다. 재화의 소비와 생산은 공간/시간에 있어 분리되지만 서비스의 경우 이렇게 분리되지 않기 때문이다. 이 경우 생산과 소비라는 전통적인 구분은 약화되지만 가치의 생산과 분배를 파악하는데 과정/활동과 결과의 구분은 중요하다. 반면 경제현상을 선택이나 의사결정, 그리고 수요공급으로 뭉뚱그려 시장 중심으로 파악하는 것이나 결과를 쾌락과 고통, 이익과 손실, 수입과 비용으로 양분하는 데는 문제가 있다.

민주주의의 선거, 시민활동이나 정치적인 참여, 법원의 소송에서는 결과보다 과정이나 절차가 중요하다. 더구나 법원의 판결에서는 범죄의 의도에 따라 형량이 달리진다. 또한 시장교환과 달리 선물교환에서는 누가 어떤 의도나 의미로 주고받았는가에 따라 동일한 물건의 가치가 달라진다. 나아가 가정에서 아기에 대한 어머니의 포옹은 아기의 상태에 미치는 결과뿐만 아니라 의도나 행위로서 가치를 지닌다. 인류학과 심리학이 강조한 대로 이 점에서 어머니의 행위와 돌봄노동자의 서비스는 그 가치가 다르다.

아리스토텔레스는 결과에 중점을 두는 생산poesis보다 결과와 구분되는 실천praxis을 중시했다. 장인의 노동이나 예술가의 활동, 미덕의 실천, 정치적 참여나 봉사활동에서는 일의 결과뿐만 아니라 일 자체가 중요하다. 내적인 동기intrinsic motivation와 외적인 동기extrinsic motivation라는 행동경제학과 심리학의 구분도 이와 비슷하다. 내적인 동기는 활동의 목적이 활동 자체에 있고 외적인 동기는 결과에 있다. 전자는 좋아서 하는 활동이나 배움을 위한 공부로, 후자는 생계나 돈벌이를 위한 노동이나 입시를 위한 공부로, 예시된다.

맑스뿐만 아니라 아리스토텔레스, 헤겔, 아렌트Hannah Arendt, 기본소득론자 등을 참고해, 노동과 여가나 놀이의 이분법을 재고하고, 활동에 소일거리, 동물적인 움직임, 휴식까지 포괄해야 한다. 또한 넓은 범위의 활동과 다양한 가치들을 수용하려면 효용은 물론이고 경제적 가치가 아니라 포괄적인 좋음을 가치론의 전제로 수용해야 한다. 그리고 센Amartya Sen이 강조했듯이, 넓은 의미의 활동은 선호나 수요보다 (독서, 운전 등의) 역량capability을 기반으로 삼는다.

넷째, 가치는 개별상품이나 개별행위자의 속성뿐만 아니라 관계에서 발생한다. 그리고 경제학의 상정과 달리 이런 관계가 용해되어 개별행위자의 합리성이나 가격으로 전환되지 않는다. 이런 관계는 인간관계, 상품들 사이의 관계, 인간과 상품(혹은 물체)의 관계로 구성된다.

시장과 기업에서 경제주체들은 서로 경쟁적일 뿐만 아니라 동시에 협조적인 관계 속에 놓여 있다. 또한 경제주체들과 산업들이 분업체계와 투입산출관계로 얽혀 있고, 소비나 수요에서도 재화와 생산요소는 서로 대체적일뿐만 아니라 보완적이다. 무엇보다 집, 자동차, 가구, 컴퓨터, 핸드폰 등은 단순히 선택/구매/처분의 대상이 아니라 장기적인 관계 속에서 소유자/행위자의 삶과 정체성을 구성한다.

늘어나고 있는 각종 서비스는 본성상 관계적이다.[3] 냉장고의 생산자와 소비자는 만날 필요가 없지만 의사와 환자는 물리적이든 그렇지 않든 만나야 한다. 또한 동일한 병에 대한 진료라도 그 결과가 의사와 환자의 능력과 상태, 그리고 양자의 관계에 따라 달라진다. 이같이 의료 서비스의 가치는 과정뿐만 아니라 결과에 있어서 관계적으로 결정된다.

교육이나 종교, 돌봄 서비스는 이보다 더 관계적이다. 금융, 강의나 설교, 컴퓨터 관리, 심지어 의료 등을 녹음, 동영상, 통화나 화상, 원격조정으로 제공하면 접촉이 필요 없다. 그렇지만 이런 경우에도 장비가 개입되어 물리적 접촉이 없을 뿐 관계적 성격은 유지된다.

3 — 경제학은 늘 언급하면서도 재화와 서비스를 구분하지 않는다. 측정 때문에 국민소득계정의 전문가들이 예외적인 관심을 보이면서 서비스를 인간관계를 통해 발생하는 물체나 사람의 상태변화 및 이를 위한 능력의 활용으로 규정했다. 이 개념은 플랫폼 활동에도 적용될 수 있다(Hill, 1977; Gadrey, 2001; Callon et al., 2002).

맑스에게서 가족이나 친인척도 관계이지만 그의 자본주의에서 가족이나 친인척관계는 부차적이다. 그런데 현대의 자본주의에서도 가치를 낳는 관계는 물적일 수도 있고 인적일 수도 있다홍훈, 2011. 사회자본나 네트워크에서도 인적인 관계를 무시할 수 없다. 친인척관계를 대변하는 선물교환에서 물건은 이런 수평적이고 인적인 관계에 근거해 비로소 가치를 획득한다. 인류학이 강조하는 친인척은 관계적이면서도 인적이다.

가령, 사촌은 사람이면서 관계이고 그 안에 다시 부모, 조부모, 부모의 형제 등 제반 관계들이 담겨 있다. 이같이 인적인 관계가 압도하고 복합적이면서도 내포적이라는 점에서 친인척관계는 물적이면서 외연적으로 복합적인 자본주의의 생산관계나 사회관계와 구분된다.[4]

경제학과 달리 사회심리학은 언제나 인간의 관계성을 중시했으며 동양사회에서 이런 관계가 두드러진다는 점을 지적해 왔다Markus & Kitayama, 1991, p. 226. 한국의 지연, 혈연, 학연뿐만 아니라 일본의 관계적인 금융, 중국의 관계Quanxi는 모두 관계적인 자본주의를 낳았다. 이에 따라 현대의 인간이 개인적 자아뿐만 아니라 관계적 자아와 집단적 자아를 지니게 된다. 가치가 이런 관계와 무관할 수 없다.

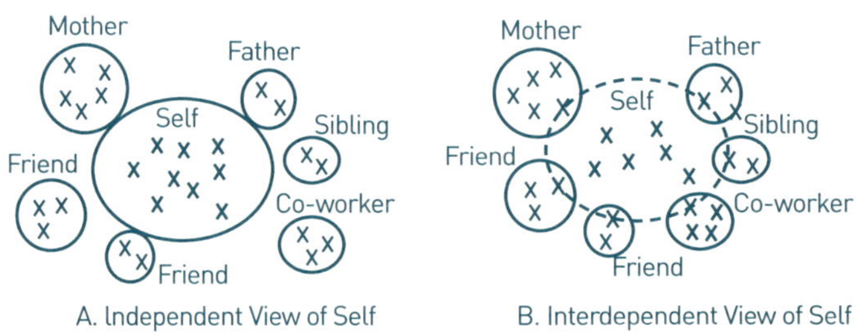

4 — 근친결혼이나 겹사돈 등은 복합적이지만 예외적이다.

표1 다중적인 자아

존재	자아	공식	비공식
개인	개인적 자아	소비자, 시민, 노동자	부모 자식 형제 자매
관계	관계적 자아	상사와 부하	선배 후배 동창
집단	집단적 자아	기업의 직원	집안사람 동문 고향사람

최근에 늘어나는 플랫폼은 기업과 소비자가 기술체계로 매개되는 양면 시장double-sided market을 낳는다Rochet & Tirole, 2003. 플랫폼 활동에서는 참여자가 다수이고 익명적이면서도 생산과 소비가 구분되지 않아 관계적이다Cochoy et al. 2020. 소위 행위자-연결망이론actor-network theory 등은 이것이 기술적일 뿐만 아니라 사회적인 사회-기술체계라는 점을 지적한다Callon & Law, 2005; Faulkner et al. 2010.

사회-기술체계에서 각 개인의 공헌은 분리하기가 힘들기 때문에 가치를 체계 전체로 파악해야 한다홍훈, 2021. 이 체계는 맑스의 구조보다 느슨하지만 개별화할 수 없다. 경제학은 개인주의의 연장선상에서 이것을 외부효과로 취급하지만 이렇게 파악하기에는 행위자들 사이의 상호의존과 상호작용이 너무 다양하고 빈번하다.

그리고 이런 상황이 소득불평등과 한계생산성이론에 대한 비판을 낳았다. 최근에 피케티Thomas Piketty의 비판으로 1980년 이후 전 세계적으로 소득불평등이 악화되었다는 공감대가 형성되었다. 이렇게 되면서 가치의 창출과 수취가 일치되지 않는다는 '생산적 노동'의 논쟁이 재연되고 있다Mazzucato, 1992. 한국에서는 착취/수탈론이 이런 중도적인 논리를 원래부터 내포했던 것으로 추정된다.

물론 생산적 성격에 대한 논쟁은 반드시 착취나 수탈로 이어지지 않으며 노동보다 넓은 의미의 활동을 기준으로 삼는다. 금융자산과 부동산의 경우 구입된 후 흔히 (노동은 물론이고) 활동이 추가되지 않았는데 가격이 상승했으므로 가치가 증가한 것이 아니라 다른 데서 가치가 이전되거나 수취되었다는 것이다. 명백한 것은 이를 규명하려면 가치(와 가격)의 움직임을 경제 전체적으로 파악해야 한다는 점이다.

맑스주의는 소득의 분배보다 근원적으로 생산수단의 분배에 집중했고 물적 자본뿐만 아니라 "인적 자본" (그리고 이들에 근거한 소득분배)도 사회적으로 규정한다. 그렇지만 인적 자본이나 인간의 능력을 단지 사회적 요인으로 설명하는 데는 어려움이 있다. 특히, 롤즈John Rawls나 샌들Michael Sandel은 유전자나 가정환경을 중시한다. 이 중에서 가정환경은 사회적으로 규정되나 유전자는 그렇지 않다.

중요한 것은 이것들은 모두 복권과 같이 운에 따라 결정되어 당사자가 통제하거나 선택한 결과가 아니므로 각 개인의 책임이 아니라는 점이다. 비슷한 맥락에서 나이트Frank Knight, 1923는 역사적으로 특정 상품에 대한 수요와 이것의 생산에 필요한 자원이나 능력에 대한 보수가 자의적이라는 점을 지적했다.

골프나 공연에 대한 수요가 없었던 시대나 장소에 태어났다면 타이거 우즈나 BTS는 현재와 같은 인기나 소득을 누리지 못했을 것이다. 그런데 어느 시대 어디서 태어날지는 각자의 통제밖에 있어서 각자의 책임이 아니다. 따라서 이렇게 결정된 능력과 소득은 착취의 산물이 아니지만 한계생산성이론의 주장과 달리 온전히 개인의 권리나 책임도 아니다.

다섯째, 가치와 가격은 힘을 낳고 상당 부분 힘에 따라 결정된다. 자본주의 사회에서는 사람마다 소득과 재산의 크기가 달라 힘의 차이와 우열이 생긴다. 우선 소비자의 구매력이나 주주의 자금력의 차이가 있다. 이것이 일인일표에 근거하는 민주주의와 일불일표에 근거하는 시장경제의 차이점이다. 또한 노동자와 자본가, 대기업/재벌기업과 중소기업이나 협력업체 사이에 세력관계가 생긴다. 이렇게 보면 경제학의 완전경쟁은 경쟁의 완전한 부재이다.

노동량이나 생산비가 완전히 가치를 결정하지 않지만 기업은 소비자보다 가치/가격의 결정에 있어 우위에 있다. 기업이 화폐를 소유한 소비자 전체를 의식하지만 개별적으로는 기업의 자금력이 소비자의 구매력을 압도한다. 또한 소비자의 합리적 선택보다 기업의 이윤추구가 시장을 주도한다. 나아가 소비자신덕의 근기인 선호는 기업들이 광고 등을 통해 상당부분 규정해 나간다.

더구나 기업은 생산자로서 소비자보다 제품의 내용과 형태를 더 잘 알며 소비자가 선택할 대안의 범위도 결정한다. 맑스뿐만 아니라 제도학파, 행동경제학, 마케팅의 연구가 이를 뒷받침하고 있다. 특히, 의료나 교육, 약품이나 금융상품 등과 같이 성분과 영향이 복잡한 서비스나 제품에 있어서 소비자는 생산자보다 지식과 정보에 있어 확연히 열등하다.

파생상품에 대한 소비자의 무지는 2008년 글로벌 금융위기에서 드러났다. 현재의 코비드 백신에 대해서도 소비자는 무지하고 심지어 무력하다. 상당수의 정치인, 종교인, 연예인은 생산자로서 소비자를 쥐고 흔들기 때문에 합리적 선택을 운운하기 힘들다. 더구나 핸드폰은 선택의 대상이 아니라 몰입의 대상이다. 나아가 환경문제와 같이 소비자와 생산자 모두가 그것에 수반된 외부효과나 사회적 영향을 몰랐던 영역도 있다. 무엇보다 이미 지적한 바와 같이 수요는 시대와 장소에 따라 상당 부분 자의적으로 결정된다.

그렇지만 경제학은 필수품과 사치품에 대한 수요, 실수요와 가수요나 투기수요를 구분할 수 없고 구분할 필요도 없다며 포괄적으로 수요를 존중한다. 이렇게 되면 가치창출과 가치취득을 구분할 수 없고, 사회나 환경에 파괴적인 수요나 현재 한국사회에 걸림돌이 되고 있는 교육열도 그대로 받아들여야 한다.

선호와 수요의 다양성을 부정할 수 없지만 시장의 수요를 절대시할 수도 없다. 환경을 고려하면 화석연료의 (생산과) 수요는 더 이상 정당하지 않다. 금융자산과 부동산, 입시교육, 행정부의 공공서비스 등에 대해서도 그것의 수요가 지닌 정당성과 가치를 경제/사회/환경의 총체적인 관점에서 하나씩 따져볼 필요가 있다.

여섯째, 노동가치론과 효용가치론 자체가 아니라 이들에 내포된 두 가지 가치의 기준을 함께 고려해야 한다. 노동가치는 과거에 투입한 노동을 중시하므로 가치에 대한 정당성이나 정의라는 기준을 내포하고, 효용가치는 현재와 미래의 생산성이나 공헌을 중시하므로 가치에 대한 유용성이나 효율성이라는 기준을 내포하고 있다. 전자는 옳고 그름을 따지고, 후자는 좋고 나쁨을 따진다.

이 구분은 부분적으로 커먼스의 통찰에 근거한다Commons, 1959, 407-9. 여기에 푸코Michel Foucault를 추가하면, 양자의 대립은 칸트 등 대륙철학 및 법학과 벤담의 공리주의를 위시한 영미철학 및 경제학 사이의 대립이 된다Foucault, 1978/79, 2004.

이 두 기준의 대립은 경제학이 알고 있는 성장과 분배 혹은 효율과 형평의 상충보다 더 근원적이다. 흔히 경제학은 진보적인 입장에 대해 경제행위자의 이기심이나 합리성과 함께 유용성을 중시하지 않는다며 비현실성을 지적해 왔다. 20세기의 제국주의적인 경제학과 신자유주의는 더욱 유용성이나 효율성으로 편향되어 있다.

그렇지만 일상에서, 사람들 특히 한국인들은 정치가, 재벌총수, 관직의 후보자 등을 평가하는 데 있어서 능력보다 도덕성이나 인간성을 문제 삼아 정당성에 더 큰 무게를 둔다. 유능하더라도 부동산 투기나 심지어 자녀의 입시부정이 있으면 관직을 획득할 수 없다.[5] 한반도에서 『자본론』의 노동가치는 노동과 생산의 중요성을 부각시켰을 뿐만 아니라 가치의 정당성을 내세워 호소력을 가졌던 것으로 보인다. 따라서 소득분배를 위시한 경제사회문제를 논의하는데 정당성과 유용성이라는 두 가지 기준을 함께 고려할 수밖에 없다.

학력과 학벌에 대한 한국인의 숭상은 물적인 자본보다 노동이나 인적인 자본을 중시할뿐만 아니라 유용성보다 정당성을 강조한다는 점에서 노동가치론과 친화력이 있다. 입시경쟁을 통과했다는 것은 그 사람의 능력과 사회적 유용성에 대한 증거라기보다 정당화나 자격의 근거이다. 입시경쟁을 통해 형성되었으면서도 경쟁을 배제해 시장경제에 반하는 측면이 있는데도 학력과 학벌을 숭상하는 이유는 누가 실제로 잘 하는지보다 누가 자격이 있는지가 더 중요하기 때문이다. 한국사회에 학위증 등 각종 자격증이 난무하는 이유도 여기에 있다.

일곱째, 가격을 통해 가치를 실현하고 표현하는 화폐는 가치와 불가분의 관계에 있는 자본주의의 제도이다. 동시에 화폐는 일상적인 교환을 매개하는 자본주의의 언어이다. 반면 자본주의에서 화폐가 지닌 이런 힘 때문에 소유한 화폐량에 따라 사회구성원 사이에 힘의 우열이 형성되고, 사람들은 모두 돈에 노예가 되어 있다.

거시적으로 자본주의는 사용가치나 효용이 아니라 화폐를 목표로 삼으면서 동시에 엄청난 생산력을 지니므로 내적으로 총수요의 부족에 시달린다. 또한 시장의 수요공급과 통화정책 등 정부의 정책에 따른 가격과 물가

5 — 도덕성과 유용성이 정치인이 지닌 속성의 두 차원이 되고 언론이 여러 방식으로 상황에 따라 두 차원 중 하나를 부각시켜 독자에게 그 가중치를 바꾸게 만든다면, 행동경제학의 규정효과(framing)과 부각효과(salience)가 발생한다. 이렇게 되면 언론이 여론을 주도하거나 조작할 수 있어 신고전학파의 합리적 선택이 무산된다.

및 이자율의 변동은 가치를 이전시키고 분배하는 결과를 낳는다. 이런 가치의 분배에는 새로운 가치의 창출이 수반될 수도 있고 그렇지 않을 수도 있다.

이와 대조적으로 경제학은 화폐가 시장경제의 핵심이라고 생각하지 않는다. 사람들이 화폐가 아니라 재화나 효용을 추구하므로, 재화가 화폐를 대신하고 상대가격이 화폐가격을 대신할 수 있다. 또한 고전적 이분법 classical dichotomy에 따라 화폐부문이 실물을 반영하고 물가를 결정하는데 그치므로 화폐는 명목적이고 중요치 않다. 더불어 시장경제가 완벽하므로, 실물경기변동이론이 주장하듯이, 경기변동은 외생적이다. 나아가 통화정책 등 정부의 정책은 계층에 대해 중립적이다.

이런 주장들은 많은 경우 자본주의 현실에서 벗어나 있다. 1929년의 대공황과 2008년의 대침체를 보면 화폐/금융부문이 실물의 단순한 반영이 아니라 실물에 적극적으로 영향을 미친다. 때로는 개가 꼬리를 흔드는 것이 아니라 '꼬리가 개를 흔든다'. 나아가 필립스 곡선에 근거한 거시정책의 목표가 고용인가 물가안정인가, 그리고 중앙은행은 어떤 의미에서 중립적인가 혹은 중립적이어야 하는가 등의 문제를 이런 관점에서 다시 검토할 필요가 있다.

III. 인식과 방법

1. 맑스의 총체주의와 변증법

인식과 방법에 있어 맑스는 변증법과 총체주의holism를 표방한다. 변증법은 만물의 모순을 지적하면서 A와 non-A의 공존을 내세워 경제학에 깔려 있는 형식논리의 배중률과 충돌한다. 형식논리가 B가 A와 어느 정도 비슷할 수 있다고 말한다면, 변증법은 B가 A와 같으면서 다르다고 말한다.

역사와 시간이 개입되면 모순이 더 명확해진다. 달걀이 닭이 되니 달걀은 현재로서는 달걀이지만 잠재적으로는 달걀이 아니다. 봉건체제는 잠재적으로 자본주의를 담고 있으므로 봉건주의가 아니기도 하다. 이에 따라 변증법은 모든 사물에 대해 실체와 형태, 심층과 표층, 잠재와 현재를 내세운다.

맑스는 대륙철학의 전통에 따라 노동, 상품, 화폐, 가치, 잉여가치, 사용가치, 가격, 자본, 관계, 계급, 임금, 지대, 이윤 등 경제를 나타내는 제반 범주나 개념을 질적으로 구분했다홍훈 2017. 그리고 이들을 실체와 형태의 모순으로 규정했다. 동시에 개념을 경험적으로 관찰하고 측정하는 수량을 부차적으로 취급했다. 이 때문에 그는 가치의 실체와 형태라는 개념 없이 가치량에 집중하는 수량주의를 비판했다.[6]

총체주의에 따라 그는 경제, 정치, 윤리나 도덕, 문화, 종교, 자연을 분리하지 않고 하나의 체계로 파악했다. 일반적으로 경제와 정치, 법, 자연 사이의 성립될 수 있는 관계는 네 가지이다.

① 자본주의 이전의 상황에서는 경제가 정치/법/윤리에 부속되어 있었다. 그런데 19세기 이후의 상황에 대해서는 세 가지 견해가 있다.

② 경제와 정치/법이 독립적이면서 동등하다. 자본주의와 아담 스미스가 등장한 이후 경제가 자율성을 획득한 상황으로 마샬이 이를 대변한다.

③ 경제와 정치/법이 어느 정도 겹치면서 서로 동등하지만 상호의존적

6 — 범주/개념에 대한 집착은 정도상 차이는 있지만 뵘바베르크나 하이에크의 오스트리아학파, 오이켄의 질서자유주의, 그리고 칸트 등 대륙철학자에서도 확인된다. 반면 영미사상에서는 철학이든 경제학이든 이것이 발견되지 않는다. 따라서 이것은 정치적 입장이나 학문의 분야에 관계없이 대륙적이거나 게르만적 전통과 영국적 전통의 차이이다.

이다. 베블런과 커먼스의 제도학파가 이를 대변한다. 질서자유주의 Ordoliberalismus도 이에 가깝다.

④ 경제가 정치/법을 지배한다. 맑스가 대변하는 이 상황은 아래 오른쪽과 같다.

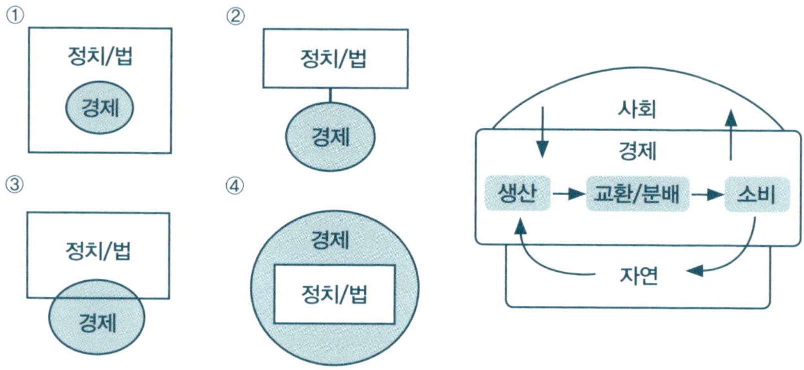

2. 경제학의 제국주의와 형식논리

맑스에게 헤겔 및 포이에르바하, 사회주의, 그리고 고전학파 경제학이 영향을 미쳤다면, 경제학에 영향을 미친 사상으로 시장에 대한 스미스의 경제이론, 벤담Jeremy Bentham의 공리주의, 그리고 흄David Hume의 경험주의를 들 수 있다. 이에 따라 경제학은 ②와 같이 경제를 다른 영역들로부터 분리시켰고, 형식논리에 근거해 과학성을 표방하면서 분석적인 시각을 내세웠다.

특히, 경험주의는 관찰되는 구체적인 것, 특히 수량을 중시해 경제학의 수량주의에 근거를 제공했다. 흄에 의하면 구름과 비가 여러 차례 관찰되면 양자 사이에 상관관계가 있는 것이다. 여기서 구름과 비가 원인과 결과라는 식의 인과관계를 말하지 않아야 한다. 또한 두 사람이 여러 번 만나는 것이 두 사람의 관계를 나타낸다. 그리고 가격은 여러 번 관찰되는 수량들을 모아 놓은 것이고, 화폐는 통화량이나 이자율로 정의된다.

이런 이유로 경제학은 종류에 따른 분류나 질적인 차이에 중점을 두는 범주적인 사고categorical thinking보다 정도상의 차이에 중점을 두는 양적인 사고와 친숙하다. 이렇게 보면 배타성이나 경합성 같은 질적인 구분은 경제학에 이례적이다. 또한 경제학은 '이것이냐 저것이냐'의 선택이 아니라 '이것을 좀 더 저것을 좀 덜'의 선택에 집중한다Cochoy, 2008. 재화에 대한 선택뿐만 아니라 투표나 판결에서도 이와 같다.

수량에 집중하면서 경제학은 수리적으로 강하지만 개념적으로 취약하다홍훈, 2017. 경제의 보편적인 개념들뿐만 아니라 자신에게 필수적인 시장, 가격, 합리성, 화폐, 자본, 이윤, 이자, 선호, 기술, 경쟁 등에 대해서도 분명히 하지 않는다. 이 때문에 상관관계가 인과관계를 대신하고 대리변수와 도구변수 등이 중요해진다.

따라서 경제학자는 개념을 각자의 편의에 따라 정의하되 이것을 일관되게 사용하도록 요구받는다. 화폐가 가치의 척도인지 거래의 수단인지 따질 필요 없지만 일단 거래의 수단이라고 정의했으면 이 정의를 일관되게 유지해야 한다. 경제학이 내세우는 행위자의 일관성이나 절차적인 합리성도 이같이 소극적이다. 경제학에 따르면 어떤 기호나 선호가 나은지는 알 수 없지만, 각 소비자는 자신의 선호를 일관되게 유지한다. 또한 누구나 시장에 동등하게 참여할 기회를 제공받지만, 시장의 결과에 대해 받아들여야 하고 이것을 정부가 교정해서도 안 된다.

이것이 경제학의 오랜 특징이라면 최근에 형성된 특징이 경제학의 제국주의이다. 이것은 경제학이 경제영역에 속하지 않는 윤리, 출산, 결혼, 범죄, 투표, 법, 공해, 아기, 장기, 종교 등을 경제적인 분석의 대상으로 삼는 것이다. 이에 따라 경제학은 이들을 질적인 차이 없이 모두 합리적 선택의 대상으로 삼고, 이들에 가격을 부과해 상품으로 만들며, 나아가 이들을 거래하는 시장을 설계하고 있다.

대표적으로 베커Gary Becker는 '아이는 냉장고다"라고 선언하면서 출산도 냉장고 구입과 마찬가지로 비용과 편익을 따진 합리적 선택이라고 주장했다. 결혼도 당사자들이 각자의 주관적이거나 객관적인 비용과 이익을 따져 도달하는 교환이고 계약이다. 이런 제국주의를 통해 경제학은 정치학, 사회학, 법학을 변화시키고, '사회과학의 여왕'에서 '사회과학의 제왕'으로 변신하고 있다.

이제 경제학은 '계급투쟁이 없는 맑스주의'로 불릴만큼 ④에 가까운 상황에 이르렀다Guiso et al., 2006, 27. 물론 여전히 차이는 존재한다. 맑스주의는 자본이 경제/사회/자연을 압도하는 자본주의 체제의 착취, 불평등, 불안정, 불합리를 비판하고 이에 저항했다. 반면 경제학은 시장이 압도하는 경제/사회/자연이 개인의 자유와 합리성, 그리고 시장의 효율성을 확인시켜 준다며 '워싱턴 컨센서스'를 뒷받침해 왔다.

3. 모색

가짜 명품은 일상 속에서 발견할 수 있는 변증법적인 모순의 예이다. 가짜 명품에 대한 선택은 예산 안에서 이루어지면서도 예산 밖에 있는 명품을 갈망한다는 점에서 모순적이다. 이같이 가짜 명품은 겉과 속이 다른 표리부동의 이중성과 자아의 분열을 낳는다. 자신에 대한 억압이 수반되는 성형수술이나 정신적인 빈곤을 사치로 메우는 것도 이같이 모순적이다.

이것들은 경제학의 합리성이나 대체행위로 해명할 수 없다. 합리적 소비자는 예산이 허용하면 명품을 선택하고, 그렇지 않으면 실용적인 제품을 선택한다. 택시가 비싸서 지하철을 선택하면서 택시를 그리워할 수도 있지만, 이런 대체는 자아의 모순이나 분열을 낳지는 않는다.

최근의 행동경제학도 커다란 장점과 커다란 단점을 함께 지닌 대안(A)과 장점도 단점도 크지 않은 무난한 대안(B)을 대상으로 모순적 선택을 예시한다Shafir et al., 1993. 여름 휴양지를 예약할 때는 장점 위주로 판단해 B보다 A를 선택하지만, 취소할 때는 단점이 부각되어 반대로 B보다 A를 더 많이 취소한다. 한국의 속설에 의하면 큰 장점과 큰 단점을 함께 가진 사람은 연애의 상대이고, 큰 장점도 큰 단점도 없는 사람은 평생의 반려자이다. 사랑과 미움이 공존하는 애증도 이와 비슷하다.

만약 진짜와 가짜, 표면과 이면, 장점과 단점, 사랑과 미움을 이분법적으로 구분하지 않고 비교가 가능하며 연속적인 정도의 차이로 간주해 서로 가감할 수 있다면, 경제학에 가까워진다. 대차대조표나 손익계산서에서와 같이, 경제학은 쾌락/고통, 이익/손실, 사랑/미움을 음양으로 구분한 후 모두 (효용이라는) 하나의 척도에 놓고 수량화해서 총점을 구한다. 이렇게 되면 A와 B가 서로 조금 낫거나 못한 것이 된다. 그렇지만 법적인 판결은 물론이고 시장의 선택에서도 범주, 분류, 질적인 요인이 양적인 요인과 함께 등장한다Callon et al., 2002, 2005.

21세기에는 경제, 사회, 자연의 상호연관과 상호작용, 그리고 출현적 속성emergence 때문에 이들을 총체적으로 파악해야 한다. 그런데 경제학은 여타 영역도 시장위주로 파악한다. 최근에 부상한 SDG(지속가능 발전목표)나 ESG(환경, 사회, 지배구조)는 다양한 가치들을 모두 시장가치로 환원해 기업의 목표로 만든다. 이에 비해 폴라니나 맑스주의는 여타 영역을 시장경제와 동등하게 취급하거나 이보다 우위에 놓으면서 환경의 탈상품화나 탈성장을 내세운다. 역시 사안에 따른 개별적인 검토가 필요하다.

맑스의 총체주의나 변증법은 동양의 총체주의나 변증법과 비슷하다. 노장사상은 총체적이고 유학과 주자학은 관계적이다. 이런 특징이 현대 자본주의에서도 동양인의 인식, 감정, 행위에 영향을 미치고 있다. 비과학적이라고 격하되어 있지만 한의학을 서양의학과 비교하면 이런 차이가 명확하다. 그리고 농사와 수렵 혹은 쌀농사와 밀농사 같은 물적인 기반의 차이가 그것의 기원으로 제시되고 있다Talheim et al., 2014.

이같이 동양사상은 근대서양사상과 경제학이 대표하는 형식논리, 개체주의, 그리고 분석주의와 이질적이다. 아마도 한국인도 경제학의 과학성과 엄밀성에 매력을 느끼면서도 그것의 개체주의 등에 거부감을 느껴 총체적인 뮑스주의로 기울어졌을 가능성이 있다.

한국과 일본의 경제학에서 역사, 사상, 이론이 오랫동안 공존해 왔다는 것이 이에 대한 증거이다. 최근에는 경제학 개념인 도덕적 해이moral hazard가 한국과 일본에서 도덕적 타락과 동일시되는 것이 총체주의에 대한 집착을 보여 준다.[7] 서양에서는 이미 19세기에 시작된 경제와 도덕의 분리가 동양에서는 아직도 쉽지 않은 것이다Baker, 1996 참조. 정치인과 기업가에 대한 도덕적인 질타는 더 일상적인 증거이다.

7 — 한국에서는 이런 의미와 본래의 의미가 혼합되어 있다. 이에 비해 일본에서는 이것이 구분되면서 동시에 일본에 고유한 도덕적 해이의 세 번째 의미로 공식적으로 채택되었다. 'この「倫理の欠如」という意味でのモラルハザードは､英語のmoral hazardにはない日本独特の用法であり､海外では通用しない｡先述の「プリンシパル=エージェント問題」や「保険におけるモラル・ハザード」も含む考えである'(Wikipedia, モラル・ハザード).

| 참고문헌 | | | |

홍 훈 (2011) 마르크스의 착취관계와 소비 및 동양의 인간관계, 『마르크스주의연구』, 8:1, 12-39쪽

홍 훈 (2017) 『자본론』: 신고전학파 경제학 비판의 기반, 『사회경제평론』, 53, 29-48쪽

홍 훈 (2020) 『경제학자의 인간수업』, 청림출판사

홍 훈 (2021) [서평] 인지자본주의와 기본소득: 『꽃가루받이 경제학』, 『녹색평론』, 179, 210 217쪽

Ariely, D. & M. I. Norton (2009) Conceptual Consumption. *Annual Reivew of Psychology*, 60, pp. 475-99

Baker, Tom (1996) On the Genealogy of Moral Hazard. *Texas Law Review*, 75:2, pp. 237-292

Callon, M., C. Méadel & V. Rabeharisoa (2002) The economy of qualities, *Economy and Society*, 31:2, pp. 194-217

Callon, M. & J, Law (2005) On qualculation, agency and othernesss, *Environment and Planning D: Society and Space*, 23, pp. 717-733

Carney, M. (2021) *Value(s): Building a Better World for All*, Penguin Random House Canana

Cochoy, F. (2008) Calculation, qualculation, calqulation: shopping cart arithmetic, equipped cognition and the clustered consumer, *Marketing Theory*, 8:1, pp. 15-44

Cochoy F., C. Licoppe, M. P. McIntyre & N. Sörum (2020) Digitalizing consumer society: equipment and devices of digital consumption, *Journal of Cultural Economy*, 13:1, pp. 1-11

Duflo. E. (2017) The Economist as Plumber, Richard T. Ely Lecture, *American Economic Review, Papers & Proceedings*, 107:5, pp. 1-26

Faulkner, P., C. Lawson & J. Runde (2010) Theorizing technology, *Cambridge Journal of Economics*, 34:1, pp. 1-16

Foucault, M. (2004) *Naissance de la biopolitique: Cours de Collège de France, 1978-79*, Gallimard: Seuil

Foucault, M. (1978/79) *The Birth of Biopolitics*, Lectures at the Collège de France, 1978-79, ed. M. Senellart, trans. G. Burchell, Palgrave: MacMillan

Gadrey, J. (2000) The characterization of goods and services, an alternative approach, *Review of Income and Wealth*, 46:3, pp. 369-387

Graeber, D. (2001) *Towards an Anthropological Theory of Value; The False Coin of Our Own Dreams*, New York: Palgrave 『가치이론에 대한 인류학적인 접근』(2009) 서정은 옮김 그린비 출판사

Guiso, L., Paola Sapienza and Luigi Zingales (2006) Does Culture Affect Economic Outcomes?, *Journal of Economic Perspectives*, 20:2, pp. 23-48

Hill, P. (1977) On Goods and Services, *Review of Income and Wealth*, 23:4, pp. 315-338

Knight, F. (1923) The Ethics of Competition, *Quarterly Journal of Economics*, 37:4, pp. 579-624

MacKenzie, D. & Millo, Y. (2003) Constructing a market, performing theory: The historical sociology of afinancial derivatives exchange. *American Journal of Sociology*, 109:1, pp. 107 - 145

Mankiw, N. Gregory (2013) Defending the One Percent, *Journal of Economic Perspectives*, 27:3, pp. 21-34

Markus, H.-R. & S. Kitayama (1991) Culture and the Self: Implications for Cognition, Emotion, and Motivation, *Psychological Review*, 98:2, pp. 224-253

Mazzucato, M. (1992) *The Value of Everything*, Allen Lane

Orlikowski, W. J. (2010) The sociomateriality of organizational life: considering technology in management science, *Cambridge Journal of Economics*, 34:1, pp. 125 - 141

Rochet, J.-C. & J. Tirole (2003) Platform Competition in Two-sided Markets, *Journal of the European Economic Association*, 1:4, pp. 958-989

Shafir, E., I. Simonson & A. Tversky (1993) Reason-based choice, *Cognition*, 49, pp. 11-36

Talheim, T, X. Zhang, S. Oishi, C. Shimin, D. Duan, X. Lanand & S. Kitaymana (2014) Large-Scale Psychological Differences Within China Explained by Rice Versus Wheat Agriculture, *Science*, 344:6184, pp. 603-608

Wikipedia, モラル・ハザード(Moral Hazard)

제5장

존 메이야드 케인즈의 『일반이론』

정창영 | 연세대학교 경제학부 명예교수

JOHN M. KEYNES: THE GENERAL THEORY OF EMPLOYMENT, INTEREST, AND MONEY

The General Theory of Employment, Interest, and Money, 1936

정창영

◎ 소속

연세대학교 상경대학 경제학부 명예교수(현)

◎ 경력

미국 University of Southern California, Ph.D, 1971년 9월

연세대학교 상경대학 경제학부 조교수, 부교수, 교수

「정교수의 경제교실」, 문이당, 1993년

「IMF 고통인가 축복인가」, 문이당, 1998년

「경제발전론」, 제 3판, 법문사, 2000년

「경제학원론」, 제 2판, 법문사, 2003년

「민본경제」 民本經濟, 제 1권, 2018년, 나남

「민본경제」 民本經濟, 제 2권, 2023년 12월(예정), 나남

한국경제학회장, 한국국제경제학회장

연세대학교 대학원 교학과장, 재무처장, 기획실장, 경영대학원장, 대외부총장, 총장

존 메이야드 케인즈의 『일반이론』

영국의 경제학자 케인스John Maynard Keynes, 1883~1946는 『고용, 이자 및 화폐에 관한 일반이론The General Theory of Employment, Interest and Money, 1936』 또는 약칭해서, 『일반이론The General Theory』을 저술하였는데, 이는 현대 거시경제학macroeconomics의 출발을 뜻한다. 캐인즈는 『일반이론』에서 1929년 일어난 세계 대공황the great depression의 원인을 분석, 이를 해결하기 위한 방책으로 정부의 재정정책을 세시하였다.

『일반이론』은 20세기에 출판된 경제학 서적들 중에서 가장 중요한 책으로 꼽힌다. 이 책으로 케인즈는 경제학설사에서 스미스Adam Smith, 리카도David Recardo, 마르크스Karl Marx 등과 동등한 반열에 올랐다. 클라인Lawrence Klein은 그의 『케인지안 혁명The Keynesian Revolution, 1947』에서 케인즈가 혁명을 일으켰다고 평가하였다.[1]

보수적인 경제학자인 새뮤엘슨Paul A. Samuelson이나 진보적인 스위지Paul Sweezy는 둘 다 "우리는 모두 케인즈주의자이다"We are all Keynesians.라고 하였다.

케인즈 이전의 알프레드 마샬Alfred Marshall이 대표하는 신고전학파neoclassical school는 자원의 완전고용을 가정하였다. 즉, 노동의 완전고용을 전제로 하여 실업의 가능성을 배제하였다. 케인즈는 바로 이러한 신고전학파의 가정을 배격하였다. 자본주의체제는 소비와 투자를 더한(C+I) 유효수요effective demand의 부족으로 자원의 불완전고용이 발생하고 비자발적인 실업이 주기

1 — 홍훈, 『경제학의 역사』, 박영사, 2007.8, 제9장 케인즈

적으로 일어날 수 있다고 보았다. 따라서 정부의 재정정책fiscal policy이 필요하다는 것이다. 또한 신고전학파는 장기long run를 분석대상으로 하였으나, 케인즈는 '장기에 우리는 모두 죽는다'We are all dead in the long run.는 생각으로 단기short run를 분석대상으로 삼았다.

그런데 『일반이론』 이전의 거시경제학은 "공급이 수요를 창조한다"Supply creates its own demand.는 이른바 '세이의 법칙Say's law'으로 대변될 수가 있다. 이에 따르면 노동력은 항상 완전고용된다. 그러나 케인즈에게 실제 현실은 오랜 기간 지속되는 노동의 실업이었다. 따라서 케인즈는 당시 주류 경제학이 봉착하고 있는 이론과 현실 사이의 괴리를 밝히고 이를 설명할 수 있는 이론적인 윤곽을 제시하며, 완전고용을 달성할 수 있는 방책을 찾으려고 하였다.

케인즈의 『일반이론』은 현대 거시경제학의 출발점이다. 그는 당시의 지배적인 이론체계ruling paradigm인 자유방임 자본주의laissez faire 사상에 기초한 완전고용을 가정하는 알프레드 마샬의 신고전학파 경제학을 비판하였다. 케인즈는 자본주의 체제가 지속적으로 소비(C)와 투자(I)를 더한 유효수요effective demand; C+I의 부족으로 주어진 자원의 완전한 활용이 어려운 불완전 고용 또는 비자발적인 실업involuntary unemployment 상태에 직면한다는 현실에 주목하였다. 아울러 유효수요의 부족을 해결하기 위해서는 정부의 재정정책이 필요하므로 정부지출 G government expenditure의 중요성을 강조하였다. 즉, 총지출 또는 총수요는 C+I+G이므로 G를 증대시킬 수가 있는 것이다. 특히 그는 『일반이론』에서 1929년에 일어난 세계 대공황의 원인을 설명하고, 이를 해결하기 위한 정책을 제시하였다.

즉, 신고전학파가 경제이론에 경제현실을 억지로 맞추려고 한 데 비해서, 케인즈는 경제현실에 맞추어서 경제이론을 만들었다. 케인즈는 이론에 맞지 않는다는 이유로 현실을 비판하는 것이 아니라, 현실에 맞게끔 이론을 새롭게 구성하였다. 뒤돌아보면 케인즈의 접근이 옳았다는 것이 당연한 것이다.

사실 이는 방법론methodology의 관점에서 볼 때 당연한 것이다. 왜냐하면 이론theory 또는 가설hypothesis의 목적은 바로 현실의 인과(因果)관계를 "설명explain"하기 위한 것이기 때문이다. 가장 단순한 보기를 들어서 쌀에 대한 수요함수demand function를 살펴보자.

여기서 대상이 한국의 쌀 시장이라면, 쌀 가격이 오르면 우리나라의 쌀에 대한 수요는 감소하고, 반대로 쌀 가격이 떨어지면 쌀에 대한 수요는 증가한다는 것이 수요의 이론theory of demand 또는 수요함수demand function이다.

이러한 수요함수 또는 수요의 이론이 올바른가의 여부는 바로 현실과 대비contront with reality시켜 보면 알 수가 있다. 즉, 쌀값과 쌀에 대한 수요량 자료data를 한국의 쌀 시장 전체에 대해서 구해보면, 쌀에 대한 수요의 이론이 맞는가의 여부를 검증hypothesis test할 수가 있다. 수요의 이론 또는 수요함수가 현실에 의해서 뒷받침이 된다면 수요의 이론은 현실을 제대로 설명할 수가 있는 것이므로 올바른 이론이다.

수요의 이론 또는 수요함수는 우리가 경제학을 배우기 시작할 때 제일 처음 만나게 되는 이론 또는 가설이다. 이 이론(가설)을 현실과 대비시켜 보면 우리는 이 이론이 올바른가의 여부를 알 수가 있다.

신고전학파 경제학에 비해서 케인즈 경제학의 강점은 전자가 경제현실을 경제이론에 억지로 꿰맞추려고 한데 반해서, 후자는 경제현실에 맞추어서 경제이론을 만들었다는 점이다. 이는 '이론'의 목적이 '현실'의 인과관계를 '설명'하는데 있으므로 당연한 것이다. 즉, 경제학 방법론methodology의 관점에서 볼 때 케인즈 경제학은 올바른 접근 방식이며, 신고전하파 경제학은 본말(本末)이 뒤바뀐(전도된) 것이라고 할 수가 있다.

다른 예로 케인즈 이전의 거시경제학은 이른바 세이의 법칙Say's law이 대표한다. 이는 공급은 그 자신의 수요를 창조한다Supply creates its own demand.고 생각한다. 그러나 이러한 주장은 현실에 의해서 뒷받침되지 못한다. 그 이유는 이에 따르면 노동은 항상 완전고용 되어야하나, 현실에 있어서는 노동의 실업이 오래 지속되기 때문이다.

케인즈의 『일반이론』은 1970년대까지 거시경제학에서 이론적으로나 실제에 있어서나 압도적인 지위를 차지하였다. 그러나 1970년대 말 경 스태그플레이션stagflation 즉, 경기침체stagnation와 인플레이션inflation이 동시에 일어나면서 그 위치가 흔들리게 되었다.

『일반이론』의 제1편 서론Book I Introduction의 제1장(Chapter 1) 일반이론The General Theory은 먼저 "고용, 이자 및 화폐의 일반이론The General Theory of Employment, Interest and Money" 이라는 책제목의 강조점은 접두사prefix인 "일반general"에 있다는 것을 밝힌다. 이는 케인즈 자신의 이론과 고전학파 이론을 서로 대비시키기 위한 것이다.

고전학파적인 이론의 공리公理, postulates들은 특수한 경우special case에만 적용될 수 있으며, 일반적인 경우general case에는 적용할 수가 없다. 특수한 경우의 속성을 보면 우리가 실제로 살고 있는 세상에서는 존재하지 않는 것으로서, 이를 우리가 실제로 적용하려고 한다면 지극히 우려되는 결과를 초래하게 된다.

제2장(Chapter 2)은 고전학파 경제학의 공리postulates of the classical economics에 대한 설명이다. 즉, 고용에 대한 고전학파 이론은 두 가지 기초적인 공리에 기초하고 있다: 1. 임금은 노동의 한계산출물과 동일하다; The wage is equal to the marginal product of labour. 2. 일정한 분량의 노동이 고용되었을 때의 임금의 효용은 그만큼의 고통의 한계비효용과 같다: The utility of the wage when a given volume of labour is employed is equal to the marginal disutility of that amount of employment. 그런데 마찰적frictional 실업과 자발적

인voluntary 실업은 완전full고용 하에서도 존재할 수 있다.

제3장(Chapter 3)은 유효수요의 원리The principle of effective demand에 대한 설명이다. 기업가가 일정한 분량의 노동을 고용할 때 두 종류의 비용이 발생하는데, 하나는 요소비용factor cost으로서 노동자에게 지불하는 임금이다. 다른 하나는 사용자 비용user cost인데, 이는 다른 기업인들로부터 기계를 빌려서 사용하는 비용이다. 요소비용과 사용자 비용을 초과하는 산출물의 가치는 이윤profit이 되는데, 이는 기업가의 소득income이다. 따라서 요소비용과 기업가의 이윤은 총소득total income이 된다.

총공급함수aggregate supply function은 Z=Φ(N)로 쓸 수가 있다. 여기서 Z는 N명을 고용하는 데서 나오는 산출물의 공급가격가치이다. 반면에 D=f(N)은 N명을 고용하는 데서 기대되는 기업가의 수입인데, 이는 총수요함수aggregate demand function이다. 따라서 고용량은 총공급함수와 총수요함수가 서로 만나는 데서 결정된다. 이때의 수요가 유효수요effective demand가 된다. 이상이 고용의 일반이론이다.

『일반이론』의 제2편(Book II)인 정의와 개념Definitions and Ideas은 주요한 개념에 대한 설명과 정의이다. 이어서 제3편(Book III)은 소비성향propensity to consume에 대한 내용이고, 제4편(Book IV)는 투자유인inducement to invest에 대한 설명이다.

제3편 소비성향의 제8장 소비성향의 I항 객관적인 요소들the objective factors에서는 임금단위wage unit로 측정된 일정한 소득수준 Yw과 그 소득수준에서의 소비 Cw 사이의 함수관계 X를 소비성향이라고 한다. 즉, 아래와 같이 나타낼 수가 있다.

$$Cw = X(Yw)$$

어떤 사회가 소비에 지출하는 양(Cw)은 소득 (Yw), 다른 객관적인 요소들, 사회구성원들의 주관적 필요와 심리적 성향 및 습관, 그리고 소득분배 등에 의하여 좌우된다.

그런데 인간 본성(本性)에 관한 선험적인a priori 지식과 실증적인 증거에 기초해서 보면 기본적인 심리법칙fundamental psychological law이 있는데 이는 다음과 같다: 평균적으로 소득의 증가에 따라 소비를 증가시키는 경향이 있으나, 소득의 증가분만큼 소비를 증가시키지는 않는다.

임금단위wage unit로 측정하여 Cw가 소비이고 Yw가 소득이라고 할 때, ΔCw는 ΔYw와 같은 부호를 가지나 그 크기는 ΔYw가 ΔCw보다 더 크다. 즉, dCw/dYw 는 양Plus의 부호를 가지며 1보다 작다.

이제 제9장 소비성향 II항 주관적인 요소들subjective factors에 대해서 살펴보기로 하자. 일반적으로 개인들로 하여금 소득을 지출하지 않도록 억제하는 주관적 성격의 동기나 목적은 다음과 같다.

(1) 예상치 못한 돌발적인 상황에 대비하기 위해서 예비 보유고를 구축함.
(2) 노후, 가족의 교육, 부양가족의 생계유지 등에 대비함.
(3) 이자와 가치상승을 향유한다. 즉, 미래에 발생할 더 큰 양의 실질소비는 그보다 작은 양의 현재소비present consumption보다 선호된다.
(4) 점차 증가하는 지출을 향유한다. 이는 생활수준이 나빠지기 보다는 개선되기를 바라는 것이 일반적인 본능인데, 이를 만족시키는 것이다.
(5) 유산을 남긴다
(6) 순전히 인색하다. 즉, 지출행위 자체에 대해서 사리에 맞지 않게 고집스럽게 반대한다.

개인들이 축적하는 저축 이외에 중앙정부나 지방정부, 각종 기관, 기업

등도 소득의 상당한 부분을 지출하지 않고 보유한다. 이렇게 보유하는 자금의 크기가 영국, 미국 등의 현대 산업경제사회에서는 축적된 총저축의 1/3 에서 2/3 에 달한다. 이들의 보유 동기는 개인의 경우와 비슷하나 다음과 같은 것들이 있다.

(1) 사업동기인데, 채무에 의지하거나 시장에서 더 많은 자본을 조달하지 않고 자본투자를 증대시키기 위한 재원을 확보한다.
(2) 유동성확보 동기 및 돌발상황, 난관, 경기침체 등에 대처하기 위해서 재원을 확보한다.
(3) 개선동기인데, 소득이 점차로 증가하도록 함으로써 기업의 경영진을 비판으로부터 보호한다.
(4) 자본설비의 실제 마모율과 구식화obsolete율보다 더 빠르게 자금을 미리 준비해놓음으로써 이른바 '안전한 길 위에'on the safe road 있고자 한다.

제10장은 한계소비성향과 승수에 대한 것이다. 한계소비성향marginal propensity to consume은 dCw/dYw로 정의할 수가 있다. MPC는 매우 중요한 개념인데, 이는 생산량 증가분이 소비와 투자 사이에 어떻게 배분될 것인가를 가르쳐주기 때문이다. ΔCw와 ΔIw를 각각 소비와 투자의 증가분이라고 하면 $\Delta Yw = \Delta Cw + \Delta Iw$가 된다. 따라서 $\Delta Yw = k^* \Delta Iw$로 쓸 수가 있고, 여기서 $1-1/k$는 한계소비 성향(MPC)과 같다.

*k*는 투자승수인데, 투자승수는 총투자가 증가할 때 소득이 투자 증가분의 *k*배 만큼 증가할 것임을 가르쳐 준다. 한계소비성향이 1보다 상당히 작지 않으면 투자가 조금만 변화하더라도 고용은 크게 변동할 것이다. 아울러서 조금만 투자가 증가해도 완전고용이 이루어질 수가 있다.

한편 MPC가 0보다 많이 크지 않으면, 투자가 조금 변화할 때 고용도 조금만 변화할 것이다. 이는 곧 완전고용을 달성하려면 상당히 큰 투자가 있어야 한다는 것을 뜻한다. 현실적으로 MPC는 0과 1 사이에 있는데, 0보다는 1에 더 가까운 곳에 위치한다.

제4편은 투자유인inducement to invest에 대한 설명인데, 제11장은 지본의 한계효율marginal efficiency of capital에 대한 것이다.

개인이 투자를 하거나 자산을 구매할 때, 이 사람은 그 자산의 수명기간 동안 이 자산으로부터 나오는 산출물에서 이를 얻기 위해 지불해야할 비용을 뺀 다음 그가 받으리라 기대하는 일련의 예상 수익들에 대한 권리를 사들이는 것이다. 이 일련의 수입금인 Q1, Q2, …, Qn을 투자의 예상 수익prospective yield이라고 부른다.[2]

그런데 투자의 예상 수익의 반대편에는 이 자본자산capital asset의 공급가격supply price이 있다. 이는 이 자산과 동일한 종류의 자산을 실제로 시장에서 구매할 수 있는 시장가격이 아니라, 제조업자가 이 자산을 한 단위 더 생산하도록 만드는데 필요한 가격으로 대체비용replacement cost이라고도 부른다.

어떤 자본자산의 예상수익과 그 자산의 공급가격 또는 대체비용 사이의 관계, 즉 어떤 유형의 자본의 추가 1단위와 그 1단위를 생산하는 비용 사이의 관계에서 그 유형의 자본의 한계효율을 얻게 된다. 되풀이하면 자본의 한계효율은 그 자본자산이 수명기간 동안 발생시키리라 기대되는 수익으로 일련의 연차 수입금들의 현재 가치를 그 자산의 공급가격과 일치시키는 할인율과 같다.

2 — John Maynard Keynes, *The General Theory of Employment, Interest and Money*, Plagrave Macmillan for the Royal Economic Society, 2007, p.135.

제6장

프리드리히 폰 하이에크의 『노예의 길』

김학은 | 연세대학교 경제학부 명예교수

FRIEDRICH HAYEK: THE ROAD TO SERFDOM

김학은

◎ 소속

연세대학교 상경대학 경제학부 명예교수(현)

◎ 경력

Case Western Reserve University 조교수
University of Pittsburgh, Ph.D.3. 저서
A Study on Inflation and Unemployment (Garland Publishing, New York and London, 1984)
정합경제이론(박영사, 서울, 2000)
자유의 원리(연세대 출판문화원, 서울, 2020)
민주의 원리 (연세대 출판문화원, 서울, 2020)
연세대학교 재무처장

프리드리히 폰 하이에크의 『노예의 길』

이 책은 프리드리히 폰 하이에크Friedrich August von Hayek, 1899-1992 교수가 런던에서 1940년에 집필을 시작하여 1944년에 출판한 것이다. 이 기간은 제2차 대전 기간과 일치한다. 그는 제1차 대전에 오스트리아 포병장교로 참전한 후 빈 대학에서 경제학을 수강하고 법학과 정치학으로 박사가 되었다. 패전한 독일과 그 이웃 국가들에서 발생한 극심한 초인플레이션을 직접 경험하였다. 하이에크는 경제학에 관심을 집중하였다. 이후 미국에서 시작한 대공황은 세계를 삼켜버렸고 그는 화폐적 접근을 하여 화폐, 자본, 경기변동을 연구하였다. 오스트리아는 화폐이론과 자본이론에 강했다.

그의 외할아버지는 오스트리아 자본이론을 창시한 뵘바베르크의 친구였으며 어머니의 육촌이 철학자 비트겐슈타인이다. 오스트리아학파를 만든 멩거, 폰 비저, 폰 미제스는 그의 스승이다. 1931년 이후 런던경제 대학에 자리 잡은 그는 영국, 미국, 오스트리아, 독일에서 연구하고 가르쳤다. 경제학, 법학, 정치학, 사회학을 모두 공부한 드문 이력의 학자이다. 1974년 노벨경제학상을 수상하였다.

이 책에서 하이에크 교수는 자신의 경험과 연구를 통하여 사회주의 선택이 노예로 가는 길이라고 설파하였다. 노예의 반대는 주인이 아니라 자유이다. 노예의 길은 자유를 잃는 길이다. 자유주의는 사회주의로부터 공격을 받아왔다. 주로 소득 불평등이 대상이었다. 그러나 사회주의의 정체와 그 취약점에 대해서 체계적으로 분석한 권위 있는 문헌은 드물었다.

이 책은 그에 대한 답으로 저자는 이 책에서 자유를 희생하며 사회주의가 약속한 평등, 계획, 기술, 법률, 안전, 진리 등이 모두 실패할 수밖에 없는 근거로 가격 대신 사회주의가 내세운 계획이 일으키는 자원 배분의 왜곡을 하나씩 차례대로 제시하고 있다. 그 이유는 시장경제가 완벽해서가 아니라 "자유 시장만이 민주주의를 성취하는 유일한 제도"라고 믿기 때문이다.

제2차 대전에서 사회주의 나치 독일에 대항하여 연합국과 함께 싸우는 소련의 사회주의 평등에 대한 막연한 또는 정제되지 않은 선망이 전후에도 계속될지 모른다는 절박감이 집필의 동기가 되었다. 나치즘과 파시즘이 패배한 이후에도 사회주의가 재현할 듯한 징후를 일찍이 포착한 하이에크의 우려에 당시 세계의 지성은 동의하기 어려웠다.

그들로부터 외면당했던 그의 주장과 예측이 반세기가 지나면서 동구와 소련이 선택한 사회주의가 문제를 일으켜 붕괴 직전이 되자 인정받았다는 것은 경제학 역사에서 드문 일이다. 레이건 대통령과 대처 수상의 자유주의 경제정책이 이 책의 영향이라고 전하는 세평은 이미 진부한 얘기가 되어버렸는데 그 까닭은 하이에크 교수가 일찍이 1929년 10월 뉴욕 증권시장이 붕괴하기 불과 수일 전 그것을 예측한 바 있었기 때문이다.

그러한 만큼 이 책은 그의 통찰과 예견이 돋보여 읽기에 따라서 쉬우면서 어려운 책이다. 이 책은 출판하던 당시까지 알려진 경제학과 법학 지식을 동원했을 뿐만 아니라 당시에 알려지지 않은 새로운 이론의 등장을 암시하고 새 경험의 출현을 예견하였다. 이 책을 읽는 데 유의할 점은 하이에크 교수가 자유를 가장 높은 덕목으로 꼽는 가운데 양도할 수 없는 천부적 자유 freedom과 법이 정의하여 부여하는 인위적 자유 liberty를 구별하고 있다는 점이다.

머리말은 사회주의의 등장에 대한 질문에서 시작한다. 하이에크의 자유주의를 위협하는 사건이 바로 무솔리니 파시즘과 히틀러 나치즘의 출현이다. 이들의 등장은 그에 앞서 출현한 볼셰비키 공산주의 혁명과 함께 전체주의가 제1차 대전으로 무너진 전제주의의 공백을 차지한 이유를 설명하기 어려웠다. 어떻게 하여 세계에서 가장 자유로운 헌법이라고 부르는 바이마르 헌법하에서 히틀러가 등장하였겠는가? 그것은 단순히 히틀러와 무솔리니 개인의 권력욕이나 혹은 독일인들이나 이탈리아인들의 성향으로만 설명할 수 없었다. "독일인 자신이 원래 사악하다는 논리는 성립할 수 없다." 하이에크 교수는 영국인 가운데에서도 사회주의에 경도된 사람이 적지 않았다는 점을 지적한다. "불행히도 목적과 수단의 관계를 오해하여 개인의 목적을 주장하는 많은 사람이 집단주의 수단을 지지하는 모순을 인식하지 못한다."

하이에크 교수는 이 추세를 사회주의로 가는 길이라고 규정하였다. 히틀러와 무솔리니가 무너진 후에도 자유주의와 민주주의가 사회주의 추세로부터 여전히 위협받게 되었다고 판단한 그가 출판한 『노예의 길』은 세계의 문제를 해결하지 못한 자유민주주의에 실망한 세계의 지성들로부터 버림받았다. 그러나 "그것은 피상적이고 잘못된 인식이다."

이보다 더 심각한 질문 "어째서 우리는 이 시점에서 국가[민족]사회주의를 탄생시킨 힘을 이해하는데 애써야 하는가?"에 맞서야 한다. "우리 세대의 신념이라는 것이 우리를 안내한 길이 일개 정당의 문제가 아니라 우리 모두에게 문제가 된다."라는 것이 하이에크 교수가 이 책을 집필하게 된 동기이다.

제1장에서 하이에크 교수는 두 가지 사상 곧 개인주의와 전체주의를 대비한다. 그리고 전체주의를 택하여 개인주의를 버린 추세를 "포기한 길"이라고 불렀다. 이에 대하여 전체주의를 선택하는 추세를 "노예의 길"이라고 불렀다.

계몽주의 이후 스코틀랜드에서 시작한 개인에 관한 탐구가 아담 스미스를 배출하였다. 뉴턴의 물리학과 기술의 발전은 개인주의를 계몽주의의 핵심으로 만들었다. 그러나 전제주의 정치제도는 이에 따라가지 못하여 괴리가 발생하기 시작하였다. 당시 경제학은 사회문제를 해결할 만큼 충분히 발전하지 못했다. 이 틈을 타서 참을성이 없는 사상가들이 급진적인 생각과 행동으로 역사에 등장하였다. "자유 정책의 더딘 정진과 참을성 없는 급진성"이 자유주의를 위협하였다. 역사는 자유주의와 개인주의를 포기하고 전체주의로 발을 들어 놓았다. 그 경계선을 하이에크는 라인강이라고 보았다. 라인강 서쪽은 개인주의, 라인강 동쪽은 전체주의로 각기 다른 길을 갔다. 그러나 라인강 동쪽의 독일 이념은 바흐, 베토벤, 브람스 음악에 묻어서 쉽게 서방으로 전파되었다. "그것이 헤겔, 마르크스, 리스트, 또는 슈몰러, 좀바르트, 만하임이었던지, 과격한 사회주의 아니면 덜 과격한 조직 또는 계획이었던지, 독일의 이념은 [라인강 서쪽]으로 수입되고 독일을 흉내 내었다." 이어서 전체주의 나치가 일으킨 제1차 대전의 와중에도 독일의 이념을 숭상하여 "영국과 미국의 정치적 이념은 시대에 뒤떨어진 부끄러운 일이 되었다."

하이에크는 계획경제를 하는 나치즘, 파시즘, 코뮤니즘을 모두 사회주의 = 전체주의 = 집산주의라고 부른다. 자유주의라는 용어가 문헌에 처음 등장한 때가 1821년이고 사회주의는 10년 뒤 1831년에 등장하였다. 나치즘의 경제정책에 영향을 끼친 좀바르트 교수의 조사에 의하면 사회주의라는 용어는 1831년부터 약 100년간 261개의 의미가 탄생하였다. 좀바르트는 이 난삽하고 통일되지 않은 개념을 다시 12가지로 분류한 후 세 가지로 요약하였다. 평등사회의 건설, 사유재산의 제한, 계획경제였다.

배타적 민족주의와 함께 평등주의를 주창하는 나치즘과 파시즘은 계급투쟁으로 사회를 보는 코뮤니즘과 다르다. 동일 목소리로 사유재산 제한을 주창하여도 그 정도는 다르다. 그러나 "정도가 다르더라도 그 진행의 정점에서는 모두 개인주의와 분명한 선을 긋게 되었다.” 무엇보다 사회라는 용어는 정의하기가 어렵다.

사회가 국가와 다른 점은 개인의 권리에 있다. 따라서 사회주의하에서는 개인의 권리를 무시하거나 경시하는 법체계가 수립된다. 파시즘의 파시는 일치단결이라는 뜻이고 국가[민족]사회주의 나치즘은 개인의 권리가 무시되고 민족주의를 내세운 아리안의 폐쇄 사회를 의미한다. 모두 전체주의와 같은 말이다. 전체주의에서 의사결정은 간단한 식으로 표현할 수 있다.

(1) $P = \gamma M$

여기서 P는 히틀러 같은 독재자들이 계획한 목표이고, M은 개인의 목표이며, γ는 개인이 자신의 목표를 국가의 계획 목표에 맞추는 조정계수이다. 전체주의 사회에서 이 조정을 무시하는 개인은 일치단결에 저해되므로 용납될 수 없다.

독일의 관념 철학은 그 오랜 역사를 자랑한다. 그러나 독일은 칸트를 버리고 헤겔을 택하여 개인보다 국가를 우선하였다. 개인은 우연이지만 국가는 이성의 산물이라는 것이 헤겔의 주장이다. 법실증주의자 켈젠은 “개인의 자유가 어떻게 국가의 전면에 나서야 하는지”를 묻고 “민주주의를 자유주의로부터 해방하는 추세”를 환영하였다. 그는 개인의 자유를 우선시하는 자유주의를 국가권력의 제약으로 보았다. 그에게 개인의 기본적 권리란 존재하지 않는다. 이러한 주장은 아무래도 헤겔의 전통이다. 피히테, 헤겔, 니체, 마르크스 등의 전통이 히틀러 집권의 비료가 되었다.

사회주의에서 개인은 국가가 세운 중앙계획에 순종해야 한다. 그것이 식 (1)이다. 문제는 누가 누구를 위하여 어떻게 중앙계획의 목표 P를 정하느냐이다. 국가[민족]사회주의는 국가가 계획경제를 이끌어 간다. 그 정점에 히틀러 개인이 있었다. 그가 P를 결정한다. 전체주의의 심각성은 계획자 개인의 능력 또는 무능과 그 범위에 따라 국가의 운명이 결정된다는 데에 있다. 모든 사람이 선량하고 설령 계획하는 사람도 선량하다 쳐도 “지옥으로 가는 길이 선한 의지로 포장”될 수 있다. 정치에 있어서 계획자의 자만만큼 위험한 것이 없다.

개인주의와 자유주의는 자유 경쟁시장에서 그 특징이 드러난다. 이 사람이 나에게 팔지 않으면 저 사람에게 구매하면 된다. 저 사람이 내 물건을 사주지 않으면 이 사람에게 팔면 된다. 상품의 매매에 있어서 속박이 없다. 경쟁을 통해 자원은 가장 쓸모 있는 곳으로 값싸게 흘러간다. 그 식은 다음과 같다.

(2) $P = \lambda M$

여기서 P는 경쟁시장에서 수요와 공급이 결정하는 상품의 가격이고, M은 그 가격을 지불한 대가로 개인이 얻는 혜택이고 λ는 혜택의 가격이다. (한계효용 균등의 법칙). 여기서 중요한 점은 계획경제와 달리 P가 어느 개인이나 단체에 의해서 결정되지 않는다는 사실이다. 비인격적 시장이 자유경쟁을 통하여 결정한다. 공매시장이 좋은 예이다. 참석한 사람들이 상품을 놓고 경쟁적으로 가격을 부른다. 마지막 호가한 사람이 그 상품을 구매하게 된다. 아무도 사전에 그 상품의 가격을 모르기 때문이다. 이때 경쟁이라는 용어는 낙찰가격을 찾아가는 과정이다. 경쟁이 없으면 가격을 결정하는 방법이 없다. 공급자는 비싸게 팔려고 하고 수요자는 싸게 사려고 한다. 경매(경쟁적 매매)는 균형가격을 찾아가는 과정 곧 가격이라는 미지수의 알고리즘이다. 경매에서 최종적으로 낙찰가격이 결정되면 참가자는 모두 승복하고 다음 경매를 기다린다. 모두 승복한다는 말은 전원합의 만장일치라는 뜻이다. 경쟁이 중요한 것은 시장에서 만장일치로 소비자 주권이 실현되기 때문이다. 시장은 만장일치를 이끌어내는 기구이다.

구소련이 붕괴하기 직전 자체 내에서 나온 보고서가 두 식 (1)과 (2)의 차이를 가감 없이 보여준다. "시장이 없어서 정부가 사드린 모피가 창고에서 썩어가고 있는 이유는 가격계산부에서 정한 가격이 비싸서 그것을 인수하려는 업체가 없기 때문이다. 이를 해결하고자 경공업부가 가격계산부에 두 번씩이나 가격을 내려주기를 요청하였으나 아직 대답을 듣지 못한 상태이다. 놀랄 일도 아니다. 가격계산부의 직원들은 모피 가격 이외에 2,400만 개의 상품가격을 새로 계산해야 하므로 너무 바쁘고 시간에 쫓기기 때문이다."

돌이켜 보면 이것은 예견된 것이었다. 폴란드 사회주의 경제학자 오스카 랑게는 수요와 공급이 일치하는 연립방정식을 만들어서 [컴퓨터가] 풀면 시장이 없어도 가격을 결정할 수 있다고 주장하였다. 구소련에서는 컴퓨터 입력에 아마 2,400만 개의 연립방정식이 필요했을 것이다. 그에 의하면 사회주의는 계획부와 가격계산부만 있으면 시장경제를 모방할 수 있다. 이것은 시장이 없으면 그나마 사회주의 중앙계획도 불가능하다는 뜻이기도 하다.

그러나 수요를 결정하는 중요한 정보 가운데 하나가 소비자 개인의 취향인데 이것은 본인 이외에 아무도 알 수 없다. 또 공급을 결정하는 가장 중요한 정보 가운데 하나가 생산자 개인의 기술 수준인데 이 정보 역시 본인 이외에 아무도 알 수 없다. 컴퓨터가 풀어내는 인위적 가격은 시장이 풀어내는 균형가격과 다를 수밖에 없다.

소비자의 취향은 시장에서 그가 구매할 때 드러나고 생산자의 기술은 그가 시장에서 판매할 때 드러난다. 말을 바꾸면 시장이 없으면 소비자 취향과 생산자 기술을 드러낼 방법이 없다. 이런 측면에서 가격은 정보의 전달통로이고 시장은 정보의 집합체이다. "정보를 전달하는 가격은 사람들에게 무엇을 어떻게 하라는 명령 없이도 그들이 원하는 일을 스스로 하게 만든다."

정부의 정보 취합 능력은 가격이 전달하는 정보에 비해 비효율적이다. 시장의 강점은 무엇보다도 자기완결형이다. 시장이 스스로 완결형이 되려면 마지막 단계에서 증권시장이 고도로 발달해야 한다. 공산주의가 망한 것은 증권시장을 부정했기 때문이다. 증권시장이 없으므로 비효율적인 정부가 대신 투자도 하고 분배도 하였다. 경제성장은 투자에 달렸고 투자의 속성은 위험이다. 그 위험을 분산시키는 곳이 증권시장이다. 투자가 성공하려면 소비자 취향의 정보와 생산자 기술의 정보가 필요한데 여기에서 소비자와 사기업에 비하면 정부는 뒤떨어진다. 이것이 스미스가 말한 "시장이 비효율적인 정부의 확장을 막을 수 있다"라는 뜻이다. 말을 바꾸면 사회주의 계산이 시장을 대신할 수 없다는 뜻이다.

제2장에서 하이에크 교수는 사회주의 구조의 모순을 말한다. 평등을 달성하는 방법에 있어서 사회주의자들은 민주주의와 사회주의를 융합한 사회민주주의가 이른바 경제적 자유를 구현할 수 있다고 주장한다. 능력대로 생산하고 필요에 따라 분배한다는 정강이다. 그 결과 선택의 범위를 제한하는 제약에서 벗어날 수 있다는 것이다. 이것이 이른바 사회민주주의가 말하는 경제적 자유의 정체이다.

19세기 고전적 자유는 정치적 자유였다. 백성이 정치적 압제에서 벗어나고 소수가 다수의 횡포에서 벗어나는 자유였다. 선택의 범위를 평등하게 하겠다는 사회주의의 경제적 자유가 실현되려면 어느 한쪽의 선택 범위를 줄이고 다른 쪽의 선택 범위를 늘리겠다는 뜻이다. 그것이 식 (1)이다. 이것은 시장이 할 수 없는 일이기에 사람의 손이 필요하다. 여기에서 권력이 발생한다. 식 (2)에는 인위적 인격적인 기구가 필요 없다. 비인격적 시장의 보이지 않는 손이 수행하므로 인위적 권력이란 없다. 그러나 (1)의 작동에는 인위적 기구가 필요하다. 권력자의 보이는 손이다. (1)은 집권적 의사결정이고, (2)는 분권적 의사결정이다. (1)은 양도할 수 없는 개인의 권리를 중앙계획자에게 권력의 형태로 몰아준 식이고, (2)는 그 권력을 개인에게 천부의 권리로 회귀하는 식이다.

불행은 사회주의의 선전에 사람들이 쉽게 유혹된다는 점이다. 민주주의와 사회주의의 결합은 매력적인 표어이다. "[계획]당국이 조직이라는 가면을 씌워 제시했을 때 그것은 너무 매력적이어서 자유인 사회를 전체주의 국가로 전환하기에 충분하다." 더 나아가서 사회주의는 자유와 융합을 장담한다. 이것을 새 자유라고 불렀고 그 세계가 유토피아였다. "대개 사회주의자들은 [이러한] 새 자유의 이념을 깊이 신봉하고 있음은 분명하다. 그리고 그들은 자신들의 계획이 자유의 파괴라는 점을 믿고 있다는 사실에 반격할 것이다." 그러나 중앙계획은 만병통치약이 아니다. 그 유토피아 달성은 불가능하다. 하이에크는 토크빌의 말을 인용한다. "민주주의와 사회주의에는 공통점이 없다. 다만 평등이라는 단어만 공유한다. 그러나 그 차이에 주목하라. 민주주의는 자유의 평등을 추구하고, 사회주의는 순종의 평등을 추구한다." 그에 의하면 사회민주주의는 불가능하다. 식 (1)과 (2)는 모양은 같으나 공통점이 없다. (1)에서 나를 따르라고 명령하는 P에 M은 순종할 뿐이다. (2)에서는 모두 함께 결정한 P에 M이 따르느냐 마느냐는 자유이다.

제3장에서 하이에크는 개인주의와 집산주의를 비교하고 있다. 먼저 집산주의 또는 전체주의의 문제는 앞서 소개했듯이 그 의미가 난삽한 만큼 애매하다는 점이다. 설사 사회주의 건설 계획의 목표가 같다 할지라도 그 수단 또한 모호하다. 사회주의가 약속하는 소득의 평등을 달성하는 방법도 제대로 제시되어 있지 않다. 그것을 달성하는 데에 드는 비용의 범위와 그 조달방식에도 문제가 있다. 이 비용을 무시할 수 없는 것은 이자와 이윤을 인정하지 않는 공산주의에서 가격이 경쟁적 자본주의에서보다 싸지 않은

것을 보면 알 수 있다. 그 차이를 저렴한 임금과 열악한 작업환경으로 메우려 한다.

다시 말하면 사회주의가 추구하는 평등사회를 유지하는 비용 곧 자중손실이 비싸다는 것이다. 자원을 사용하는 방법은 네 가지이다. 내 것을 나를 위해 사용, 내 것을 남을 위해 사용, 남의 것을 나를 위해 사용, 남의 것을 남을 위해 사용. 첫 번째가 능력껏 일하고 능력에 따라 분배한다는 시장경제이고 마지막이 능력껏 일하고 필요에 따라 분배한다는 사회주의 경제이다. 말할 것도 없이 첫 번째가 가장 효율적 사용이고 마지막이 가장 비효율적 사용이다. 그 차이가 낭비이다. 사회주의란 낭비의 다른 표현이다.

사회주의를 유지하는 비용의 출처는 그 체제를 유지하도록 강제하는 권력에서 나온다. 질문은 "강제력을 가진 자가 자신을 스스로 통제한 가운데 개인의 정보를 최대로 확보하여 가장 성공적인 결과를 얻도록 조건을 만들 수 있는가이다." 여기서 이른바 자비로운 독재자의 개념이 도입된다. 문제는 그런 "사회적 환관"이 존재하겠느냐?

자유주의는 이에 회의적이다. "경쟁이 가장 효율적인 결과를 가져오는 것뿐만 아니라 유일한 방법"이라고 믿기 때문이다. 경쟁은 개인의 경제생활에 강제력을 발동하지 않는다. 아무도 무엇을 사라거나 무엇을 팔라고 지시하지 않는다.

물론 그렇지 않은 경우도 있다. 소음이나 공해처럼 어느 한 사람의 경제행위가 다른 사람에게 강제로 공급하는 경우이다. 이른바 외부효과에 따르는 시장의 실패이다. 하이에크가 이 책을 쓰던 당시 그에 관한 시장 해법은 알려지지 않았다. 정부가 외부효과를 간섭하던 시절이었다. 그러나 하이에크는 이 책에서 예견하였다. "경쟁은 [외부경제에도] 화폐, 시장, 정보유통 등처럼 적당한 기구가 필요하다. 경쟁을 보존하고 혜택이 발생하도록 작동하는 법률제도. 계약과 소유권을 정확하게 정의하는 법률제도." 법경제학의 출현을 암시한다.

외부효과는 사적비용과 사회적 비용의 차이를 발생한다. 그 차이의 원인이 책임의 소재 곧 소유권(재산권)의 정의에 있었다. 재산권이란 자원에 대한 배타성인데 그것이 폐품(쓰레기)의 경우에는 책임성이다. 오염의 문제는 책임 소재가 불분명하여 그 책임을 묻기 어렵다는 점이다. 여기에 책임 소재 곧 [미이너스] 재산권을 부여하면 문제를 재산권을 교환하는 시장의 해법으로 끌어올 수 있다. 오염배출권은 이래서 생겼고 시장에서 거래된다. 이것이 〈코오즈 정리〉이다. 여기서 법경제학이 탄생하였다.

〈코오즈 정리〉는 사회주의가 작동하지 않는 원리도 설명한다. 생산요소의 소유권이 명확하게 정의되지 않은 사회주의에서 자본과 토지를 국가가 소유했기 때문이다. 그러므로 "한계생산 원리가 틀려서가 아니라 재산권의 정의가 없었기에 적용할 수 없었다." 한계의 원리는 시장경제, 봉건경제, 사회주의를 막론하고 일어나는 자연의 현상이지만 그 사회에 적용할 수 있느냐 없느냐 여부는 재산권 정의에 달려있다. 공산주의에서는 재산권을 인정하지 않기에 개별(한계)의 원리가 아니라 평등의 원리를 적용할 수밖에 없다. 그 결과가 모든 분야에서 사적비용과 사회적 비용의 괴리가 발생했고 적어도 그 차이만큼 낭비가 발생하였다. 그 차이는 중앙계획이 의지하는 평균 개념에서 발생한다. 기계(자본재)에 대한 소유권이 명확하게 정의되지 않으면 그 수명이 계획과 달리 한도 없이 늘어날 수 있다. 누구나 기계를 사용하지만 아무도 관리하거나 교체할 생각을 하지 않는 것이다.

여기서 계획에 관한 오해를 막아야 한다. 개인도 무언가 자유롭게 계획을 하고 실행한다. 시장경제에서 자유는 계획과 반대되는 개념이 아니다. 자유는 의지를 낳고 의지는 행위를 낳으며 행위는 성찰을 요구한다. 의지는 계획의 입법, 행위는 계획의 집행, 성찰은 사법이다. 사회주의는 개인의 자유 대신에 계획을 선택함으로써 자유와 계획을 대립 관계로 만들었다.

개별 대 평균 → 개인 대 전체 → 자유 대 계획.

여기서 하이에크는 무솔리니의 말을 인용한다. "문명이 복잡할수록 개인의 자유는 더 제한되어야 한다." 그러나 경쟁을 돕는 계획은 대립 관계가 아니다. 보완 관계이다. 참된 경제계획은 그 속에서 시장의 경쟁을 진작시키는 방식이다. 시장 경쟁균형 자체가 사전적 ex ante 계획 개념이다. 하이에크는 적는다. "계획은 경쟁을 효과적이고 수혜적으로 만드는 것을 요구한다."

제4장에서 하이에크는 이른바 사회주의가 주장하는 계획의 불가피성을 부정한다. "역사에서 불가피성이란 없다." 독점기업이 기술발전의 피할 수 없는 소산이라는 사회주의자들의 논리를 반박한다. 그들은 독점기업의 불가피성을 제거하기 위해서 국가가 모든 면에서 계획해야 한다는 논리를 전개하였다. 하이에크는 역사적인 고증과 문헌을 통해 그렇지 않음을 역설한다. 오히려 계획이 독점기업을 만들어 냈다는 것이 그의 결론이다. 영국과 비교하여 기술이 낙후했던 독일에서 독점기업이 출현했다는 것은 독일 시장을 개방하지 않은 보호 정책에 있었다고 주장한다. 앞서 그가 인용했던 무솔리니의 말도 마찬가지이다. 영국과 독일에 비해 기술이 낙후한 이탈리아를 무솔리니는 기술이 진보하여 복잡한 국가로 설정하고 계획경제를 통하여 개인의 자유를 제한하겠다고 내세운 것이 파시즘이다. 그의 논리라면 기술이 더 발전하고 복잡한 영국이 더 자유를 제한했어야 한다. 기술도 하나의 경쟁 상품이다. 어제의 기술은 오늘의 기술에 밀려난다. 오늘 기술 독점자의 경쟁자는 아직 몸을 드러내지 않고 미래에 숨어있다.

앞서 구소련에서 기계(물적자본)의 대체가 적기에 일어나지 않는다는 사실을 지적하였다. 기술도 마찬가지이다. 경제성장이란 생산요소의 신구 교체이다. 신구 인적자본의 교체, 신구 물적자본의 교체, 신구 기술의 교체, 신구 취향의 교체가 그것이다. 그 교체는 아무도 예측할 수 없다. 계획으로도 예측할 수 없다. 경쟁을 통해서만 교체가 일어난다. 기술은 자유 실현의 엄청난 힘이며 상징이다. "기술을 독점하는 자가 세상을 지배한다." 그러나 그 기술 독점은 오래가지 못한다. 그 증거가 특허법이다.

제5장은 이 책의 핵심 가운데 하나이다. 모든 조직은 궁극적인 목적을 갖는다. 그런데 현재 인간 사회는 하나의 목표로 조직되었다고는 생각하기 어렵고 그 목표마저 책임감 없는 사람들의 환상과 이상에 의해 정해진다는 것이 사회주의자들에 대한 비난이다. 그 내용을 보면 개인의 자유와 전체주의 사이의 알력이다. 사회주의는 개인의 목표를 최고의 가치로 여기는 보이지 않는 손에 인도로 일사불란하게 작동하는 하나의 비인격적 단일체계 곧 시장기구를 믿는 자유주의와 다르다. 사회주의자들은 한 마디로 전체주의자들이고, 자유주의자들은 개인주의자들이다.

사회주의는 공동선, 일반 후생, 일반 이해 등 정의가 모호한 윤리 개념을 공동 목표로 사회를 조직하려 한다. 수많은 사람의 이해, 후생, 행복, 선을 하나의 지표로 내세울 수 없다. 그것이 식 (1)이다. 개인의 행복이 다양한 변수의 집합인 것처럼 집계된 사람의 행복은 그 다양성이 상상을 불허한다. 그것을 하나의 목표로 설정한다는 자체가 불가능하다. 그러나 사회주의는 단일의 목표로 이른바 사회 윤리를 내세운다. "핵심은 그러한 윤리는 존재하지 않는다." 그러함에도 이것의 정점에서 독재자의 개인숭배로 발전한다. 정치 위에 개인 사상을 모시게 된다.

하이에크 이전부터 알려진 개인의 행복을 모두 합쳐 만든 사회적 행복은 벤담의 제안이었다. 일정한 사회적 자원으로 사회적 행복을 최대로 하는 목표가 사회주의의 계획이었다. 여기서 몇 가지 치명적 문제가 발생한다. 사회적 행복을 최대로 하기 위하여 어느 개인의 행복을 희생해도 되겠는가? 말을 바꾸면 사회적 행복에 매몰된 개인 가운데 계획을 하지 않은 경우와 비교하여 자신의 행복이 최대가 되지 않을 수 있고 자신의 행복 이상을 얻을 수도 있다. 사회적 행복의 정체가 무엇인가? 누구의 행복인가? 그런 사람은 존재하는가? "어떤 사람이라도 다양한 사람이 요구하는 다양한 행복을 포함하는 일은 불가능하다." 한 걸음 더 나아가서 사회적 행복에서 차지하는 "개인의 가중치[중요도]는 중앙계획자에게 알려지지 않았고 앞으로도 않을 것이다."

여기에 개인주의를 점검할 필요가 있다. "부정할 수 없는 사실은 개인은 이기적이라는 것이다." 그리고 그의 생각의 범위는 사회를 전부 포함할 정도로 넓지 못하다. 그가 자신의 생각 밖의 사람에 관하여 관심을 가진다는 것은 쉬운 일이 아니다. 이러한 사실을 깨달으면 자신의 목표에 관하여 관심을 집중할 수밖에 없다. 자신의 여건하에 자신의 계획에 충실히 집중하는 의지. 이것이 이기심이다. 이 의지가 자신의 행동을 판단하고 그 판단에 대해서 성찰하고 책임진다. 하이에크 말을 빌리면 "그는 자신의 목표의 최종 판단자이다." 그 시작에 자유가 있다. 곧 자유는 의지를 의지는 행동을 행동은 판단과 성찰을 낳는다. 이러한 생각에는 사회적 목표의 인식이 개재할 틈이 거의 없다. 공동 행위란 자신의 목표와 일치하는 사람들의 행동에 불과하다. 그렇다 해도 "그들에게도 공동 목표는 최종 목표가 아니며 그를 통해 자신의 목표를 달성하려는 수단"일 뿐이므로 최종 목표는 여전히 자신이 계획한 목표 달성이다.

하이에크는 여기서 사회계약설을 지지한다. 사람들이 공동의 노력으로 조직을 통하여 목표를 달성하려 할 때 그들은 이 목적을 위해 자신들의 수단과 목적을 그들이 결성하는 조직에 양도한다. 그 조직 가운데 하나가 국가이다. 국가에 자신들의 자유와 권리의 일부를 위임하는 것이다. 문제는 어떠한 조직이라도 한 개인에게 권한을 몰아줄 수밖에 없게 된다는 점이다. 권한은 권력과 다르다. 제한된 권력이다. 그 범위는 법이 정한다. 이것이 법의 지배하 민주주의의 모습이다.

조직운영에 있어서 만장일치를 요구하는 사항도 다수를 요구하는 사항도 있다. 조직의 규모가 커질수록 다수결이 일반적이다. 국가의 경우 수많은 목표가 혼재할 수밖에 없다. 수단은 제한되어 있다. 목표의 수가 수단의 수를 넘어서면 일부의 목표뿐만 아니라 목표 전부를 만족시키는 것이 불가능해진다. "계획에 동의하면서 그 계획은 목표를 뒷받침하지 못한다." 따라서 사회주의의 중앙계획 해법은 전체 속에서 찾지 못하고 각각의 목표를 따로 달성해야 하므로 목표와 목표가 상충할 수밖에 없다. "정부의 일에 대해 수많은 사람 수만큼 수많은 견해가 있었다." 견해 사이의 모순을 해결하려면 강제할 수밖에 없다. "나치 독일에서 중앙정부와 지방정부가 국민소득의 53퍼센트를 쓸 수밖에 없었던 이유였다." 사회주의의 정부가 시장을 대신하여 자원배분을 하는 과정은 자유를 제한하는 길이다. 강제하는 법까지 만들어야 하는 의회는 역할을 제대로 하지 못하고 입법은 전문가에게 맡겨야 하는 단계에 이른다. 이러한 사정은 사회주의자들이 더 잘 안다.

여기서 사회주의 의회가 그 기능을 제대로 발휘하지 못하게 되는 이유를 지적한 하이에크 교수는 계획이 다수결로 결정되지 못할 수 있다는 중요한 발언을 한다. "여러 대안 가운데 하나를 선택하는 다수결이 존재해야만 한다는 이유가 없다." 경제계획에는 모든 사람을 만족시키는 단일의 목표가 있을 수 없다. 경제계획이란 여러 경쟁적 대안 가운데 선택이다. 그러함에도 다수결 결정에 의존하는 의회는 모든 사항에 다수결이 존재한다는 미신을 믿고 있다고 지적한다. 계획을 우선하는 사회주의 의회의 다수가 무계획보다 계획을 선호하는 것은 당연하다. 그러나 똑같은 논리로 무계획까지 포함한 "여러 대안 가운데 어떤 계획이라도 무계획보다 다수결로 선호하지 않을 수 있다." 어떠한 것도 다수결로 결정되지 않을 수 있다는 말이다.

히틀러가 등장하기 전부터 독일은 독재자가 출현하게 되어 있었다. 아무도 그것을 의심하지 않았고 오히려 출현을 기다렸다. 바이마르 헌법 48조는 다수결이 실패한 경우 대통령이 결정하도록 하는 조문이다. 바이마르 공화국 첫 5년 동안(1920-25) 이 48조를 130회 이상을 사용하였다. 계획은 독재를 부른다. 수많은 목표를 만족시키는 수단이 결여되었을 때 강제하는 가장 효과적 수단이기 때문이다.

이처럼 다수결로 결정되지 않으면 누군가가 결정해야 한다. 그가 독재자이다. 경제적 독재자를 요청하는 사회주의는 바로 계획이라는 특성에 기인한다. 하이에크의 인용은 앞을 내다본 중요한 암시이다. "만일 당신이 퍼시 경, 모슬리 경, 클립스 경을 합작한 모습을 본다면 그들이 모두 동의하는 다음과 같은 공통의 모습을 보게 될 것이다: 우리는 경제적 무질서에 살고 있다. 여기서 빠져나오려면 독재의 출현뿐이다." 이것이 하이에크 교수 후대에 애로우 교수가 발견한 〈불가능성 정리〉이다. 세 개 이상[퍼시, 모슬리, 클립스]의 대안 가운데 하나를 다수결로 선택하는 것은 불가능하다는 정리이다. 단 한 사람 독재자의 선호로 결정된다는 뜻이다. 예를 들면 세 번 이상의 시험에서 두각을 나타내도 단 한 번의 입학시험에서 결판나지 않아 실패할 수 있다. 다시 말하면 당락을 세 번 이상의 시험으로 결정하지 않고 단 한 번의 시험으로 결정하는 이유와 같다.

민주주의 정부가 성공하려면 대안의 범위를 좁혀야 한다. 그것은 독재 수단이 아니라 자유토론의 수단으로 달성해야 한다. 세 개 미만으로 줄여 다수결이 결정할 수 있는 규칙까지 끌어올려야 한다. 여기에 언론의 자유가 필수적이다. 이것이 아마도 경쟁을 돕는 계획이라고 하이에크는 생각하는 듯하다.

자본주의가 개인이 자신의 소유권을 자유롭게 행사하는 제도라면 민주주의의 자유토론 범위 역시 그 틀 안에서 이루어져야 자본주의와 자유민주주의는 조화할 수 있다. 이러한 민주주의는 임의적이고 재량적인 권력 행사를 막을 수 있다. 민주주의가 권력의 행사라는 비용을 지불하는 제도인

이상 그 권력이 자의적인 재량이 아니라 규칙을 따르면 그것이 개인의 자유를 보호하는 자유민주주의이다.

제6장. "법 없이 자유는 없다." 규칙을 따르는 국가는 법이 지배하는 국가이다. 법의 지배는 법에 의한 지배와 다르다. 독재는 법에 의한 지배라는 이름으로 권력을 장악할 수 있다. 법이란 무엇인가? 나의 자유를 간섭, 방해, 침해하는 타인의 자유를 간섭, 방해, 침해하는 나의 자유가 나의 권리이다. 나아가서 나의 권리를 간섭, 방해, 침해하는 타인의 권리를 간섭, 방해, 침해하는 나의 권리가 정의이다. 이 과정에서 평등은 자유와 대립하고, 정의는 평등과 대립한다. 권리의 객관화가 법이고 법의 주관화가 권리이다. 이러한 일련의 체계에서 법의 출처가 자유임을 알 수 있다. 곧 자유 → 권리 → 법 → 정의의 관계이다. 법 위에 자유가 있다는 것은 법 위에 지위가 없다는 뜻이다. 자유는 법의 지배의 목적이다.

법이 권리의 객관화인 이상 어느 편에도 치우침이 없이 공정해야 한다. 법은 예측 가능하여 법의 밑에 있는 개인들이 그에 맞추도록 해야 한다. "개인은 사람이 아니라 법에만 복종해야 한다." 법의 지배는 정부도 백성과 함께 법의 밑에 두는 제도이다. 그러나 히틀러의 집권은 합법적이었고 무제한의 권력 부여도 합법적이었다. 여기에 법의 지배의 문제가 발생한다. 법의 지배가 법에 의한 지배로 둔갑할 위험이 있기 때문이다. "계획 국가에서 법의 지배가 유지된다고 말하는 것은 정부 행위가 합법적이거나 그러한 사회는 무법의 사회라는 뜻은 아니다. 그것은 정부 강제력이 무제한적이거나 비결정적이라는 뜻이다." 비결정이라는 하이에크의 발언 역시 암시적이다. 비결정은 다른 말로 자의적이고 재량적이다.

법은 입법부가 만든다. 행정부에 관한 법도, 사법부에 관한 법도 입법부가 제정한다. 입법부는 입법부에 관한 법의 제정자이기도 하다. 곧 [입법부는 입법부의 입법자]이다. 이것은 자폐적 자기완결의 자기언급 형이다. 입법부를 입법부에 연속 대입하면 [입법부는 입법부의 입법자의 입법자의 … 무한]으로 확장되어 그 범위가 결정되지 않는다. 예를 들면 심장이다. 심장은 모든 조직에 혈액을 공급한다. 심장도 조직이므로 산소와 영양을 공급하는 혈액이 필요하다. 그 일을 관상동맥이 한다. 심장 자신도 혈액을 공급받는 조직이므로 [심장은 심장의 혈액공급기관]이다. 연속 대입으로 [심장은 심장의 혈액공급기관의 혈액공급기관의 … 무한]이므로 심장은 멈추지 않는다.

심장에 제어기능이 있으면 사망이다. 그러므로 입법부의 제어기능을 설명하는데 자동차의 예가 적합하다. 자동차의 엔진은 모든 기관에 동력을 공급하는 기관이다. 모든 기관에는 엔진도 포함된다. [엔진은 엔진의 동력공급기관]인데 연속 대입으로 [엔진은 엔진의 동력공급기관의 동력공급기관의 … 무한]이 된다. 결정되지 않는 멈춤을 결정되게 하는 장치가 필요하다. 무한히 움직이는 엔진을 제어하는 장치가 브레이크이다.

입법의 브레이크가 없어 생기는 결정불가능을 결정가능으로 전환하는 폭거가 입법부의 권력 찬탈이다. 입법부의 입법권에 제한이 없으면 독재자가 등장하게 되니 그 대표적인 예가 히틀러의 합법적 권력 장악이다. "정부에게 무제한의 권력을 쥐어주어 가장 임의적이고 재량적인 규칙이 합법이 된다. 이런 식으로 민주주의는 상상할 수 있는 가장 완전한 전제주의로 변모한다."

민주주의 약점을 막기 위해서 입법부의 입법행위에 제어장치가 필요하다. 이것이 금지입법이고 이 또한 입법부가 할 수밖에 없다. 입법부가 스스로 자신을 제어하는 장치를 만든 것이 권리장전이다. 예를 들면 미국 연방헌법 수정조문 1조 "입법부는 종교에 관하여 어떠한 법률도 제정할 수 없다." 하이에크가 동의한다. "몇 나라에서 채택한 법의 지배의 주요 골자가 권리장전이다." 그러나 "그 제어가 어떤 형태이든 입법권 제한은 개인의 양도할 수 없는 권리, 침해할 수 없는 인간의 권리를 의미한다."

그러나 이것으로도 부족하다. 권리장전이나 기본적으로 양도할 수 없는 권리에는 언론의 자유도 들어있다. "입법부는 언론에 관하여 어떠한 법률도 제정할 수 없다." 그러나 "종이 공급과 그 유통을 계획 당국이 장악할 때 언론의 자유가 확보되겠는가?" 그 세계가 바로 쾨슬러가 쓴 『제로 그리고 인피니티』의 세계이다. 모든 재산은 당국에 맡겨야 한다. 재산권의 자유로운 행사는 당연히 존중하므로 신청서를 제출하면 즉시 내어준다. 신청에는 종이가 필요하므로 맡긴 종이를 내어달라는 신청서를 제출하면 된다. 그 신청서의 신청서를 작성하려면 신청서를 작성하면 된다. 무한대 신청서로 신청은 불가능하게 된다.

이 일화는 경쟁시장이 뒷받침하는 자유가 없으면 정치적 자유는 법에 잉크로 적은 자유에 불과하다는 뜻이다. 아담 스미스의 『국부론』과 제퍼슨의 『미국 독립선언문』이 1776년에 동시에 출현했다는 역사적 사실은 자유와 시장이, 시장과 민주주의가 쌍둥이임을 나타내는 상징이다. 시장경제의 뒷받침이 없는 민주주의는 쾨슬러의 세계이다. 그러므로 자유와 권리를 보장하는 제도는 시장제도와 결합한 자유민주주의뿐이다.

시장의 뒷받침이 없는 권리의 행사는 신청서를 담당하는 계획자에 달려있다. 이 관계를 하이에크는 "법의 지배를 지위의 지배가 대체하였다."라고 표현한다. "특별한 지위에 부여하는 특혜의 제거가 법 앞의 평등이 지켜지는 안전핀이다."

그런데 "사회주의 계획에서는 지위의 지배가 법의 지배를 대체"하는 역행이 일어난다고 하이에크는 개탄한다. 첫째, 평등과 자유가 상충하므로 사회주의자는 자유를 포기하였다. "이성적 질서의 세계에서 개인에게 자유는 없고 의무만 있다." 그러나 남에게 의무 지운 것을 권리라고 정의한 칸트에 의하면 의무가 있는 사회주의 세상이라도 권리가 존재할 수밖에 없고 권리가 있으면 그의 기원이 되는 자유도 있어야만 한다. 그러함에도 법실증주의자 켈젠은 개인의 기본적 자유란 존재하지 않는다고 주장하였다. "개인의 자유가 어떻게 국가의 전면에 나서야 하는가?"

둘째, 개인의 기본적 자유가 없다면 사회주의 평등 하에서 나양한 사람들을 평등하게 취급하는 것이 역차별 곧 역평등이다. 나아가서 그 역평등도 제대로 이루어지지 않는다. 계획자는 모든 사람의 간섭자이다. 모든 사람 속에 계획자가 포함되어 [계획자는 계획자의 간섭자]가 되는 것을 피할 수 없다. 연속 대입으로 [계획자는 계획자의 간섭자의 간섭자의 … 무한]이 되어 자신에 대한 간섭의 범위가 결정되지 않는다. 히틀러와 무솔리니의 예가 그것이다. 그들을 제어할 수 있는 법이 아예 존재하지 않았다. 마침내 히틀러를 제어한 것이 외부의 힘이었고 무솔리니는 국왕에 의해 제어되었다. 평등을 약속한 사회주의치고 법 위에 있지 않은 지위가 없었다.

제7장에서 하이에크는 사회주의자들이 경제를 정치와 분리하여 계획경제를 실시할 수 있다는 주장을 반박한다. 사회주의는 생산요소인 자본과 토지의 공동소유 곧 국유화를 주장한다. 그러나 국유화는 이들의 가격을 정할 방법이 없다. 소비재의 가격은 생산비를 포함하는데 이 때문에 소비재 시장이 가격을 정할 수 없으니 대신 가격계산부가 정해야 한다. 가격뿐만 아니라 수량도 정해지지 않는다. 정부는 소비재 최대의 단일 고객이다. 소비자와 정부가 소비재를 나누어 소비하는 비율에 영향을 준다. 이것이 경제를 통제하면 정부 활동과 무관할 수 없다는 뜻이다. 경제와 정치는 분리하여 생각할 수 없다. 중앙계획이 아니라 부분계획을 주장하는 사회주의도 사정은 마찬가지다. 경제의 한 부분이 계획에 의해 움직일 때 권력의 범위에 문제를 일으킨다. 그 문제를 해결하는 방법은 계획을 없애던가 계획을 더 강화하던가 양자택일 뿐이다. 후자의 경우 계획을 확대하여 문제 해결과 더욱 멀어진다.

하이에크는 부분계획이 일상생활 전반에 미치는 예로 외환을 들고 있다. 외환을 통제하면 외국책을 사보는 데 지장을 주고 외국의 기술정보를 습득하는 데 영향을 미친다. 여행도 어렵게 되어 사태를 더욱 어렵게 만든다.

화폐야말로 일상생활에 크게 영향을 미치는 단일 품목이다. 달러 가격 1에 대해 모든 화폐의 가격을 상대적으로 평가한다. 이때 달러 가격은 비결정이다. 국내에서도 가치의 척도는 원화의 가격이다. 그러나 원화의 가격은 비결정이다. 여기에도 기준이 필요하므로 시장에서 화폐의 가격을 1로 정한다. 무슨 체제이든지 기준이 필요함을 알 수 있다. 광속처럼 자연이 c로 정하는 것이 있지만 화폐 가격처럼 시장이 1로 정하는 것도 있다. 달러 가격에 대한 원화 가격이 변하면 경제뿐만 아니라 사회 모든 분야에 영향을 미친다. 마찬가지로 원화 가격에 대한 상품가격이 변하면 특정 가격뿐만 아니라 모든 가격과 나아가서 사회 모든 분야에 영향을 미친다. 다른 분야에 영향을 미치지 않고 경제만 따로 떼어 계획할 수 없다.

경제를 부분계획으로 통제하는 것은 모든 분야의 중앙통제로 확대되어 전체주의로 가는 길이다. "생산을 통제하는 것은 인간 생활을 통제하는 것이다." 따라서 "경제적 자유 없는 정치적 자유는 의미가 없다." 그 사회는 앞서 소개한 쾨슬러의 『제로 그리고 인피니티』의 사회이다.

제8장. (1)에서 P를 누가 누구를 위해 결정해야 하는가? 좀바르트는 외쳤다. "총통, 우리의 총통. 그는 우주의 총통인 하나님에게서 명령을 받는다. … 우리는 총통이 어떻게 하나님에게서 지시를 받는지 알 길이 없다. 그러나 그것은 부정할 수 없는 사실이다." 그러함에도 왜 계획자가 나서서 소득분배를 해야 하는지 그 논리가 없다. 소득분배를 결정하는 재산권이 없으면 자유도 없어진다. 그러나 켈젠은 다른 말을 하고 있다. "자유와 재산의 확실한 관계를 찾는 데 실패하였다." 그가 생각한 재산이란 무엇인가?

생산수단을 국가가 소유하면 그로부터 발생하는 소득이 없어지므로 소득 불평등이 줄어진다는 사회주의자의 주장에 동의할지 모른다. "사유 재산권 제도가 개인에게 제한된 자유와 평등을 준 핵심 가운데 하나라고 본 마르크스는 무제한으로 주기 위해 이 제도를 없애기를 희망하였다. 마르크스가 이 점을 최초로 깨달았다는 사실이 이상스럽다. 돌이켜 보면 그는 자유 시장제도에서 자본주의의 진화가 모든 민주주의 자유의 전제조건이라는 점을 우리에게 알려주었다. 앞을 내다보았을 때 그렇게 된다면 역으로 그 자유는 자유 시장의 소멸과 함께 사라진다는 생각을 그는 하지 못했다."

그것은 이미 앞 장에서 보았듯이 계획의 효과가 계획자의 예상을 넘어 일부분에 그치는 것이 아니라 전반적이라는 데 있다. 이 과정에서 권력이라는 것이 생긴다. 곧 식 (1)에서 P를 결정하는 계획자의 권력이다. 권력은 모든 사람에게 천부적으로 주어진 권리가 독재자에게 집중된 능력이다. 식 (2)에서 P는 경쟁시장의 균형이 결정하므로 계획자도 없고 개인의 권리가 집중되지 않으므로 그 같은 권력이 발생하지 않는다.

시장에서 발생하는 소득분배의 불평등을 해소하겠다고 약속을 한 권력이 또 다른 소득분배의 불평등을 일으킨다. 하이에크는 1930년대 구소련에서 소득 불평등도가 미국의 소득 불평등도 보다 높았음을 지적하고 있다. 권력은 소득을 결정하는 새로운 재산으로 등장하여 그 능력을 유감없이 발휘한 결과였다. 켈젠이 말한 재산에 이런 것은 고려하지 않았나?

권력이라는 새로운 재산을 가진 지위가 출현했으니 그것이 사회주의 관료계급이다. 이것이 법의 지배가 아니라 지위의 지배이다. 경쟁시장에서 나타나는 백만장자 대 계획경제에서 등극하는 관료권력. 록펠러 대 스탈린. 시장경제에서 "많은 백만장자가 나에게 미치는 힘이나 계획경제에서 소수의 관료계급이 나에게 가해지는 힘"이나 마찬가지이다. 그러나 차이점이 있으니 전자에 없는 결정권이다. 사회주의에서는 "내가 어떻게 살아야 하는지 무슨 일을 해야 하는지"가 계획자의 자의적 재량권에 달렸다는 점이다. "부자가 힘센 자가 되는 세상이 힘센 자가 부자가 되는 세상보다 더 좋다는 것을 누가 부정할 것인가?" 사회주의에서 자유로운 사람은 권력이라는 재산을 가진 자이다. 그 이유는 관료권력이 모든 이의 문제를 결정하는 데 있다. 곧 사회주의에서 관료계급은 모든 이의 결정계급인데 모든 이에는 관료계급도 속하므로 [관료계급은 관료계급의 결정계급]이다. 연속대입으로 [관료계급은 관료계급의 결정계급의 결정계급의 … 무한]은 비결정이다. 이것이 자의적 재량 정책의 근거가 된다.

제9장. 마르크스의 실패가 말해주듯이 시장경제가 뒷받침하지 않은 민주주의 자유는 헛된 희망이다. 이를 전제로 하이에크 교수는 자유와 안전의 관계에 관하여 논리를 전개한다. 안전의 반대는 위험이다. 하이에크 당시 위험에 관한 연구는 거의 시작조차 일어나지 않았음에도 제9장은 그에 관해 통찰력을 보여준다는 측면에서 이 책의 하이라이트가 여기에도 있다. 사회주의의 최대 약점이 위험을 관리할 줄 모른다는 점이다. 따라서 관리 대신 명령이 위험대처 수단이다. 사회주의 독재자가 정권을 유지하는 방법 가운데 하나가 위험의 분야라는 사실은 놀랄 일이 아니다.

위험의 종류는 많다. 그 가운데 관리할 수 있는 위험은 계산할 수 있는 리스크 risk 하나뿐이다. 말하자면 안전을 상품으로 만들어 시장에서 거래하는 것이다. 안전 상품의 거래로 위험 risk를 관리할 수 있다는 것은 위험 시장을 형성하여 분산시킬 수 있다는 뜻이다. 이런 측면에서 증권시장은 자본주의 운영에 대단히 중요하다. 안전이 상품이 되는 이상 그 총량은 시장에서 정해진다. 그러므로 위험의 배분은 시장 법칙을 따른다.

구소련 주민은 안전을 위하여 자유를 포기한 상태에 놓였다. 국가가 명령으로 위험에 대한 개인 선택의 자유와 권리를 침해하였다. 그러나 그렇게 얻은 안전이라는 것도 안전하지 않다. 체제의 위험은 해체되기 전에는 피할 수 없기 때문이다. 가장 큰 위험은 자유주의를 사회주의로 전환하려는 폭력이나 위계이다.

하이에크는 레닌과 트로츠키의 말을 인용한다. 사회주의에서는 "사회 전체가 작업의 평등과 보수의 평등이 된 유일의 사무실과 유일의 회사가 되었다." 그러므로 "국가가 유일의 고용주가 된 국가에서 반대는 굶주림을 의미한다. 일하지 않는 자 먹지도 말아야 한다는 낡은 원리는 순종하지 않는 자 먹지 말아야 한다는 새 원리로 바뀌었다." 이 문장에서 말하는 국가라는 이름의 고용주가 권력의 지위를 가진 독재자이다.

하이에크 교수는 독일 사회의 성격에 대해서도 언급을 피하지 않는다. 독일은 사회보장제도를 도입한 첫 번째 통일국가였다. 그 사회는 "수직 사회였고 대부분 주민은 자신을 독립된 개체라기보다 임명받은 공무원으로 여겼다. … 모든 분야에서 소득과 지위가 부여되었고 보장되었다." 이러한 "사회적 분위기가 지나쳐서 자유란 거의 조롱거리가 되었는데 그것은 세상의 좋은 것들을 희생해야만 살 수 있게 되었기 때문이다. … 독일국민은 점점 경제적 보장 없는 자유는 가치가 없다고 느낄 수밖에 없게 되었고 안전을 위해 자유를 기꺼이 희생한다 해도 놀랄 일이 아니다."

개인의 예견이나 해결 능력을 넘는 위험을 줄이려는 것이 국가를 조직하는 이유 가운데 하나이다. 그러한 관리할 수 없는 위험은 danger, hazard, jeopardy, peril, panic 등이다. 경기 침체로 인한 실업의 위험, 질병으로 인한 생명과 건강의 위험, 자연재해의 위험 등은 개인이 관리할 수 있는 것이 아니다. 이러한 위험은 체제를 막론하고 발생하나 대처방법이 다르다.

자본주의에서는 경쟁을 통해서 시장이 비효율성을 제거해나가는데 그래도 발생하는 경기변동에 대해서 산업합리화, 화폐정책, 재정정책의 수단으로 대처했다. 그 와중에 발생하는 고통을 줄이기 위한 사회 안전망을 인정하나 자유와 시장이 손상되지 않는 범위에 한하는 장치를 고안해야 한다.

사회주의는 "어떠한 희생을 치르더라도 중앙계획하에" 모든 분야에서 안전을 보장하기 때문에 산업합리화가 거의 불가능하다. 화폐정책을 실시할 시장도 없다. 구소련의 붕괴처럼 체제가 마지막 단계에 이르러 안전도 자유도 잃게 된다. "작은 안전을 잠시 얻기 위해 핵심의 자유를 희생한 자들은 자유도 안전도 자격이 없다." 증권시장이 없었던 구소련이 개인의 위험을 분산시킬 방법이 없었으므로 개인 권리의 집중이 권력이 되듯이 개인 위험이 집중된 국가의 위기는 국가의 자살로 이어진다.

제10장. 민주주의는 그 결정 과정이 길고 그 폭이 넓다. 참을성을 요구하는 사회문제를 해결하는 데 있어서 민주주의의 절차가 적합하지 않은 것은 사실이다. "결정이 신속하고 단호한 사람이 등장한다." 그가 제시한 정책이 시장 대신 계획이다. 사회주의의 계획이 실패할 운명이라면 "독재자[계획자]의 선택은 실패하던가 혹은 사상을 포기하던가"의 양자택일이다. 그는 실패하지 않기 위해 사상을 포기한다. 여기서 사상이라는 것은 앞서 지적했듯이 사회주의가 단일의 목표로 내세운 사회 윤리인데 "핵심은 그러한 윤리는 존재하지 않는다."라고 하이에크는 적었다. 이것이 "왜 나쁜 것이 사회를 지배하는가"에 대한 하이에크의 대답이다. "이것이 전체주의 사회에서 속임수의 사람이 더 성공할 수 있는 이유이다."

당시 사상 또는 윤리의 논쟁이 사회주의 논쟁의 마지막 주제였다. 그 가운데 하나. "사회 질서와 발전의 가장 심대한 문제는 … 준법이다. 속임수를 방지하는 것이다. 내가 알기로는 이 문제에 대한 지적 해결이 없다고 본다. 참여자들이 알면서도 파국으로 치닫도록 비합리적이 아니라면 다툼을 해소하는 반대의견의 사회적 기구가 있을 것이다. 그렇지 않으려면 사회는 힘에 의존해 유지해야만 한다. 독재자는 그가 지배하는 사회에 속하지 않는다. 이러한 사회를 윤리적 측면에서 사회라고 부를 수 있을까?"

이 인용문처럼 독재자가 자신의 사회에 속하지 않게 되는 이유는 식 (1)에서 P의 비결정을 결정으로 전환해야 하기 때문이다. 물론 그 결정은 임의적이고 자의적인 독재자의 재량권일 수밖에 없다.

사회주의 계획에 모든 사람이 순종해야 한다. 모든 사람 속에 계획자 자신도 포함되는 것이 사회주의 평등 원칙이다. 그는 자신의 계획 산하에 놓이게 되어 자폐적 자기언급이 되므로 그의 계획은 비결정이 되고 만다. 그를 탈피하는 방법이 자신의 계획에서 자신은 예외가 되는 길이다. 그것은 법 위에 군림하는 길이다. 모든 사회주의에서 계획자가 독재자가 될 수밖에 없는 귀결이다. 그러나 계획에 순종하는 모든 사람에 그도 속해야 하는 전제에 어긋나므로 모순이다. 러셀의 이발사 파라독스의 전형적 예이다.

사회주의 계획이 논리상 모순인 만큼 사회주의가 주창하는 평등은 처음부터 달성될 수 없다. 누군가는 결정자가 되어야 하기 때문이다. 이것이 앞서 말한 평등을 약속한 사회주의치고 법 위에 있지 않은 지위가 없었다는 뜻이다. 이 추세를 "절대 권력은 절대 부패한다."라고 표현했다. 지위의 지배는 공소시효를 걱정할 필요가 없기 때문이다.

제11장. 이상으로 자유를 희생하며 선택한 사회주의가 약속했던 평등, 계획, 기술, 법, 안전 등이 모두 실패할 수밖에 없는 자리에 진리마저 억압받아 그 자리를 선전이 차지한다는 것이 하이에크가 폭로하는 사회주의 대차대조표이다. 체제에 거슬리는 문학, 예술, 심지어 과학까지 선전에서 안전하지 않았다. 괴벨스 지휘 아래 많은 책을 불 질렀다. 아인슈타인의 상대성 원리를 유대인의 과학이라고 부정하는 100인의 독일 과학자의 보고가 나왔다. 현대판 분서갱유였다.

사회주의는 "궁극적 목적 없이 스스로를 위한 어떠한 인간 행동이라도 경멸한다. 마찬가지로 과학을 위한 과학, 예술을 위한 예술을 나치, 사회주의자, 공산주의자는 싫어한다. 모든 행동은 사회적 목적을 가져야 한다." 이들은 지도자의 권력 밖의 자발적spontaneous 행동이기 때문이다. "우리는 예술을 위한 예술처럼 체스를 위한 체스 같은 구호를 경멸해야 한다." 예술을 위한 예술이란 다른 말로 스스로 목적을 가지는 [예술은 예술의 목적]의 자폐적 자기완성형이다. 이것은 [예술은 예술의 목적의 목적의 … 무한]으로 계획자의 지도에서 벗어나므로 안 된다. 모든 행위는 "전체라는 단일의 개념"이 지도해야 한다. 하나의 조국, 하나의 정당, 하나의 지도자. 지도자론은 히틀러 『나의 투쟁』의 핵심이다.

가장 중요한 것을 잊지 말자. 앞서 누누이 설명했듯이 자유는 부모가 없는 스스로 자발적 능력이다. 자유는 그 기원이 알려지지 않은 스스로 시작이나 이성의 고유한 입법으로 그 존재는 추론할 수 있다. 그런데 "집산주의 최대 비극으로 사회주의가 목표의 정점에 올려놓은 이성을 스스로 파괴한다는 점"에 이르면 자유를 파괴하는 행위로 나타난다. [자유는 자유의 시작]은 [자유는 자유의 시작의 시작의 … 무한]으로 계획자가 가장 싫어하는 자기언급의 덕목이기 때문이다. 특히 사상의 자유는 독재자의 최대의 적이다. 사회주의가 반대하는 이유다. 이처럼 자유는 부모가 없으므로 돌보는 이가 없어 사회주의 공격에 홀로 위험하다.

제12장은 사회주의 가운데 나치즘의 역사적 뿌리를 논하고 있다. 나치즘은 사회주의에 배타적 민족주의를 합한 민족국가사회주의이다. (국가사회주의 대표는 소비에트사회주의연방이다). 나치즘 독일은 조직, 계획, 권력, 영웅주의를 목표로 하는 배타적 민족공동사회Volksgemeinschaft 로써 개인, 시장, 분권, 상업주의를 목표로 하는 영국과 대립된다. 사상적으로 피히테, 라살, 헤겔, 마르크스를 계승한 동시대 좀바르트, 프렝게, 스팽글러 등의 영향을 소개하고 있다. 제1차 대전을 상업 정신의 영국과 영웅 정신의 독일 사이의 충돌로 해석한 좀바르트를 소개한다. 개인주의 영국과 달리 국가는 개인의 합산이 아니고 개인의 이익을 위한 목적의 조직도 아니다. 그것이 민족공동사회이다. 렌쉬는 "영국은 부자와 빈자의 나라이고, 독일은 명령과 순종의 나라이다."라며 한 발자국 더 나아갔다. 1789년 혁명의

구호- 자유, 평등, 박애- 가 개인주의 상업 정신이다. 영국이 자유를, 프랑스가 평등을, 독일이 [박애의] 민족공동체를 택하였다. 개인의 생애보다 더 위대한 것이 민족과 국가의 생애이며 개인은 민족을 위해 희생할 수 있어야 한다. 스펭글러는 썼다. "프러시아에 개인이란 없다. 모두가 시계처럼 정확하게 일하는 조직에 속하며 그 속에서 연결되어 있다." 그는 질문한다. "[상업 정신의] 통상이 국가를 다스리는가 아니면 국가가 통상을 다스리는가." 그가 보았을 때 독일은 사회주의화 되었고 사회민주주의는 국가화가 되었다.

이들은 사실상 사상적으로 소수에 속한다. 소수의 사상이 나치즘과 결합하여 다수가 된 것이다. 독일에 이런 사상만 있었던 것은 아니다. "자연은 현명하게도 세계를 여러 나라로 나누었다. … 그러는 한편 자연은 상호이기심이라는 수단으로 국가들을 하나로 묶는다. 그 이유는 상업[통상] 정신이 조만간 모든 사람을 하나로 붙잡으며 이것은 전쟁과 병존할 수 없기 때문이다." 사회주의자에게 영구 평화를 위한 통상 정신은 기이하게 들리기까지 하겠지만 이 사상적 흐름이 칸트 철학이다. 칸트는 개인과 영구 평화를 위하여 상업 정신의 중요성을 강조하였다. 나치즘 독일은 칸트를 버리고 헤겔과 그 후계자들을 따랐다.

제13장. 이상은 나치스 독일만의 일화가 아니다. 하이에크 교수는 제1차 대전 후 나치즘과 파시즘이 전제주의를 대체했듯이 제2차 대전 후 나치즘과 파시즘이 몰락하여 그들이 점령했던 지역에 힘의 공백이 생겼을 때 사회주의가 다시 그 고개를 쳐들어 그 자리를 차지할 수 있다는 절박감에 사로잡혔다. "독일의 전형적인 면모가 현재 영국에서도 낯익다. 많은 징후의 출현이 미래에도 같은 방향을 가리키고 있다."

그 같은 많은 징후 가운데 두 가지 문헌을 증거로 소개하고 있다. 역사학자 카와 생물학자 와딩턴의 저서이다. 와딩턴 박사는 권위 있는 『네이쳐』

지가 후원하는 자신의 저서에서 "자유는 과학적 가치가 되지 못한다."라고 썼다. 하이에크 교수는 그 신념이 심오하고 과학적인 마르크스 철학에서 유래한다고 평가했다. 그러므로 와딩턴에게 미래의 경제 제도는 "대단위 지역의 경제발전이 의식적으로 계획되고 하나로 통합된다는 측면에서 중앙집권과 전체주의적이 될 것이다."라고 내다보았다.

과학은 인과관계이나 자유는 인과관계가 아니다. 앞에서 설명했듯이 자유의 기원은 알려져 있지 않다. 칸트에 의하면 그것은 자발적 능력이다. 자유가 없으면 인간은 로봇에 불과하다. 인간 행동은 자연의 인과성과 자유의 자발성이 합쳐진 중첩성이다. 과학으로 자유를 설명하기 어렵다.

카는 그의 저서에서 자신이 "독일에서 시작하고 헤겔과 마르크스의 위대한 이름을 추적할 수 있는 사실주의자의 역사학파"에 속한다고 고백하였다. "훌륭한 나치 추종자가 '독일국민에게 득이 되는 것은 옳고 해가 되는 것은 그르다'라고 주장했을 때 그것이 국가 이익과 보편 권리가 합치된다는 설명은 사실이다." 그런 측면에서 제1차 대전에서 영국은 잘못된 편에서 싸웠다. "우리는 영어권 국가의 윌슨 [대통령], 토인비 교수, 세실 경이 수립한 19세기 사고인 국가와 사회 사이의 차이에 그 이상 의미를 찾을 수 없다." 이 발언은 나치 전체주의 법학자 슈미트의 발언과 일치한다. 앞서 국가와 사회의 차이가 권리라고 밝혔다. 그 차이를 인정하지 않는 것은 개인의 권리를 인정하지 않겠다는 주장에 불과하다.

카가 윌슨 대통령을 끌어드린 것은 윌슨이 국제관계에서 제시한 통상의 중요성을 반박하고 싶어서이다. "자유주의 경제학자의 사상을 경멸한다."라고 말한 카는 "자유통상이 19세기 영국의 특수이익에 의해 주창된 정책이라는 프리드리히 리스트의 독일 사상을 받아드렸다." "19세기 자유방임 원리의 복습, 통상의 저해 요인을 제거하는 세계무역으로 회귀는 생각도 할 수 없는 일이다." "우리의 바람은 히틀러가 실행하려 했던 것처럼 유럽을 재조직하는 일이다.” 하이에크는 “카 교수는 경제학자가 아니다.”라고 일축한다. 더욱이 카가 추종했다는 마르크스 경제학에는 국제통상과 국제금융에 관해 정교한 이론이 없다.

제14장. 시장경제의 비인격성, 분권성, 복잡성을 완전히 이해하기란 거의 불가능하다. 소책자 『나는 연필』은 “지구상의 그 누구도 내가 어떻게 만들어지는지 모른다.”라는 점을 일깨워주나 좌절도 준다. 좌절은 인간 자만심의 상처이다. 자연을 정복하라는 명령을 받들듯이 시장제도를 정복하라는 명령이 인간 자만심을 자극한다. 중앙계획으로 경제를 정복할 수 있다는 사회주의의 명령이다. 그러나 “중앙에 앉아 있는 사람이 수천만 사람에게 명령을 내리지 않았어도 연필은 항상 우리 주변에 있었다.”

자연의 정복이 자연의 파괴가 아니듯이 가격제도의 정복이 선택의 자유를 파괴하라는 것이 아니다. 가격제도는 단일 목표의 사회주의 계획-명령제도와 달리 목표가 하나가 아니다. 그러나 예외가 있으니 전쟁이다. 전시의 목표는 하나이다. 승리 이외에 다른 대안이 없다는 자유의 명령이다. 전시 기간 일시 자유를 희생하는 것은 장기적 자유를 지키기 위함이다. 전쟁은 시장경제의 소산이 아니다. 폐쇄적 민족주의 국가사회주의 계획과 계획의 차이가 만드는 충돌이다.

오해 속에서 전쟁에 비유하는 상황이 있으니 대량실업이다. 대량실업을 전쟁에 비유하여 자유를 억제하려고 채택하는 추세가 사회주의이다. 자유를 반납하고 실업의 문제를 해결하는 사회주의 방식은 간단하다. 자유를 지키며 실업을 해결하는 문제는 대단히 복잡하고 더디다. 특히 전쟁이 흡수했던 고용과 보수의 전후 변화로 또 다른 사회주의의 초래에 관하여 하이에크는 많은 지면을 할애하고 있다. 이익 앞에 종언을 선언했던 이념이 20세기에 다시 재활할지 불안하다.

제15장. 실업과 함께 국제경제는 난제 가운데 난제이다. “19세기 자유주

의를 폐기하면서 국제관계만큼 관심을 덜 기울인 분야도 없다.” 당연하다. 자유주의 대신 사회주의에는 국제경제이론과 국제금융이론이 없기 때문이다. 19세기 유럽국가에는 여권이 필요 없었다. “시청, 오페라하우스, 기차역이 하나의 유럽의 상징이었다.” 이 모든 것은 제1차 대전으로 변했다. 사회주의는 계획경제이므로 사회주의 국가 간 서로 다른 계획은 조화되기보다 충돌하기 쉽다. 사회주의 계획은 시작부터 국내용으로 머물 수밖에 없다. 아니면 세계를 사회주의로 만들어야 했다.

독재자는 배타적 민족주의 폐쇄경제를 선호하고 그래야 중앙계획하에 권력을 유지하기가 쉽다. 인적 물적 교류가 제약을 받아 백성들의 생활은 약속만큼 좋아지지 않는다. 선전이 그 자리를 채워 과장, 왜곡, 거짓이 진실을 포장한다.

하이에크는 전후 세계 질서를 구상하는 데 있어 첫째, 세계 평화를 위한 중앙계획을 하는 세계정부는 더욱 위험하므로 개방된 분권적 세계 시장이 필요하다. 둘째, 중앙계획을 포기하고 시장을 개방해야 하는 국가의 산업구조변화로 이해가 엇갈리는 문제 해결의 어려움을 지루하게 설명하고 있다. 셋째, 제1차 대전 이후 출현한 국제연맹의 재현이 다시 실패하지 않도록 각국이 법의 지배를 약속하는 국제법을 각국이 준수한다. 넷째, 영국과 서유럽 국가, 여기에 미국의 협조로 이 같은 세계기구의 출현과 발전은 가능하다고 내다 보고 있다. 하이에크는 세계적 연방 연합을 자유국가의 공동사회라고 불렀다.

이 전망은 칸트의 『영구평화론』이다. 칸트는 영구 평화를 위해 각국이 준수해야 하는 세 가지 의무조항과 여섯 가지 금지조항을 요구한다. 후자는 생략하고 전자만 나열해 보면 첫째, 각국은 자유 공화제 헌법을 채택한다. 국왕이 전쟁을 선포하는 왕정보다 의회가 선포하는 공화정 하에서 전쟁은 쉽게 일어나지 않는다. 둘째, 자유국가 연합체가 필요하다. 그러나 단일의 세계정부 역시 전제정치의 위험이 있으므로 선도국가가 필요하다. 칸트는 미국에 기대하였다. 전후 출현한 국제연합과 그의 상임이사국 집단지도체제가 그것이다. 셋째, 세계에 대한 자유 통행이 보장되어야 한다. 항해의 자유가 여기에 해당한다. 여기에 추가하여 자유통상이 전쟁을 억제한다고 보았다. "자유통상은 전쟁과 병존할 수 없다." 비인격적 분권적 자유경쟁 시장제도의 범지구적 확대를 가리킨다. 모든 국가는 모든 국가의 시장이 되는 길만이 영구평화에 이르는 필요조건이라고 칸트는 전망하였다. 칸트는 자유 시장주의자이다.

제16장은 짧은 결론이다. 분권적 시장 대 집권적 계획. 자유주의 대 사회주의에서 전자의 선택이 전후 인류가 나아갈 길임을 다짐한다. 그래서 이념의 중요성을 강조하는 책으로만 비치기 쉽다. 하이에크가 전자의 구체적이고 실천적인 모습은 제시하지 않고 있기 때문이다. 오늘날 거시경제학이라고 부르는 한 분과에 관해 의견 제시를 보류하고 있다. 그러나 전후 지식인들에게 사회주의 노예의 길을 경고하는 책이다.

제7장

빌헬름 라이히의 『파시즘의 대중심리』

오세철 | 연세대학교 경영대학 명예교수

WILHELM REICH: THE MASS PSYCHOLOGY OF FASCISM

오세철

◎ 소속

연세대학교 경영대학 명예교수(현)

◎ 경력

연세대학교 상경대학 학장

한국경영학회 회장

한국인사조직학회 회장

한국산업노동학회 회장

빌헬름 라이히의 『파시즘의 대중심리』

- 사랑, 일, 그리고 지식은 우리 생활의 원천이며
또한 이것들이 우리의 생활을 지배하여야 한다 -
Wilhelm Reich, The Mass Psychology of Fascism (Penguin, 1975)

Ⅰ. 이 책이 대학생의 교양 필독서인 이유

1980년대 초 연세대학교 상경대학 경영학과 과장이었던 나는 경영학과의 교과과정을 전면적으로 개혁하는 작업을 주도적으로 단행했다. 응용사회과학인 경영학(또는 관리학)이 학부에 있지 않고 폭넓은 인문·사회과학의 기초를 대학에서 학습한 대학생이 대학원 과정에서 연구할 분야라고 판단했기 때문이다. 40년이 지난 지금도 학부에 경영학과 경영대학이 존재하는 이유는 한국 사회의 학문체계와 교육 현실의 조건 때문이라고 하지만, 지금도 늦지 않은 개혁의 과제라고 생각한다.

그러한 현실 조건 속에서 학부의 교과과정에 사회과학의 기초학문을 교양필수로 해야 한다는 문제 인식 위에서 미시학문으로서의 심리학과 거시학문으로서의 사회학을 교양필수로 하는 새로운 경영학의 교과과정을 마련하게 되었다.

1학년에 심리학과 사회학, 2학년에 이를 결합시키는 조직행동 그리고 이를 보완하는 사회심리학이 교과과정 개혁체계의 중심이었다. 이러한 개혁 방향은 경영학뿐만 아니라 대학의 모든 분과학문의 기초가 되어야 한다는 생각은 지금도 변함이 없다.

그리고 1986년 이 모든 문제의식을 담고 있는 책을 발견하고 우리말로 옮기게 되었다. 그 책이 바로 빌헬름 라이히의 「파시즘의 대중심리」였다. 이 책의 「옮긴이의 말」에서 나는 다음과 같이 썼다.

"사회이론의 비판적 관점이 거세어지던 70년대 중반에 급진 심리학Radical Psychology에 관심을 가지게 되었고 … 심리의 깊은 구조가 사회의 깊은 구조와 맞물려 있음을 느끼고 한국 사회에 대한 인식에 눈을 돌리게 되었다 … 그러나 거시적 구조를 보는 역사·사회 인식과 미시적 구조를 보는 인간정신 심리구조에 대한 인식이 그 연결점을 찾지 못한 채 구조적 결정론이나 내면적 결정론에 빠지는 이유를 철저하게 검토할 필요를 느끼고 있었다.

바로 이러한 문제 인식을 한 사람이 빌헬름 라이히였다. 그는 1897년 갈리시아에서 태어났고 1918년 빈 대학 의학부에 입학하였으며 1934년까지 프로이트를 중심으로 한 정신분석학과 인연을 맺고 맑스주의에 심취하게 된다. 히틀러가 권력을 장악하자 독일을 떠나 덴마크, 스웨덴, 노르웨이에서 6년간 망명 생활을 했으며, 1939년 미국으로 이주하여 연구하다가 1954년에 연방 식품의약국의 조사 대상이 되어 1957년 11월 3일 미연방교도소에서 사망했다. 그는 세계 1·2차 세계대전이라는 참상을 몸소 겪었으며 독일에서의 히틀러의 등장, 소련에서의 스탈린의 등장을 안타깝게 바라보았다. 맑스가 예측하지 못했던 파시즘의 등장은 하부구조의 결정론이 지니는 약점을 노출시켰으며 인류 역사에 있어서 가장 오래된 성의 억압구조에 초점을 맞춤으로써, 맑스가 허위의식으로 불렀던 모호한 개념을 인간의 심층적 성격 구조로 대체시키는 선명한 이론 틀을 제시한 것이다. 「파시즘의 대중심리」는 바로 그러한 작업의 산물이라고 볼 수 있다."[1]

II. 심리학과 맑스주의의 만남

1. 심리학의 본질을 두고 과학주의와 인본주의가 벌이는 논쟁은 최근에 와서 그 대립을 극복하는 방향으로 나아가는데 거시적이고 역사적 관점을 지녀야 한다는 점에서 대화의 실마리를 찾고 있다. 다시 말해 자연과학과 인문학의 대립 속에 사회과학의 차원이 추가되면서, 심리학은 인간의 본질에 대한 인식을 역사와 사회구조 속에서 재구성하려는 비판적 틀을 갖추어야 한다는 자각을 하게 된 것이다. 역사와 사회의 맥락을 떠나 인간은 존재할 수 없다. 지금까지 심리학에서 이야기하는 환경, 또는 자극이라는 개념은 사회과학의 개념 틀을 지니지 않은 채 허구적으로 쓰였으며, 결국 진공 속의 인간을 다룰 수밖에 없었다. 인간이 사회적, 역사적 산물이며 동시에 사회·역사적 창조자라는 비판적 인식은 사회과학의 이론적 틀을 폭넓은 사회이론으로 끌어 올리려는 최초의 학문의 흐름과 궤를 같이하고 있다. 개인의 심리를 법칙적으로 설명하고 예측하려는 전통적 심리학의 개념을 극복하고, 역사와 사회와의 관계 속에서 인간을 해석하려는 의식을 지녔을 때 비로소 심리학은 자기의 참모습을 찾을 수 있다.

2. 역사와 사회의 심리학

심리학 안에서도 역사적 관점을 가진 이론과 학파가 없는 것은 아니다. 정신분석학의 경우 개인의 생활 역사에 대한 분석이 토대가 되며, 인본주

1 — 빌헬름 라이히 「파시즘의 대중심리」, 오세철, 문형구 번역, 현상과 인식사, 1986, 11~12쪽

의 심리학의 계열에서도 생의 역사적 관점을 포용하려는 노력도 있었다. 이들의 경우는 실험실 안에서 단기간에 이루어지는 대부분의 심리학 이론보다는 역사적 관점을 지녔다고 평가할 수 있다. 인간의 심리적 과정에 대한 본질을 연구함에 있어서 심리학은 공시적 접근에 전적으로 의존하면서 보편적 인간 행동의 법칙을 발견하려는 자연과학의 틀을 사용하고 있다. 지금까지 심리학 안에서의 논쟁은 인간관에 대한 논쟁으로 일관되었다고 해도 과언이 아니다. 비합리적 인간관에 바탕을 둔 정신분석학, 합리적 인간관에 바탕을 둔 행동주의 심리학, 그리고 무합리적 인간관에 바탕을 둔 인본주의 심리학, 모두 인간을 보는 관점의 차이로 구분되는 학파로 볼 수 있으며, 인간 본질에 대한 설명 패러다임을 서로 다르게 적용하고 있다.

그러나 인간관에 따른 심리학 이론 사이의 차이에도 불구하고, 모든 심리학 이론이 심리적 과정의 본질에 대하여 몰역사적 개념을 가지고 있다는 점에서는 공통적 한계가 있다. 여기에서 핵심은 인간의 고도의 심리적 과정의 근원이 인간의 유기체 안에 존재하는 것인가, 아니면 밖에 존재하는 것인가 하는 점이다. 루리아A. Luria는 인간 심리 과정의 뿌리는 사회·역사적 활동 형태에 있다고 보며, 바로 여기에 더하여 심리학이 역사·사회과학으로 재구성되어야 한다고 본다.[2] 그러기 위해서는 인간에 대한 심리적 자료가 유물론적 역사해석의 관점을 거쳐야 하며, 바로 그것이 역사과학으로서의 심리학을 만드는 시발점이 된다는 것이다.

따라서 인간의 심리적 과정이 역사적으로 형성된다는 문제에 접근하는 소련의 학자들은 서구의 심리학자들보다 두 가지의 이점을 지닌다고 볼 수

2 — Alexander Luria, "TOWARDS THE PROBLEM OF THE HISTORICAL NATURE OF PSYCHOLOGICAL PROCESSES" in James R. Averill (Ed.), Patterns of psychological thought (N.Y. John Wiley, 1976), 568쪽

있다.[3] 우선 그들은 인간 의식 생활의 기본적 범주는 선험적으로 정신 성격을 띠지 않고 역사발전의 산물이라는 점과, 하나의 역사적 형태로부터 다른 형태로 이전하는 데는 의식의 내용뿐만 아니라 정신 과정의 구조까지도 변한다는 점을 인식하고 있다. 두 번째로 인간이 살고 있는 이 시대는 역사의 형태가 깊숙이 그리고 급격히 재구성되는 시대로서 사회·경제·문화적 혁명에 뒤따르는 심리적 과정의 재구성을 추적할 유일한 기회라는 점이다.

물론 여기서 루리아가 말하는 역사과학으로서의 심리학은 유물사관을 전제해야 한다는 교조성을 띠는 것 같기도 하다. 그러나 이를 더욱 폭넓게 해석한다면, 역사적 변동을 거시적인 이론적 틀로 받아들이면서 인간의 고도의 심리적 과정을 그 역사적 변동단계와 결부시켜 재해석하고 그 상호간의 영향력을 폭넓게 검토한다는 점에서 심리학 이론을 재구성한다고 볼 수 있다. 그렇게 볼 때 인간의 본질이 인간 안에 사회와 관련 없이 존재하는 것인가 아닌가하는 근본적 논쟁으로 돌아가지 않을 수 없다. 정신psyche과 마음mind을 구분하려는 생각은 희랍에서부터 있었다. 마음을 뜻하는 희랍말 누스nous는 우표를 선명하게 찍어내는 밀랍 조각과 같이 어떤 인상impression을 받아들일 수 있는 것으로 보았으며, 이와는 대조적으로 정신이란 생명을 불어넣을 힘을 말한다. 따라서 마음을 운동movement으로부터 분리시켰으며 운동의 개념은 오늘날 우리가 '정서적 경험의 국면'이라 부르는 것으로 정의했다.[4] 마음과 정신을 구분하는 것은 감정이 사고 바깥에 존재하며 오히려 감정이 사고를 지배한다는 뜻이 된다.

여기서 문제가 되는 것은 인간을 움직이는 정신이 구체적 사회 조건과

3 — 앞의 글, 574쪽

4 — Richard Sennett, "Introduction", in R. Sennett(Ed.), The Psychology of Society, (N.Y. Vintage Books, 1977), 5쪽

어떻게 관련을 맺는가 하는 점이다. 어거스틴의 「신의 도시」The City of God가 바로 이 문제를 다루고 있다고 세네트는 보고 있다. 어거스틴도 정신이 생명을 불어넣는 힘을 가진다는 개념을 받아들이면서, 그러한 원칙은 인간이 느끼고 생각하는 환경에 의존한다고 보았다. 그는 우리가 살고 있는 속세의 도시와 신의 도시를 구분하면서, 만일 사회가 불완전하다면 인간의 정신적 과정 역시 하찮은 수준에서조차도 불완전하다고 보았다.

겉으로 보기에 단순한 것 같은 어거스틴의 생각은 세 가지 복잡한 요인을 담고 있다. 첫째, 그는 심리를 도덕과 결부시키고 있다.[5] 인간이 얼마나 완전히 그가 가진 심리적 잠재성을 실현시킬 수 있는가 하는 것은 그가 사는 사회의 도덕적 상태에 의존한다고 본다. 둘째, 사회 그 자체는 변할 수 있는 다양한 실체이다. 셋째, 정신은 그 스스로 개선되고 치유할 수 있는 능력이 있으므로, 인간이 죄를 가지고 태어났다 하더라도 보다 나은 생활로 나아갈 수 있게 구원을 받을 수 있다는 점이다.

인간의 정신이 사회적 조건에 의존한다는 어거스틴의 생각과는 달리 사회의 감각과 사고가 한 사람의 감각과 사고와 마찬가지라는 정반대의 사상도 심리학의 이론 형성에 상당한 영향을 미쳤다. 세네트는 그 대표적 인물로 토마스 홉스와 프로이트를 들고 있다.[6] 집합적 인성collective personality의 형성은 홉스에게는 상상력의 힘으로 프로이트에게는 본능에 의해 이루어지는 것으로 보인다. 「리바이어던」Leviathan에서 홉스는 모든 인간은 개인 생활에서의 경험을 정의하고 형성하는 기능을 가지고 있다고 설명하면서, 이러한 기능은 환상이나 투사의 힘에 의존한다고 말한다. 우리가 다른 사람이 어떻다는 것을 어떻게 상상하고 있는가를 분석하는 데 있어서 공동의 집합

5 — 앞의 글, 5쪽

6 — 앞의 글, 17쪽

적 인간의 감각으로 설명하며 그러한 집합적 인간은 공동선을 내포한다고 본다. 따라서 자연이나 진리 어느 것도 공동선의 원천이 될 수 없으며 오직 인간의 상상력만이 그것이 될 수 있다고 보았다.

이와 같은 홉스의 생각을 비판하는 루소는 홉스가 전제정치의 정치적 목적을 정당화시키기 위하여 심리적인 시발점을 사용했다고 반격한다. 상상력을 통한 집합적 인간의 개념이 전제 사회의 공동선을 낳는다는 홉스의 생각은 사회적 조건을 강조한 어거스틴과 달리 개인의 사고 과정을 분석의 시발점으로 놓고 있다. 그런데 세네트는 이 두 사상가의 생각에 일치점이 있다고 풀이한다. 즉 어거스틴과 마찬가지로 홉스에 있어서도 공동선이 역사적 사건에 의해 불완전하게 만들어졌을 때, 그 속에 사는 모든 사람의 상상력은 쇠퇴할 것이며 그 국가는 경찰국가로 전락할 위험에 빠지게 된다는 점이다.[7]

홉스의 개인주의적 접근과 마찬가지로 프로이트는 개인의 본능 사이의 투쟁이 대인관계, 가족, 사회로 확대된 조건 속에서도 그대로 남아 작용함으로써, 사회적 조건이 어떻게 달라지더라도 인간의 생물학적 본능을 피할 수 없다는 주장을 한다. 결국 인간 자체의 본능적 구조를 개인의 본능분석에서 출발시킴으로써 사회적 조건보다 인간의 중요성을 앞세우는 심리학주의에 빠진다.

역사·사회과학으로서의 심리학은 변하지 않는 인간의 보편적 특성을 무시하는 입장에서 출발한 것이라기보다는 지금까지 심리학에서 상대적으로 무시되어왔던 사회적 조건의 중요성을 강조하는 거시적인 비판의식에서 비롯된다. 그렇게 볼 때 심리학 쪽에서는 개인을 연구 대상으로 삼는 그들의 본령이 허물어진다는 위기감과 독자적 영역을 계속 견지하려는 저항이

7 — 앞의 글, 18쪽

있을 수 있다. 우리는 이러한 위기의식과 저항이 보다 나은 심리 이론 발전에 도움이 되지 않는다는 것을 인식시킬 필요가 있다.

3. 쟁점이 되는 심리학의 몇 가지 개념들

개인의식이 심리학의 개념이라면 집합의식은 사회심리학 또는 사회학의 개념이다. 그러나 집합의식을 넓게 보아 심리학 개념으로 볼 수도 있다. 맑스는 허위의식을 이야기하면서 집단과 계급 지식의 대상이 현실적이지 않지만, 그러한 착각을 만들어내는 집합적 의식과정은 매우 현실적이며 강렬하다고 믿었다. 의식에 생명을 불어넣는 힘은 의식의 행위 밖에 존재하고 있으며 의식적 신념을 위한 힘은 사회의 생산적 국면에서의 경험으로부터 나오며 이는 마치 사회적 힘이 도장을 찍어놓은 것 같은 밀랍 조각처럼 그대로 인간의 의식에 찍혀 버리는 개념으로 인식했다. 따라서 역사의식은 여러 가지 상이하고 상충되는 인상들이 상이한 시점에서 만들어진 밀랍 조각 같은 것이라고 볼 수 있다. 그렇기 때문에 집단의식은 어느 순간에 어떤 계급의 이해관계를 기계적으로 단순하게 대표하는 것이 결코 아니며 역사의 복합적 인상이 축소되고 혼돈되는 실체를 그대로 반영하고 있는 것이다.

결국 의식은 인간의 내재적 기능이 아니라 사회적 실재, 역사적 실재의 반영이라고 볼 수 있다. 그렇다고 하여 사회·역사적 산물로서 만의 인간의식을 말하는 것은 아니다. 문제는 역사와 사회적 실재를 깊이 통찰한 의식과 그렇지 못한 허위의식을 구분하자는데 있다. 설사 심리학에서 집합적 사회의식이 아닌 개인의식의 문제에만 눈을 돌린다고 하여도, 그 개인의식이 무엇에 의해 영향을 받고, 반대로 개인의식이 무엇을 결정하는가의 물음에 답해야만 한다. 집합의식이나 역사의식의 개념이 사회학이나 역사학의 전유물도 아니며 역사·사회와 대등한 관계를 맺어나가는 능동적 인간의식의 문제를 다룰 수 있는 집합의식과 역사의식의 개념은 중요한 사회과학의 개념으로 꽃피울 수 있는 것이다.

두 번째로 가족이라는 개념을 살펴보기로 한다. 가족 개념은 심리학에서 인성의 형성 과정, 육아, 정신건강, 사회심리 등을 설명하는 주요 개념으로 사용되어 오고 있다. 아마 인간의 사회적 조건 가운데 가장 기초적인 미시 세계는 가족일 것이다. 그러나 이 미시적 세계에 대한 분석도 가족 성원 사이의 대인관계 분석에 머물러 있을 뿐 가족 개념을 역사·사회적 개념으로 끌어올리는 데는 심리학의 노력이 절대적으로 부족하였고 그렇기 때문에 진정한 역사·사회적 조건에 대한 분석이 뒤따르지 못했다.

가족이 역사적 개념이라는 사실은 생의 역사를 다루는 심리학자, 가족에 대한 맑스주의 분석가에 의해 주장되고 있다. 현대에 와서 가족이 점점 사적영역으로 매몰되어 사회로부터 떨어져나가는 기관으로 변하는 과정은, 중세에 있어서의 가족에 대한 분석 없이는 이해하기 어렵다고 프랑스 사학자 아리에Philippe Ariès는 말한다.[8] 중세에서는 대여섯 살의 나이가 어른의 초기 단계로 인식되었던 반면, 요즈음은 어린이 시기에 청소년 시기를 더 추가시킴으로써 상이하게 지각하고 있는데 이는 가족이 비생산적이고 순수하게 심리적 결합으로 이루어진 현대 사회의 특징이라고 보기 때문이다. 그러나 중세에서의 가계는 혈족관계와 노동이 결합되는 생산적 단위로서 존재하였기 때문에 사회적 기관으로서의 중심 기능을 지니고 있었고, 어린이들도 어릴 때부터 사회화되어 있었다. 그러나 현대사회로 이행하면서 사적인 결합이 내적 분업의 형태를 띠게 됨에 따라 사회적으로는 더욱 사적으로 구획화되고 심리적으로 분화된 단계로 쪼개져 버렸다.

공적 영역으로부터 사적 영역으로 구획화되는 가족의 변천에 대하여 맑스주의 학파는 일반적으로 공감한다. 그러나 대부분의 사회심리학자들은

8 — Phillippe Aries, "Centuries of Childhood", in R. Sennett(Ed.), 앞의 책, 161-168쪽

인생의 주기가 생물학적으로 근거된 것으로 보기 때문에 역사적 분석에 동감하지 않는다. 그렇다고 하여 가족의 역사적 분석이 인생의 단계가 역사에 의해 결정된다고 보기보다는 상이한 역사적 상황에 따라 상이한 용어로 지각되어야 함을 뜻한다. 적어도 17세기까지만 해도 가족이 사적인 가족 내에서 이루어지지 않고 공적인 사회에서 이루어졌다는 사실을 인식했을 때 현대 인간의 양식은 가족 개념이 급격하게 변화함에 따라 형성된 것이라는 역사적 틀을 지니게 된다. 그렇기 때문에 현대에 와서 개가를 올린 것은 개인주의가 아니라 가족이라는 점이다.

아리에에 따르면 '사적 가족'은 모든 가족 성원이 경험하는 집단현상이다. 그런데 여기에는 보다 세련된 형태의 사유화가 존재한다. 즉 몇몇 가족 성원의 폐쇄가 이루어지고 집에 남아 있도록 구속받는 사람은 부자연스러워지며, 가족 중심적이지 않은 가족 성원에 예속되어 버린다. 사유화에 대한 고전 맑스주의적 분석은 이러한 현상을 분석의 대상으로 삼는다. 가정이 경제적이고 정치적인 활동으로부터 떨어져 나와 가족의 심리적 영역으로 철수하면서부터 가족 안에는 특정한 불평등 형태가 자리 잡기 시작하는데 그것이 바로 가족 역할에 근거한 성의 불평등이었다.

1940년대와 1950년대에 이와 같은 사유화와 성역할에 대한 논의는 단순한 오류라고 간주된 적이 있었다. 곧 남성에 대한 여성의 종속은 문명사회에서나 문명 이전 사회에서 모두 나타나는 보편적인 현상이라는 평가를 받게 된다. 그런데 최근의 민속학 연구에서 밝혀진 바에 의하면 성의 평등이 존재했던 사회가 있었으며, 가족 집단이 정치와 경제적 생산에 있어서 모두 공적인 역할을 강력하게 수행했음을 입증하고 있다.[9]

존 스튜어트 밀은 이미 오래전 성의 평등을 변호한 적이 있다. 「여성의

9 — 앞의 글, 169-176쪽

예속」The Subjection of Women에서 그는 성의 불평등의 오래전의 인간 역사로 거슬러 올라가지만, 만일 가족이 계약에 근거한 현대의 기업처럼 인간의 집합체로 간주된다면 그 불평등은 종식될 것으로 보았다.[10] 그런데 그는 성의 평등과 사유재산권 사이에는 아무런 갈등이 없다고 생각했는데, 왜냐하면 사유재산의 근거가 되는 계약의 권리를 인간 자유의 원천으로 보았기 때문이다.

그러나 가족에 대한 맑스주의 분석은 밀과는 달리 인간 평등의 이상과 재산권 사이에는 갈등이 있다고 보았다. 엥겔스는 「가족, 사유재산, 국가의 기원」에서 그가 살았던 19세기 말의 사적 가족과 성의 불평등 조건에 초점을 맞추면서 인류학적 자료와 상상에 의해 고대의 가족을 분석하고 있는데 가족을 역사적으로 변하는 사회적 기관으로 해석했다. 그는 어머니의 권력의 전복이 바로 여성의 세계-역사적 패배라고 못 박고 있다.[11] 그는 역사에 나타난 최초의 계급 간 적대는 일부일처제에서의 남성과 여성 사이의 적대감과 일치하며, 일부일처제가 위대한 역사적 진보였지만, 동시에 노예와 사적인 부와 함께 오늘날까지 진보가 오히려 퇴보가 되며, 한 집단의 발전이 다른 집단의 참상과 억압에 의해 이루어지는 시대를 만들었다는 문제를 지나쳐버릴 수 없다고 보았다.

더군다나 근대에 들어와 대규모 산업은 여성을 가정으로부터 노동시장과 공장으로 이전시켰으며 프롤레타리아 가정의 남성 지배의 마지막 보루의 모든 근거를 잃게 만들었는데 다만 여성에 대한 잔인성만 남았을 뿐이다. 따라서 프롤레타리아의 결혼은 더는 일부일처제의 의미를 지니지 못하

10 — John Stuart Mill, "The subjection of women", in R. Sennett(ed.), 앞의 책, 171-178쪽

11 — Friedrich Engels, "The origin of the family, private property and the state" in R. Sennett(ed.), 앞의 책, 179쪽

게 되었다. 단지 어원적으로만 그 의미가 남아있을 뿐이지 역사적 의미로는 그 존재가 없어진 것이나 다름없다.[12]

이상과 같은 엥겔스의 분석에 동감하는 호르크하이머는 공적영역으로부터의 가정의 철수와 여성의 예속 사이의 관계에 대해 더 구체적인 분석을 하고 있다. 그는 부르주아 사적 가족이 자본주의적 사회구조가 전체를 합법적으로 만드는 권위의 이미지와 경험을 창조했다고 보았다. 곧 현대에서의 총체적 관계와 사물의 보편적 그물망은 이른바 권위라는 특정 요인에 의해 강화되고 인정되었으며 이러한 강화와 안정의 과정은 구체적인 가족의 수준에서 집합되었다고 보고 그러한 점에서 가족은 부르주아 문화의 핵심이라고 결론 맺는다.[13]

4. 역사과학으로서의 맑스 심리이론

맑스는 사회과학의 모든 부문에 걸쳐 이론 형성에 중대한 영향을 미쳤다. 심리학의 경우도 예외가 아니다. 그러나 현대 심리학의 영역에서는 맑스에 대한 언급이 거의 없다. 유럽의 사회심리학자들을 제외하고는 맑스 이론을 심리학 이론으로 보는 사람도 드물다. 그의 생각 가운데 특히 인본주의적 사상과 변증적 논리는 높게 평가되고 있으며 그 후학들에 의해 재비판 재도전 받음으로써 이론의 변증적 발전을 웅변해주고 있다.

우리가 앞 절에서 살펴본 심리학의 개념들이 역사·사회적 개념으로 극복되어야 한다는 주장도 한편으로는 맑스 심리학의 입장과 관련을 맺고 있다. 맑스의 심리이론이 잘 담겨져 있는 책은 그의 초기 저작인 「요강」

12 — 앞의 글, 182-183쪽

13 — Max Horkheimer, "Authority and the family in critical theory", in R. Sennett(ed.), 앞의 책, 192쪽

Grundrisse에 잘 나타나 있다고 메자로는 말한다.[14] 여기에는 인간의 욕망과 욕구에 대한 심리적 가정이 잘 표현되어 있다는 것이다. 맑스는 자연의 특수한 부분으로서의 인간을 이야기한다. 그러나 인간은 단순히 자연적 존재가 아니라 인간이라는 자연적 존재이기 때문에 그 스스로의 존재이며 바로 유적 존재이다. 자연적인 모든 것은 시초가 있으므로 인간도 그에게는 이미 알려진 '됨의 행위'라는 역사가 있으며 이 '됨의 행위'는 의식적인 자아 초월의 행위이다. 따라서 역사는 인간의 진정한 자연의 역사이다.[15] 이와 같은 인간 개념에 대한 전제는 인간을 역사적 차원에서 다루지 않을 수 없게 만든다.

맑스의 심리적 전제에 대해 몇 가지 이견이 나타났다. 사회 속의 지배와 억압의 힘을 설명하는데 맑스의 가정이 적절하지 않다는 빌헬름 라이히의 견해이다. 그의 이론은 정신의학의 비판이론의 하나로, 특히 정신분석학의 깊은 구도의 의미와 사회구조를 이어보려는 노력이라고 볼 수 있으며 맑스주의의 일방적 구조결정론을 극복하려는 시도로 인정받고 있다. 후기 자본주의 사회는 상품 소비의 강조, 생산과정으로서의 인간투입에 대한 기술적 통제, 이의 실현을 위하여 주관성을 포함한 일상생활에 침투하고 통제하는데 체계적 접근을 사용하는 구조적 속성을 지니고 있다. 그런데 이러한 구조로부터 형성되는 허위의식이 선전 등의 외부적 압력에 의해 강요되지 않고, 인간 안으로부터의 도착된 합리성과 욕망의 제도화에 의해 보존된다는 사실은 경제적 결정론에 빠진 통속적 맑스주의만으로는 설명할 수 없다. 그것은 정서적 불안의 진정한 주관적 현상을 설명할 수 있는 심층 심리적

14 — István Mészáros, "Marx's theory of alienation", in R. Sennett(ed.) 앞의 책, 272-282쪽

15 — 앞의 책, 274쪽

이론의 도움이 필요하다.[16]

대중심리에 대한 라이히의 통찰력은 단순한 대중심리가 아닌 특정한 정치적 및 경제적 곤경에 처한 대중의 문제를 보았다는 점에서 독창성을 갖는다. 그는 세계 1·2차 대전, 나치즘, 그리고 스탈린주의의 역사적 사건의 와중에서 인간이 경험한 대량 학살과 억압의 참상을 스스로 체험하였으며 이상적 이론과 실천의 괴리가 나타나는 근원적 원인을 규명하려 하였다.

살아있는 인간의 두 가지 기본적인 생물학적 기능은 일과 성이라고, 라이히는 일에 대한 맑스 이론과 성에 대한 프로이트 이론의 결합이 불가피하다고 보았다. 경제적 이해관계에 직접적으로 연관되어 성의 질서는 긍정에서 부정으로 이동하면서 모권사회가 부권사회로 탈바꿈한 것으로 풀이한다. 강제적 도덕의 생산과 재생산은 자연스러운 일의 민주주의로부터 상품경제사회로의 변동과 관련을 맺는다. 곧, 생물학적 욕구의 억압과 이에 따르는 사회적 관계의 억압 방향으로 사회가 변동하게 되면 사회집단·계급의 구체적인 상호경제적 이해관계가 드러나게 되고, 이에 상응하는 사회성원에 대한 도덕적 욕구가 생겨난다. 이러한 요구는 본능적 만족의 제한과 사회적 공포의 창출을 통하여 집단도덕의 요구로 주입되고 성격 구조의 전환을 통하여 요구의 내면화에 의한 재생산이 이루어진다.[17]

맑스나 엥겔스가 전혀 예상하지 못했던 기형적 사회 심리구조가 세계사의 무대에 등장한 것은 라이히의 이론을 발전시키는데 큰 자극제가 되었다. 그 하나는 히틀러의 나치즘이었고 다른 하나는 스탈린의 '붉은 파시즘'이었다. 파시즘의 출현이야말로 라이히의 성-경제이론을 현대적으로 검증

16 — Joel Kovel, "The American mental health industry", D. Ingleby(ed.) Critical psychiatry: The Politics of Mental Health, (New York: Pantheon Books, 1980), 72-101쪽

17 — Wilhelm Reich, The Mass Psychology of fascism, (Penguin, 1975), 164쪽

할 수 있게 한 계기가 되었다. 곧 사회적 조건과 변동이 인간의 원초적 생물학 욕구를 바꾸어 놓고, 그를 성격 구조의 부분으로 만들어 놓은 다음 그 성격 구조가 이념의 형태로 사회구조를 재생산하게 되는 보편적 현상을 파시즘에서 발견한 것이다.

성격 구조는 자본가에게만 국한되지 않는데, 자유주의적 자본가도 있고 반동적 노동자도 있다. 부르주아지나 프롤레타리아트의 대립적 계급관계는 성격 구조의 입장에서 보면 계급 구분이 없다.[18] 존재가 이념을 결정한다는 맑스의 명제는 아직도 두 가지 의문을 남기고 있다. 첫째, 그것이 어떻게 일어나며, 인간의 두뇌에 무엇이 일어나는가 하는 것과, 둘째, 그렇게 형성된 의식(성격 구조)이 어떻게 다시 경제 과정에 반응하는가이다. 만일 배고픈 자가 훔치고 또 파업을 하였다면 그 이유는 심리적 설명 없이도 해석할 수 있다. 그러나 문제는 배고픈 자가 훔치고, 착취당한 자가 파업하는 것이 아니라 "왜" 대부분의 배고픈 자가 훔치지 않고 착취당하는 자가 파업하지 "않는가"하는 점이다. 이와 같은 현상은 경제결정론에 빠진 통속적 맑스주의로는 해답을 얻을 수 없다.

라이히는 프로이트와 신프로이트학파를 넘어서서 사회성원의 깊은 구조를 발견하는 데서 해답을 찾았다. 그는 맑스의 의식의 개념을 따랐으나 거기에 그람시의 문화적 헤게모니 이론, 곧 지배계급의 이념이 사회기관에 의해 전수됨으로써 지배적 이념이 되는 선진 자본주의 사회에서의 심리적 억압을 다루고 있다.[19]

역사 사회구조와 심리구조의 연관성을 분석한 점에서 프란츠 파농도 라

18 — 앞의 책, 28쪽

19 — Phil Brown, "Civilization and Its Dispossessed: Wilhelm Reich's Correlation of Sexual and Political Repression", The Radical Psychology, (N.Y.: Hooper, 1973), 245-256쪽

이히와 유사하다. 그는 식민주의의 문제가 객관적인 역사적 조건의 관계뿐만 아니라 그런 조건에 대한 인간의 태도도 포함된다고 보았다.[20] 그는 마노니M. Mannoni가 프로스페로Prospero Complex로 알제리 사람을 규정했던 것을 통렬히 비판하고 있다. 프로스페로 콤플렉스는 온정주의적 식민지배사의 초상이 동시에 묘사되는 무의식적 노이로제로 정의되고 있다. 백인이기 때문에 부자이며 부자이기 때문에 백인이라는 원인과 결과의 동시성이 나타난다. 그래서 식민지적 상황을 분석할 때 맑스주의적 분석이 필요한 것은 어쩔 수 없다고 보았다.[21]

그런데 프로이트의 정신분석학과 맑스의 이론을 결합시키려는 프로이트-맑스주의자들의 견해에는 논쟁이 될 소지가 남아있다. 흔히 거시이론으로서의 맑스주의가 미시적 개인 이론을 지니고 있지 않다는 지적은 오히려 프로이트 이론이 개인을 이해하지 못한다는 역습을 당하기 쉽다. 프로이트의 공헌이 있다면 인간의 일상생활의 신비화와 당혹에만 그의 개념이 사용된다는 것뿐이다. 따라서 프로이트의 주관 없는 결정론이나 통속적 맑스주의는 인간을 분노와 힘으로 보기보다는 위약과 불능으로 보게 되는 약점을 갖게 된다.[22]

프로이트주의에 대한 맑스주의의 비판은 개인의 심리구조 속에 놓여있었던 세계로 되돌아가자는 것이라고 볼 수 있다. 따라서 무의식의 개념은 맑스주의자에게는 사회 속에서의 인간의 삶을 보지 못하게 만드는 것에 불과하다고 보여 진다. 그러나 맑스주의자도 거시사회의 구조적 모순이 가족

20 — Franz Fanon, "The So-Called Dependency Complex of Colonized Peoples", in P. Brown(ed.) 앞의 책, 285쪽

21 — Franz Fanon, "Concerning violence", in P. Brown(ed.) 위의 책, 292쪽

22 — Keith Brooks, "Freudianism is not a basis for a Marxist psychology", in P. Brown(ed.) 위의책, 323쪽

같은 미시적 수준에서 어떻게 작용하는지를 보지 못한다는 약점을 지니고 있다. 곧 맑스 심리학은 정치적 투쟁이 조직화된 정치운동의 수준에서뿐만 아니라 일상생활의 사람들 사이에서도 일어난다는 것을 이해해야만 한다.

그런데 통속화된 맑스주의는 프로이트주의와 마찬가지로 인간의 행동이 현실과 관련 없는 허위적 생각에 근거한다고 보는 데 문제가 있다. 프로이트주의자에게는 허위적 생각이 과거의 무의식에 있으며, 통속적 맑스주의자에게는 허위적 생각이 인간을 학교, TV, 그리고 광고로 세뇌시키는 이념에 있다. 이념은 자본주의의 허위의 실재에 살고 있는 인간의 진정한 욕구를 반영하거나 착취보다는 허위 욕구를 창조한다고 가정한다. 따라서 이들은 사상의 허위성을 인식하고 세뇌과정을 극복하는 일이 중요하다고 생각한다. 이 두 견해는 인간을 비합리적으로 보는 공통점이 있으며 행동의 기본적인 맥락과 결정요인이 인간의 현재적 삶의 상황 속에서 발견될 수 없다는 입장을 공유하고 있다.[23] 이렇게 볼 때 프로이트주의는 사회적 실재를 전혀 다르게 인식하기 때문에 맑스주의와 결합될 수 없다고 브룩스는 잘라 말한다. 즉 프로이트 심리학의 용어는 인간을 통제하는 인간의 사회관계를 "떠나서" 존재하기 때문이라는 것이다.

따라서 맑스 심리학의 기본과제는 개인인 사회적 존재가 그가 처한 상황과 맺는 관계의 양식, 더 구체적으로 자본주의의 사회의 억압과 착취 속에서 어떻게 계급, 인종, 성, 연령의 구조가 일상생활 수준에 작용하고 있으며 인간은 어떻게 이러한 맥락에 대항하며 변하려 하는 가를 연구하는 데 있다.

23 — 위의 책, 319-350쪽

III. 문화 맑스주의와 비판이론

1. 문화 맑스주의

맑스는 자본주의가 어느 곳에서나 생성한다고 보지는 않았으나 일단 발달하면 그 법칙성으로부터 벗어날 수 없다고 믿었는데, 러시아가 자본주의 단계를 뛰어넘어 직접 사회주의로 이행하는 것이 가능한가 하는 문제가 논의의 대상이 되었다. 그러나 과학적 맑스주의에 있어서 경제적 결정론은 단선적 진화법칙을 강조하는 반면, 비판적 맑스주의에 있어서는 다선적 진화로의 문을 터놓음으로써 경제적 결정론을 극복하고 있다.

비판적 맑스주의는 문화 맑스주의Cultural Marxism라고도 부를 수 있다. 문화라는 수식어를 붙인 이유는 맑스주의가 하부구조로부터 상부구조로 이행하는 분석을 초점을 수정하면서 정치경제의 전통적 비판에 도전하면서 의식의 개념을 덧붙여 사회문화적 차원을 보완했다는 데 있다. 이는 레닌, 엥겔스, 카우츠키 등의 제2 인터내셔널의 기계적 유물론에 대한 비판이었다고 볼 수 있다.[24] 또한 스탈린 격하와 1956년 헝가리 침공으로 인한 소련 맑스주의 헤게모니의 종식은 문화 맑스주의의 끊임없는 발전을 가져다주었고 1960년대와 70년대에 강력한 힘으로 부활하였다.

문화 맑스주의는 지배적인 가치체계의 헤게모니 개념과 그 통합적 효과를 강조함으로써 이념의 맹목적 수용이 일상생활의 실천과 깊이 연관되어 있음을 일깨우고 있다. 그것은 전통적 맑스주의의 분석이 지배의 구조화와 제도화에만 신경을 쓰고 계급투쟁의 발전에 대한 계속적인 맑스의 논의를 무시했다고 비판하면서 제도화된 지배계급의 문화가 중요한 것이 아니라

24 — Richard R. Weiner, Cultural Marxism and Political Sociology, (London: Sage Publication, 1981), 18쪽

그것에 대한 실제적인 경험의 인식을 부각시키고 있다. 따라서 문화 맑스주의로 실천적 이성 즉 역사적 맥락 속에서 주체를 구성화시키는 활동에 지식의 대상을 연결시키는 문제에 관심을 가졌으며 동유럽에서의 프락시스praxis 철학과 연관을 맺고 있다. 프락시스는 인간의 행위를 탈바꿈시키는 능력을 의미하는데 이는 물상화된 객관적 구조가 바로 우리 자신이 만든 산물이라는 인식과 그들에 대한 통제를 회복시키는 능력을 의미한다. 이를 위하여 전적인 거부가 아닌 변증적 비판을 해야만 한다. 변증적 비판은 인간의 문화적 성취를 파괴하지 않고 현재의 한계를 부정하는 것이다. 이를 위하여 한편으로는 유토피아적이고 낭만적 환상을 피하면서 다른 한편으로는 경직된 결정론을 극복해야 한다.[25] 따라서 문화 맑스주의자는 알튀세르나 플란챠스 같은 구조적 맑스주의(과학적 맑스주의)와 반대로 사회구조와 개인 행위자의 이분법적 구획에 빠지지 않고 주체-객체의 이분법 속에서 상호주관성의 복잡한 상호관계를 인식한다.

이러한 의미에서 진정한 사회주의는 민중을 이끄는 일뿐만 아니라 조직화된 자본주의 또는 관료화된 국가사회주의의 거짓된 사실을 깨닫도록 사회적 의식을 고양시키는 일도 중요시한다. 그런데 계급의식은 생산관계에 의해 결정되는 즉자적 계급의식, 즉 탈바꿈의 지양을 통하여 지배를 넘어서는 투쟁의 보편성뿐만 아니라 사회 통제와 예속체계의 총체적 본질을 인식하는 의식으로 나누어 볼 수 있다. 여기서 문화 맑스주의에 속하는 루카치는 계급의식을 자본주의 생산에 있어서 객체로서의 노동자 존재와 사용가치로서의 특수한 성격에 표현된 인간의 질 사이의 모순에 의하여 활성화되며 객체의 분리된 형식을 탈바꿈시킴으로써 순수한 필요성을 뛰어넘어 변증적으로 의식하게 만든다고 보았다. 이는 실재의 사회질서 속에서 객관

25 — 앞의 책, 21쪽

적 역사적 가능성은 주관적으로 의미 있는 의도적 활동을 통하여 실현 가능하다는 것을 말한다. 루카치는 의미를 총체성에 내재하고 존재의 과정을 통해 의식으로 들어오는 것으로 보았으며 주체-객체의 적합성 기준이 사회적 계급이라는 전체 밑에서 그 의미는 중재 과정에서 중심적 역할을 한다고 보았다.[26] 이러한 주체-객체의 변증 모형에서는 무산계급에서의 주체와 객체의 정체성은 계급으로서뿐만 아니라 총체성 생성의 지렛대로서 확인되는 것이다.

문화 맑스주의는 변증적 비판에 기초한 실천이성의 의미를 부각시킴으로서 전통적 맑스주의의 정치경제 분석에 또 하나의 중요한 차원을 제공하였다고 볼 수 있다. 여기서 우리는 루카치와 코르쉬, 그람시의 문화 맑스주의에 영향을 받은 프랑크푸르트학파의 문화이론을 검토함으로써 문화 맑스주의에 대한 논의를 구체화시킬 필요가 있다.

2. 비판이론의 이념비판

프랑크푸르트학파의 이념비판은 문화 맑스주의의 중요한 뼈대가 되고 있다. 이들 이론에 대한 비판과 옹호가 엇갈리고 있으며 객관적 평가를 기대하기 어렵다. 특히 그들 가운데 호르크하이머, 아도르노, 폴록 등의 이론을 다루면서 비판이론에 대한 그릇된 판단[27]을 수정하고자 한다.

비판이론은 사회발전의 대안으로서 자본주의와 소련 사회주의를 비판한다. 비판이론에 영향을 미친 사람은 칸트, 헤겔, 맑스, 베버, 루카치, 프로이트 등 다양하다. 그런데 비판이론을 단순히 맑스의 이론을 사회철학·문화 및 사회심리에 대한 일반적 관심으로 대체시켰다고 보는 것은 잘못이

26 — 앞의 책, 94-95쪽

27 — 그릇된 판단의 개념은 다분히 주관적일 수 있다. 그러나 대체로 과학적 맑스주의 쪽에서의 비판을 의미한다.

다. 그들 중에는 경제에 대한 분명한 이론을 전개한 사람도 있기 때문이다. 맑스의 이론은 비판이론의 분명한 기초가 되고 있다.[28] 첫째, 우리는 자본주의 생산양식이 지배하는 사회에 살고 있는데 그것은 교환에 근거한 사회 즉 상품사회이다. 둘째, 생산물의 상품적 성격은 단순히 교환에 의해서만 결정되는 것이 아니다. 그들의 존재가 추상적으로 교환된다. 셋째, 자본주의 사회세력의 단합을 보증하는 사회관계의 특수한 성과는 물신주의와 물상화로 보증한다. 넷째, 자본주의는 조화로운 사회적 총체성이 아니다. 상품생산영역의 환상의 영역에서 모두 모순에 근거하고 있다. 사회적으로 창출된 환상(이념)과 현실(성과, 효과) 사이의 모순은 위기로 이끈다. 다섯째, 자본 집약적 산업과 자본집중으로서의 일반적 경향이 나타나고 자유시장은 점진적으로 표준화된 상품의 독과점적 대량생산으로 대체된다. 여섯째, 자본의 유기적 구성의 점진적 증가는 불안정한 축적과정을 내재적으로 만들며 이 과정을 유지하기 위하여 제국주의적 확장과 전쟁 같은 모든 수단을 사용한다. 따라서 비판이론이 이와 같은 자본주의 사회에 대한 기본적 비판으로부터 벗어나 있다는 비판은 문제가 있다고 볼 수 있다. 이를 호르크하이머, 아도르노, 폴록의 사상과 이론을 검토하면서 살펴보기로 한다.

이들은 진정한 맑스주의는 총체성의 우선성을 강조하는 맑스의 방법으로 되돌아가는 것이라고 보았으며 맑스의 변증법은 엥겔스의 "자연변증법"과 반대로 사회에 대한 역사적 연구에 적용되는 방법이라고 주장하였다. 또한 물상화가 자본주의 사회의 본질이며 무산계급은 불가피한 세계 역사과정의 담지자로 보았다. 그런데 호르크하이머의 비판이론은 그에게 영향을 미친 칸트의 관념철학, 쇼펜하우어의 비관론, 유대교의 사회정의, 형태

28 — David Held, Introduction to Critical Theory: Horkheimer to Habermas, Berkeley: University of California Press, 1980, 22쪽

심리학, 정신분석학 그리고 맑스의 사상이 혼합되어 있다고 볼 수 있다. 그러나 그의 사상은 기본적으로 맑스 이론에 동의하면서 프로이트의 리비도 이론을 수용하고 있다. 그런데 그는 러시아혁명, 파시즘, 스탈린주의를 경험하면서 몇 가지 점을 판단하게 되었다.

우선 경쟁적이고 자유적인 자본주의의 쇠퇴와 대규모 조직화된 상업의 등장을 보게 되었고 자본주의와 제국주의가 발전함에 따라 민중 사이에 계급의식과 계급이해가 증가되었으며 계급 지배적 기관을 초월하는 가능성을 보았다. 또한 그는 사회주의가 절박하다는 낙관적 견해에 대해 이러한 희망을 좌절시키는 묘한 기구들(교육과 매스컴)과 직접적인 힘의 기구(경찰, 군대)를 인식해야 함을 강조하고 있다.

파시즘의 등장에 대하여 비판이론가들은 두 가지 견해로 갈라지게 된다. 노이만과 마르쿠제 등은 권위주의와 파시스트 국가가 선진 독과점 자본주의에 의해 창출된 조건에 필요라고 또한 부합하기 위한 정치적 형태를 대표한다고 본 반면, 호르크하이머, 아도르노, 폴록은 독점자본주의로의 발전이 권위주의 국가로의 이행에 필수적인 조건이지만, 그로 인한 사회질서를 단순히 독점자본주의로 부를 수 없다고 하고 새롭고 독특한 특징을 가진 "후기 경쟁자본주의", "후기 시장사회", 또는 "국가자본주의"라고 부른다. 국가자본주의는 전제적일 수도 있고 민주적일 수도 있다. 그러나 몇 가지 면에서 공통점이 있다. 사적 자본주의를 계승했다는 점, 국가가 사적 자본가의 주요 기능을 담당한다는 점, 그리고 그것은 사회주의가 아니라는 점이다. 국가자본주의에서는 당연히 정치가 중요한 의미를 지니게 된다. 중앙집권적 의사결정, 관료주의적 사고, 자원의 계획적 배분, 효율성과 합리성에 대한 기술적 고려가 나타나지 않을 수 없다.

폴록의 자본주의 분석은 국가개입과 밀접히 연관되어 있으며 호르크하이머의 비관론과도 이어진다. 그는 계획경제 체제를 두 가지 유형으로 구분했는데 생산수단의 사적 소유와 더불어 계급사회의 사회적 틀 속에 근거한 자본주의적 계획경제가 그 하나요, 계급 없는 사회의 틀 속에서 생산수단의 사회적 소유로 특징 지워지는 사회주의적 계획경제가 다른 하나이다. 그는 자본주의의 자동적 붕괴이론을 거부했으며 사회주의가 반드시 자본주의를 따라오지 않는다고 강조하였다. 즉 사회주의의 실현은 경제적 및 기술적 요인에 달려있을 뿐만 아니라 기존 질서의 짐을 짊어지는 자들의 저항력에도 달려있다고 보았다.[29] 그는 무산계급 쪽에서의 대대적 저항은 가까운 장래에 일어나지 않는데 이는 경제 과정에서의 노동계급의 비중, 무기 제조 기술의 변화, 대중에 대한 심리적 및 정신적 지배를 위한 수단이 개발 등이 그 원인이라는 것이다.

폴록의 비판은 맑스의 범주에 의해 표현되는 자본주의 사회의 구조는 분배의 차원에서만의 구조라는 점이다. 원래 맑스는 자본주의를 개인적 의존관계에 근거했던 사회구성체를 넘어서는 "객관적" 의존관계에 기초한 추상적이고 중개적인 지배체계로 보았는데 폴록이 국가자본주의에서 정치 우선성을 강조한 것은 그 추상적 지배가 거꾸로 새로운 형태의 직접 지배로 전환되었다는 것이었다. 이러한 입장은 맑스가 분석한 사회적 강압의 무의식적 구조뿐만 아니라 추상적 의존의 모든 형식이 시장에 뿌리박고 있다는 가정으로부터 출발했다고 볼 수 있다. 그런데 맑스의 분석에 의하면 산업생산은 순수하게 기술적 용어로만 해석해서는 안 된다. 한편으로 진보와 기술이 인간 노동의 한계로부터 생산을 자유롭게 하고 자본이 요구하는 생산성의 수준을 향상시키지만, 다른 한편으로는 생산목적이 잉여가치이지 물질적 부가 아니기 때문에 가치(인간노동)의 원천은 생산과정 속에 본질

29 — Moishe Postone and Barbara Brick, "Critical pessimism and limits of traditional Marxism", Theory and Society, 11(5), (1982): 620쪽

적인 문제로 남아있게 된다. 따라서 맑스는 자본주의의 기본적 모순을 산업생산과 부르주아 분배양식 사이에서보다는 생산양식 자체에 있다고 본 것이다.[30] 그렇기 때문에 국가자본주의에서 국가가 시장을 장악했다는 것은 자본주의의 기본모순이 극복된 것이 아니다. 따라서 국가자본주의라는 개념은 자본주의 생산관계는 지속되면서 부르주아 분배 관계는 정치·사회 문화적 의미를 창출하고 있는 관료적이고 정치적 중개 양식에 의해 대체된 사회구성체로 볼 수 있는 것이다.

비판이론가들의 이론이 정치경제학으로부터 지배이론으로 단순하게 옮겨진 것이 아니라는 점을 살펴보았다. 오히려 폴록의 정치경제학에서 보여준 국가자본주의의 분석에 기초하여 경제보다 정치가 우선하는 현실을 적시했었다는 데 그 원인이 있다고 볼 수 있다. 비판이론가들이 권위, 합리화, 지배 같은 개념을 사용함으로써 막스 베버가 보았던 주제를 사용했지만, 그들의 이론을 맑스의 이론으로 간주하는 이유는 베버가 부르주아 사상가였으며 사회주의의 적으로 보였기 때문이다. 그러나 그들이 다룬 주제가 베버와 유사하다는 점은 부인하기 어렵다. 이러한 점은 루카치가 맑스와 베버의 공통점을 비교한 부분과 관련을 맺고 있다. 즉 베버는 맑스와 같이 자본주의 국가와 자본주의 경제체제의 구조가 유사성을 보았으며, 그들은 모두 자본주의 이전의 사회경제적 구조, 사상유형 그리고 가치를 제거하는 데 자본주의적 합리화의 역할이 중요하다고 인식했다는 것이다.[31] 루카치는 이러한 공통점을 기반으로 합리화, 관료제, 물상화 이론을 발전시켰으며 이러한 현상이 어떻게 자본의 이해에 봉사하며 인간을 비인간화시

30 — Karl Marx, Grundrisse, London, 1973, 704쪽

31 — Georg Lukacs, History and Class Consciousness, (Cambridge, Mass, MIT Press, 1971), 95-96쪽

키는 가를 강조하였다. 그러나 루카치는 베어와는 달리 사회생활의 하위체계의 합리화가 총체적 과정의 상대적 비합리성과 대조됨을 보았으며 합리화는 결국 개인을 착취와 관리의 대상으로 전환시키는 자본주의 생산과정의 산물이라는 것이다. 비판이론가들은 1930년대 바로 루카치의 관점을 수용했으며 총체적 비합리성의 극치인 파시즘이 자본주의와 유럽 문명에 배태된 것으로 보았다.[32] 그들은 다른 베버주의자들과는 달리 선진 자본주의의 합리적 지배 과정 속에 경제적 요인을 강조하였고 맑스주의자로서 생산의 사회적 관계가 보다 더 민주적이고 합리적인 사회를 창조하도록 변화되어야 한다고 믿었다.[33]

Ⅳ. 「파시즘의 대중심리」의 차례와 라이히의 증보 개정판 머리글 요약

1. 차례

1. 물질적 힘으로서의 이데올로기
2. 파시즘의 대중심리에 있어서 가족제도의 권위주의적 이데올로기
3. 인종이론
4. 스와스티카의 상징
5. 권위주의적 가족의 성-경제학적 전제

32 — Donglas Kellner, "Critical ehtory, Max Weber, and the dialectics of domination", R.J. Antonio & Ronald M. Classman(eds.) A Weber-Marx Dialogue, (Kansas University Press, 1985), 63쪽

33 — Donglas Kellner, "Critical ehtory, Max Weber, and the dialectics of domination", R.J. Antonio & Ronald M. Classman(eds.), 앞의 책, 106쪽

6. 국제적인 반(反)성적 조직으로서의 조직적 신비주의

7. 신비주의에 대해 투쟁하는 성-경제학

8. 성-정치학적 실천의 몇 가지 의문점

9. 대중과 국가

10. 일의 생물사회학적 기능

11. 생명에 있어서 일에 대한 책임을 부여하라

12. 자유를 위한 인간의 투쟁에 있어서의 생물학적 오산

13. 자연스러운 일-민주주의에 관하여

2. 증보 개정된 3판의 머리글 요약[34]

"파시즘은 자유를 성취하려는 참된 노력에 해를 끼치는 조그마한 반동적 당파의 독재로 인식되었고 아직까지도 그렇게 인식되고 있다. 이러한 오류가 끈질기게 주장되는 것은 우리가 진정한 상태의 인식을 두려워하기 때문이다. 사실 파시즘은 구체적인 현상이며 따라서 모든 국가의 모든 사회에 침투해 있다. 이러한 결론은 지난 15년간의 국제적 사건과 일치한다."(18쪽)

"「파시즘의 대중심리」는 독일이 위기에 처해있을 때인 1930년대부터 1933년 사이에 착수했으며 1933년에 쓰여졌다. 초판은 1933년 9월에, 2판은 1934년 4월에 덴마크에서 출간되었다."(22쪽)

"파시즘이 히틀러나 무솔리니의 행동이 아니라 대중의 비합리적 구조의 표현이라는 것은 오늘날 일반적으로 명백한 사실이다. 인종 이론이 생물학적 신비주의라는 것도 10년 전보다 오늘날 더욱 명백해지고 있다. … 의사로

34 — 빌헬름 라이히, 「파시즘의 대중심리」, 오세철, 문형구 옮김, 현상과 인식, 1986, 15-33쪽 여러 곳

서 나는 어떤 정당 정치가도 알지 못했을 각국의 노동자들과 그들의 문제점을 알게 되었다. 정당 정치가들은 '노동계급'만을 알 뿐이며 그들에게 '계급의식을 고취'시키려 할 뿐이었다. 나는 있을 수 있는 가장 최악의 사회적 상황-인간 자신이 만들고 자신의 성격의 한 부분으로서 내부에 가지고 있는 상황-의 지배 아래 있으며 또한 그 상황으로부터 벗어나려하나 수포로 돌아가는 존재로서 인간을 파악하였다."(26~27쪽)

"1937년과 1939년 사이에 "일-민주주의"라는 새로운 성-경제적 개념이 전개되었다. 이 책의 3판은 이 새로운 사회학 개념의 중요한 특징에 대한 설명을 포함하고 있다. 이 개념은 맑스주의의 가장 훌륭하고 아직도 타당한 사회학적 발견을 포함하고 있다. 또한 이 개념은 지난 100년간 '노동자' 개념 속에 나타난 사회적 변화를 고려하고 있다. 성-경제학의 사회학은 프로이트의 심층심리학과 맑스의 경제이론을 조화시키려는 노력으로부터 탄생하였다."(27~28쪽)

"사회적 생산수단의 사회화는 일하는 대중들이 구조적으로 성숙될 때까지는, 즉 자신을 관리해야 할 책임을 의식할 때까지는 성공을 거둘 수 없다. …. 이것이 바로 19세기의 사기업이 점점 더 국가자본주의적 계획경제로 바뀌어가고 있는 사실에 대한 근본적인 사회학적 설명이다. 소련에서조차도 국가사회주의는 존재하지 않으며 엄격한 의미에서의 맑스의 개념으로 보면 경직된 국가자본주의만이 존재할 뿐이다." (같은 쪽)

"따라서 국제적인 인간 상호 간의 교섭에 있어서 자연스러운 생물학적 일-민주주의의 발견이 파시즘에 대한 해답이 되어야 한다. 비록 우리 시대의 성-경제학자, 오르곤 생물-물리학자나 일-민주주의자가 그것의 실천을 보지 못하고 사회적 생활의 비합리성에 대해 승리하지 못한다고 할지라도 이와 같은 생각도 진실일 것이다.(33쪽) (1942년 8월)

V. 빌헬름 라이히의 사회사상과 정신의학의 비판이론

1. 인간 정신 구조 연구에 대한 비판적 인식

인간과 사회현상에 대한 인식론을 지배해왔던 논리실증주의에 대한 비판적 흐름은 정신 구조를 연구 대상으로 삼는 정신의학 분야에서도 나타나고 있다. 인간과 인간 이외의 나머지 자연과를 구분하지 못하는 의학의 패러다임 속에 머물고 있는 정신의학은 사회통제의 한 가지 수단으로 도구화되어 사회의 역기능의 개인적 증상을 제거하려는 기법으로 전락하고 있다는 점을 문제 삼으려는 비판적 인식이 1970년대 이후에 강렬하게 나타나게 되었다.

정신의학의 비판이론의 흐름은 다시 몇 가지 형태로 구분할 수 있는데 한 가지 구분 방법은 비판적 인식이 맑스주의와 결합된 형태로 표현되든지 아니면 반(反)맑스주의의 입장을 취하는 경우로 나누는 것이다. 토마스 샤츠Thomas Szasz는 후자의 대표적 인물로 개인적 자유만을 주장하기 때문에 집단주의 사회를 강조하는 다른 부류를 똑같이 자유의 적으로 본다. 물론 그가 인간의 삶의 문제, 곧 인간의 욕구와 특정 기관 사이의 긴장 문제에 관심이 있다는 점은 옳은 방향이지만, 지나치게 개인적 자유만을 강조한다는 점에서는 거시적 구조의 맥락을 간과할 수 있다는 약점이 있다. 위와 유사한 구분 방법으로는 논리실증주의에 맞선다는 해석학적 인식론의 바탕 위에서, 해석학을 일반해석학과 '깊은 해석학'으로 구분하는 방법이다. 전자에는 민속방법론, 상징적 상호작용론, 현상학·분석철학이 포함되고 후자에는 스스로의 이해를 비판하고 넘어서는 맑스주의적 정신의학이 포함된다.

전자의 계열 가운데에는 우리가 반(反)정신의학파Anti-Psychiatry[35]로 불리우는 랭Ronald Laing, 쿠퍼David Cooper와 쉐프Thomas J. Scheff, 고프만Erving Goffman 등이 있으며 깊은 구조에 접근하는 후자에는 비판적 정신분석학, 곧 정신세계와 정치·경제가 서로 상호작용하고 있다고 보면서 거시적 역사, 사회변동의 구조적 법칙성과 정신 구조의 구소석 법칙성을 연결시키는 학자들(에리히 프롬, 하버마스, 아도르노, 마르쿠제, 라이히 같은 프랑크푸르트학파와 라캉, 들뢰즈와 가타리 같은 프랑스 비판이론가)이 있다.

정신의학의 비판이론 가운데도 특히 정신분석학의 깊은 구조의 의미를 중요시하는 입장들이 사회변동의 깊은 구조를 보려는 이론과 결합함으로써 맑스주의의 일방적 구조결정론을 극복하려는 시도를 보여주고 있다. 후기 자본주의 사회는 상품 소비의 강조, 생산과정에 인간 투입에 대한 기술적 통제, 이의 실천을 위하여 주관성을 포함한 일상생활에 침투하고 통제하는 체계적 접근을 사용하는 구조적 속성을 지니고 있는데 이러한 구조로부터 형성되는 허위의식이 선전 등의 외부적 압력에 의해 강요되지 않고 인간 안으로부터의 도착된 합리성과 욕망의 제도화에 보존된다는 사실은 경제적 결정론에 빠진 통속적 맑스주의만으로는 설명할 수 없고 정서적 불안의 주관적 현상을 설명할 수 있는 심층 심리학 이론의 도움이 필요하다.[36]

지역적으로 보았을 때 프랑스를 중심으로 한 유럽의 비판이론은 맑스주의와의 연계성을 더욱 강하게 맺으며 발전함으로써 영·미 계통의 비판정신의학보다는 정신 구조와 사회구조 사이의 관계를 명확히 하려는 전통을

35 — 반 정신의학의 입장을 당의 중심사상으로 설명하고 있는 다음 글을 볼 것. 오세철, "로날드 디 랭의 실존휴머니즘과 반정신의학", 「문화와 사회심리이론」, 서울: 박영사, 1982, 178–203쪽

36 — Joel Kovel, "The American mental health industry", D. Ingleby(ed.) Critical psychiatry: The Politics of Mental Health, (New York: Pantheon Books, 1980), 72–101쪽

지니고 있다. 특히 프랑스의 경우 정신의학의 비판이론을 주도적으로 이끄는 라캉은 인간에 대한 진정한 이해가 광증에 대한 이해 없이는 불가능하다고 믿고 있으며 정신분석학을 소명으로 인식한다. 자아에 집착하는 실존주의자나 자아심리학자와는 달리 자아를 허위와 왜곡된 투사의 구성물로 보며 나와 다른 사람이 자신의 개념 안에서 혼돈되고 있다고 분석한다. 그는 랭과는 달리 광증에 대한 변명을 늘어놓지 않는다. 광증은 악으로 해석되는 정상에 대한 부정이 아니고 특권도 아니며 절대성도 아니다. 광증은 단순히 의사소통 또는 표현된 요구의 한 가지 형태라고 생각한다.[37]

한편 들뢰즈와 가타리에게는 자아가 자본주의적 구정물에 불과하다. 자본주의 사회체제가 핵·원자적 가족과 사유재산을 만든 것과 같이 자율적 자아의 감각의 지닌 '사적 개인'을 만들었다고 본다.[38] 하버마스는 정신분석학이야말로 방법론적 자기성찰을 포함하는 과학의 전형이라고 본다. 프로이트가 "이드가 있는 곳에 자아가 있다."고 말한 것에 대해 하버마스는 이드를 소외된 자아로 보았기 때문에 이드의 제거가 가능하고 바람직한 것으로 보았다.[39] 이러한 하버마스의 해석은 프로이트 저작에서의 환원적이고 결정론적 가정을 반대하고 본능적 충돌의 성격이 합법성을 띨 때는 오직 해석적이고 지적인 형태로 구체화될 때만이라고 보았는데, 이러한 이드의 해석은 인간의 생물학적 충동의 본질을 지나치게 의사소통 활동의 영역으로만 해석하려는 오류라고 볼 수 있다. 그러한 점에서 프로이트의 생물학적 본능의 중요성을 더욱 깊게 인식하면서 거시적 사회구조의 깊은 구조도 함께 중요시하는 빌헬름 라이히의 사상과 이론이 1968년 프랑스 5월혁명

37 — S. Turkle, "French Anti-Psychiatry", D. Ingleby(ed.) 앞의 책, 156-158쪽

38 — 앞의 글, 163-165쪽

39 — Russell Keat, The Politics of Social Theory: Habermas, Freud and the critique of positivism, (The University of Chicago Press, 1981), 1072쪽

이후 더욱 새롭게 재조명되고 있는 것이다.

이와 같은 논의의 맥락에서 볼 때 정신분석학과 맑스주의의 이론을 철저하게 고수하면서도 그 둘을 넘어서려 했던 라이히의 사상과 이론은 현대 정신의학의 비판이론의 핵심적 기반을 제공하는 데 큰 역할을 담당하고 있고 이를 보다 구체적으로 검토하는 것은 앞으로의 비판사회이론의 구성을 위하여 바람직하다.

2. 빌헬름 라이히의 사회사상

2-1.

우리는 거시사회학의 이론적 틀을 빌리지 않더라도 한 인물의 사회사상과 이론이 그가 살았고 경험했던 역사와 사회의 산물임을 깨닫게 된다. 라이히는 세계 1, 2차 대전, 나치즘과 스탈린주의의 역사적 사건의 와중에서 인간이 경험한 대량 학살과 억압의 참상을 스스로 체험하였으며 이상적 이론과 실천의 괴리가 나타나는 근원적 원인을 규명하려 하였다.

프랑크푸르트학파에 속하는 대부분 인물들처럼 라이히 역시 프로이트와 맑스의 사상과 이론의 비판적 재구성 작업에 골몰하였다. 그는 프로이트와 맑스의 공통점을 깊은 구조의 법칙성으로 보았다. 인간에게 알려져 있지 않은 객관적 과정에 대한 연구를 통하여 심리학과 경제학의 표면에 매달려 있는 심리주의와 윤리주의를 배격하였다. 다시 말하면 이념, 가치판단, 윤리의 배후에서 작용하는 힘의 발견이라는 점에서 프로이트는 무의식적 힘의 지배를 맑스는 경제적 힘의 지배를 보았다고 생각했다.[40]

40 — Wilhelm Reich, Reich speaks of Freud, M. Higgins & C. M. Raphael(eds.), T. Pol(transl.), (New York, Farrar, Straus and Giroux, 1967), 여러 곳

순수한 신프로이트학파나 프랑크푸르트학파는 프로이트의 무의식의 힘, 곧 에너지 이론을 쓸모없는 것으로 보았다는 점에서 공통점을 지니고 있다. 물론 이들 학파가 사회적 요인(미시적이건 거시적이건 간에)의 중요성을 강조하였기 때문에 프로이트의 한계를 상당히 극복했던 것은 사실이다. 그러나 에너지 이론이 가지는 모호성이나 불가사의함을 그냥 포기하는 것은 프로이트 이론의 계승이라는 점에서 성급한 선회였다고도 볼 수 있다. 라이히 역시 프로이트의 동료이며 제자였으며 빈 정신분석학회의 중요한 일원이었다. 그가 프로이트와 결별한 이유[41]는 이념적인 것과 학문적인 것에서 찾아볼 수 있다. 이념적으로 그는 이상주의적 좌파의 생각을 가지고 있었고 한 때 코뮤니스트당원으로 몰리기도 했으나 소비에트 정권의 전체주의적 구조에 환멸을 느꼈고 그는 붉은 파시즘으로 불렀던 이상적 비판주의자였다. 또한 그는 프로이트 스스로가 말년에 가서 죽음의 본능이론에 집착하면서 에너지 이론을 포기하는 것 같은 태도에 반기를 들고 철저하게 에너지 이론을 정립하려 했다.

그가 사회학에 몰두하기 시작한 시기는 1917년에서 1930년까지였다. 리비도 이론의 사회적 결과에 대한 관심 때문이었다. 그의 해답은 극히 간단하고 명료한 것이었다. 곧 자연적 충동의 흐름이 있으면 그를 그대로 흐르게 두어야 하며 만일 그 흐름을 막을 경우 둑을 넘칠 것이라는 주장이다. 그 흐름은 프로이트의 무의식적 마음속에 있는 삶이며 맑스의 창조적 노동력인 것이다.[42] 경제의 개념은 기능관리의 규제라는 의미를 가지고 있으며 성-경제학은 유기체의 생물학적 성적 에너지의 경제를 다루는 지식이라고 불렀다. 그는 맑스주의가 성-경제의 문제를 다루는데 충분하지 않다고 보

41 —— Wilhelm Reich, Reich speaks of Freud, M. Higgins & C. M. Raphael(eds.), T. Pol(transl.), (New York, Farrar, Straus and Giroux, 1967), 여러 곳

42 —— 앞의 책, 50쪽

았다. 그가 경험한 인간의 참상도 단순히 자본주의 체제로부터 연유한 것이라기보다는 자본주의보다 더 오래된 역사를 가진 성의 억압에 있다고 보았고 이를 이해하는 데는 사회학에 정신분석학의 결합이 필요하다고 생각했다. 그래서 맑스의 개념도 자신의 개념으로 재규정하였다. 의식은 역동적 구조로, 욕구는 오르곤orgone의 충동적 과정으로 전통은 생물학적·성격적 경식성으로 불렀다.

그는 우주의 생명 에너지[43]를 발견한 후 맑스 이론의 한계를 느꼈으며 맑스 이론 가운데서 오직 살아있는 생산력 개념만을 자신의 이론체계에 채용하고 있다. 그는 맑스주의가 경제적 결정론에 빠져 인간의 성격 구조를 고려하지 않았다는 점, 그리고 인간의 생물적이고 사회적 존재의 실질적 사실을 외면하고 2차자적인 신경적 충동, 증오, 질투, 권력욕만을 다루고 있다는 점을 한계로 보고 있는 것이다. 따라서 그의 성-경제이론과 오르곤 생물리학은 프로이트와 맑스의 단순한 결합이 아닌 두 이론의 대립에서 새롭게 합해져 창출된 세 번째의 새 이론 체계라고 볼 수 있다.

2-2.

살아있는 인간의 두 가지 기본적인 생물학적 기능은 일과 성이다.[44] 일은 배고픔의 1차적 욕구이며 성은 성욕의 1차적 욕구이다. 이처럼 사물의 근

43 —— 오르곤 에너지를 어떻게 발견했는가는 뒷부분에서 자세히 설명하겠다.

44 —— 라이히는 이를 다음과 같은 도형으로 그리고 있다.

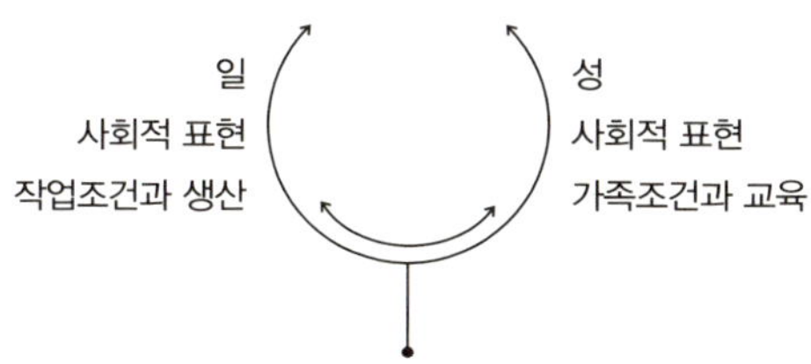

원의 문제에 도달하는 것을 라이히는 발본적radlcal이라 부르고 그런 점에서 성-경제적 생물리학의 견해가 통속적 맑스주의보다 발본적이라고 부른다.[45] 그의 사상과 이론체계의 첫 번째 단계는 정신분석학과 맑스주의라는 두 가지 기본 운동에 성경제를 결합시키는 깃이었다. 그가 인간의 성구조석 문제에 더욱 관심을 가지게 된 것도 프로이트의 리비도 이론의 계승이라고 볼 수 있지만, 그 스스로 인간사회의 혼란이 생물학적 성격 구조로부터 나오는 비합리적 심리 메커니즘이라는 역사적 상황을 체험했기 때문이다.

라이히가 프로이트의 업적으로 찬사를 보내는 것은 첫째, 인간 의식이 정신생활의 조그만 부분에 불과하다는 점, 둘째, 어린이들도 생식과 관련이 없는 성을 발달시키는 다는 점, 셋째, 어린이 성은 벌의 공포 때문에 억압된다는 점, 그리고 넷째, 인간의 도덕률은 부모의 자녀교육 수단에서 형성된다는 점이었다. 그러나 그는 성의 억압이 가져다준 사회적 결과에 주의를 기울였다. 그의 성경제이론이 옳다는 증거로 그는 특히 말리노브스키가 트로브리안드 사회의 성생활에 대한 연구를 제시하고 있다. 말리노브스키는 그의 연구The Sexual Life of Savages에서 성의 억압과 사회구조 사이의 관련성을 입증하고 있다. 곧, 공동재산, 모권 중심, 경직적 가족 조직의 부재, 어린이와 청소년의 성 자유, 성격 구조의 개방성과 관대성이 서로 연관되어 있는 것처럼 사유재산 부권 중심, 어린이와 청소년에 있어서 금욕주의와 여성의 노예화, 가족과 결혼의 경직성, 성격 도착, 성적 변태, 정신질환이 관련을 맺고 있다는 점이다. 모간L. morgan은 이로하스 인디언과의 오랜 생활을 바탕으로 원시인들의 모권 중심 사회를 보았고 바코펜Johann Jakob Bachofen도 희랍과 로마의 신화로부터 모권사회이론을 끌어낸 바 있다. 성의 억압과 계급사회의 관련성 문제에 대하여 라이히는 엥겔스의 「사유재산,

45 — Wilhelm Reich, The Mass Psychology of fascism, Penguin, 1975, 40쪽

국가, 가족의 기원」에서 분석하는 남녀 사이의 계급 갈등과 억압과 가부장 체제의 출현, 그리고 상품생산의 발전에 따른 성경제의 도덕과 문화의 쇠퇴과정을 중요시한다.[46]

가부장 체제와 자본주의 체제의 성의 규제양식과를 연결시키려는 작업 속에는 성의 억압의 구조와 사회경제구조의 억압을 같은 의미로 해석하려는 라이히의 통찰력이 자리 잡고 있다. 성의 억압은 그 기원에 있어서 결혼의 경제적 이해관계와 상속법과 관련이 있기 때문에 지배계급 자체에서 시작되고 순결의 도덕률이 지배계급의 모든 여성에게 강요된다. 이는 하층계급의 착취를 통해 얻은 소유물을 안전하게 보존하는 것이다. 그런데 초기 자본주의와 아시아의 봉건사회에서의 지배계급의 노예에 대한 성의 억압에는 관심이 없었고, 그 후 물질적으로 억압된 계급이 스스로 조직화하여 사회정치적 구조의 변혁을 위해 싸우고 전 민중의 문화적 수준을 향상시키려고 할 때 비로소 성의 억압이 생겨났다고 라이히는 분석한다.[47] 이러한 억압은 성적 불안과 죄의식의 수단으로 합치된 대중 속에 깊은 뿌리를 심어왔던 교회의 권력을 강화시켰는데 이와 동시에 성적 만족을 바라는 염원은 성적 분열과 도착으로 투사돼 나타남으로써 다시 결혼과 가족을 침해하게 되었다. 더 나아가서 성적 억압은 권위에 복종하게 만들고 부모에게 어린이를 묶어둔다. 이들이 자라면서 국가권위와 물질적 착취에 굴종하게 만든다. 그것은 결국 억압된 대중의 지성적 비판 능력을 마비시키고 창조적 힘의 발전과 인간 자유를 위한 성취와 열망을 질식시킨다.

따라서 경제적 이해관계에 직접적으로 연관되어 성의 질서는 긍정에서

46 — 원시사회의 성에 대한 자세한 논의는 다음 책을 볼 것. Wilhelm Reich, The Invasion of compulsory sex-morality, Penguin, 1973

47 — Wilhelm Reich, The Mass Psychology of fascism, Penguin, 1975, 128쪽

부정으로 이동하면서 모권사회가 부권사회로 탈바꿈하게 되었다. 강제적 도덕의 생산과 재생산은 자연스러운 일-민주주의natural work-democracy로부터 상품경제 사회로의 변동과 관련을 맺는다. 곧, 생물학적 욕구의 억압과 이에 따르는 사회적 상호관계 억압의 방향으로 사회가 변동하게 되면 사회집단·계급의 구체적, 경제적 이해관계가 드러나게 되고 이에 상응하는 사회 성원에 대한 도덕적 요구가 생겨난다. 이러한 요구는 본능적 만족의 제한과 사회적 공포의 창출을 통하여 집단적 요구로 주입되고 성적 구조의 전환을 통하여 요구의 내면화에 의한 재생산이 이루어진다.[48]

성의 억압 구조와 사회 구조 사이의 관계 규정은 이론적 작업이었을 뿐만 아니라 역사 구조로 구체화된 라이히의 체험을 통하여서도 이루어졌다. 그가 정신분석 운동 세력으로부터 그리고 세속적 맑스주의 세력으로부터 동시에 축출당한 것은 스스로의 결별이었다고 볼 수 있으며 그 결별은 민중과 국가에 대한 새로운 개념, 곧 파시즘의 깊은 구조에 대한 인식을 낳게 하였다. 그 자신 성경제이론을 실현시키기 위하여 독자적 운동을 전개하였는데 회원이 2만 명이 넘는 「프롤레타리아 성정치 독일협회」German National Association for Proletarian Sexual Politics를 만들고 대중에게 보다 나은 주거 조건, 임신중절과 동성애에 대한 입법 폐기, 결혼 및 이혼법 개정, 산아제한과 피임기구 사용, 어머니와 아이들의 건강 보호, 탁아소 운영, 성교육 금지법 폐기, 죄수의 휴가 등을 주장하는 실천 운동을 벌였다.

라이히의 성이론과 그 실천 운동은 그 당시 사회주의자들로부터 혹독한 비판을 받게 된다.[49]

48 — 앞의 책, 164쪽

49 — 아래에 보기로 드는 비판 내용에 대한 자세한 부분은 라이히의 책, 「People in Trouble」의 180-184쪽을 볼 것

"그렇다면 오로지 배고픔과 성욕만이 역사의 원동력이란 말인가? … 이러한 난센스는 경제적 기반에 대한 투쟁으로부터 인민을 왜곡시킬 뿐이다."

"성적 억압에 두 계급이 포함된다는 라이히의 생각은 계급의 적대감을 부정하는 것이다. 그의 책 「청년의 성투쟁」에서 세대 사이의 적대감을 강조한 것은 너욱 고약하나. 이는 계급투쟁이 착취의 참상에 대한 정치적 투쟁에 모아져야 한다는 것을 저버리고 가족 상황에 눈을 돌리게 하기 때문이다."

"「강압적 성도덕의 침입」에서 생산력, 작업력이 승화된 성적 에너지라는 라이히의 주장은 괴상망측한 발상이다. 이는 변증법적 유물론이 허위라는 주장이다. 그에 따르면 맑스의 「자본론」역시 승화와 성적 에너지라는 말이 된다."

그러나 라이히의 성해방이론에 대하여 긍정적인 견해를 보였던 맑스주의자들도 있었다. "라이히는 성적 참상의 사회적 기원에 대한 철저한 분석을 통하여 정치적, 경제적 기반의 변동을 통하여서만 성해방에 대한 희망을 가질 수 있음을 말하고 있다."[50]

2-3.

맑스와 엥겔스가 전혀 예상하지 못했던 기형적 심리사회구조가 세계사의 무대에 등장한 것은 라이히의 이론을 발전시키는데 큰 자극제가 되었다. 그중 하나는 히틀러의 파시즘이었고 다른 하나는 스탈린의 '붉은 파시즘'이었다. 파시즘의 출현이야말로 라이히의 성경제이론의 현대적 검증을

50 — Wilhelm Reich, The Mass Psychology of fascism, Penguin, 1975, 124쪽

할 수 있게 한 계기가 되었다. 곧, 사회적 조건과 변동이 인간의 원초적 생물학적 욕구를 바꾸어 놓고 그를 성격 구조의 부분으로 만들어 놓은 다음 그 성격 구조가 이념의 형태로 사회구조를 재생산하게 되는 보편적 현상을 파시즘에서 발견한 것이다.

파시즘은 권위주의적 기계문명 속에서 억압된 인간의 정서적인 태도이며 기계주의적이고 신비주의적인 생활개념이다. 그것은 반역적 감정과 반동적 사회사상의 결합이며 보편적 인간 성격의 비합리적 반응의 합이다. 그것은 히틀러나 무솔리니의 행위가 아니라 대중의 비합리적 성격의 표현인 것이다.[51] 인간의 원시적인 물질적 욕구의 억압은 반역을 유발하는 반면 성의 억압은 도덕적 방어로 닻을 내리게 하여 무의식적으로 모순, 억압에 대항하는 혁명을 제지하는 반동적 힘을 갖게 한다. 이는 보수주의와 자유에의 공포로 나타난다. 따라서 성의 억압은 정치적 반동으로 이끌고 대중을 피동적이고 반(反)정치적으로 만들 뿐 아니라 인간의 성격 구조에 제2차적인 힘, 곧 권위주의적 질서를 지지하게 하는 가상적 이해관계를 만들어낸다.[52]

히틀러는 바로 이러한 대중의 혁명에 대한 공포 때문에 성공했다고 라이히는 말한다. 그는 대중이 가지고 있는 혁명적, 반(反)자본주의적, 사회주의적 열망에 환상적인 만족을 주었으나 독일의 사회주의자들은 이러한 대중 심리구조의 모순을 깨닫지 못했다. 그들은 경제적 위기가 노동계급의 욕망과 행위를 유발시킬 수 있다면 대중이 혁명을 원하고 자유를 두려워하지 않을 것이라고 믿었던 것이다. 평균적 인간의 모순은 세계가 변혁되기를 바라나 그 변혁이 착취와 억압처럼 갑자기 위에서 부여되기를 원하는

51 —— 앞의 책, 14쪽

52 —— 앞의 책, 65쪽

데 있다. 히틀러는 이러한 모순을 해결하기 위하여 분명하지 않은 자유를 분명히 나타내는 민족적 자유의 환상으로 대체시키고 대중에게 책임을 강요하지 않았다. 그는 모든 것이 위로부터 나오고 자신의 체제를 변혁시키겠다고 약속했던 것이다.[53] 그러한 의미에서 인종race 개념은 대중의 일반적인 성적 자아상을 만족시키는 구실이 되었다. 이 말은 원래 순수하고 강하며 독특하나는 뜻(rassig와 같은)을 가지고 있는데 그 당시 대부분 사람들이 매독에 걸린 것 같다는 공포에 시달리고 있었기 때문에 피에 독이 들어갔음을 뜻하는 매독으로부터 '순수한 피'를 보호하자는 약속은 중요한 것이었다. 유대인에 대한 성적 공포와 더불어 자본가에 대한 대중의 증오를 유대인에게 돌리게 했다. 유대인은 자본가에 대한 사회주의적 증오뿐만 아니라 성적 불안의 목표이기도 했다.[54]

여기서 인종 이론과 결부되어 강조되었던 것은 가족 이념이었다. 가부장국가는 가부장적 가족제도 속에서 재생산되므로 절대국가와 전체주의는 가족 이념을 강조한다. 그 결과 '볼셰비키의 문화 혼돈'으로부터 가족과 국가를 보존한다는 것은 대중의 혁명적 사고를 파괴하고 파시즘의 폭정이 대중의 지지를 받는 두 가지 효과를 달성하기에 이른 것이다. 말하자면 파시즘의 구조는 형이상학적 사고, 추상적 윤리 사상에의 강박관념, 총통의 신성 예정설이 대중의 심리구조와 영합함으로써 모든 「민족사회주의」 당원이 스스로 '작은 히틀러'로 생각하도록 만들었다. 파시즘의 승리는 대중의 자유 능력 상실에 기인한다. 그러나 대중이 자유를 누리지 못하는 능력상실도 타고난 것이 아니라 자유에 대한 공포를 심어준 어린이와 청소년 시절의 성의 억압에 있다는 것이 바로 라이히가 꿰뚫어 본 것이었다.

53 — Wilhelm Reich, People in Trouble, 165쪽
54 — 앞의 책, 167쪽

파시즘도 대중의 사회주의적 열망에 부응하기 위하여 계급 타파를 주장했다. 여기서 우리는 맑스주의가 그 당시 독일 사회에서 실패한 이유를 조금 더 설명할 필요를 느낀다. 맑스주의는 심리학이 아니기 때문이 인간의 불안과 고통의 사회적 기원에 대한 이론을 제시하지 못했으며, 모순의 구조를 갖는 비성숙한 대중의 성격 구조의 특성을 이해할 수 없었다. 곧, 생산수단의 사회화는 대중이 심리 구조적으로 성숙한 후, 스스로 자신을 관리하는 책임에 대한 의식이 있을 때까지는 성공할 수 없다는 사실을 내다보지 못했다고 볼 수 있다. 이상적인 사회주의 사회가 건설되지 못하는 보기로서 라이히는 러시아혁명 이후의 소비에트 사회를 보고 그것 역시 파시즘의 하나로 규정하고 있는 것이다.

라이히에 있어서 성격 구조는 자본가에게만 국한되지 않는다. 자유주의적 자본가도 있고 반동적 노동자도 있다고 본다. 부르주아와 프롤레타리아의 대립적 계급관계는 성격 구조의 입장에서 보면 계층 구분이 없다.[55] 존재가 이념을 결정한다는 맑스의 명제는 아직도 두 가지 질문을 남기고 있다. 첫째, 그것이 어떻게 일어나며 인간의 두뇌에 무엇이 일어나는가 하는 것과, 둘째, 그렇게 형성된 의식(성격 구조)이 어떻게 다시 경제 과정에 반응하는가이다. 만일 배고픈 자가 파업을 하고 또 물건을 훔쳤다면 그 이유는 심리적 설명이 없어도 설명할 수 있다. 그러나 문제는 배고픈 자가 훔치고 착취당한 자가 파업하는 사실이 아니라 '왜' 대부분의 배고픈 자가 훔치지 '않고' 착취당한 자가 파업하지 '않는가' 하는 점이다. 이와 같은 현상은 경제결정론에 빠진 속류 맑스주의로는 해답을 얻을 수 없다.

라이히는 소비에트에 진정한 사회주의가 존재하지 않는다고 본다. 엄격한 의미에서의 맑스의 개념으로 보면 소비에트는 경직된 국가자본주의일

55 — Wilhelm Reich, The Mass Psychology of fascism, (Penguin, 1975), 28쪽

따름이다. 맑스에 의하면 자본주의의 사회적 조건은 특정한 자본주의의 생산양식으로부터 나오지 않는다. 한마디로 그것은 사용경제가 아닌 교환경제, 대중의 임금노동, 잉여생산으로부터 나온다. 그 잉여가 진정한 사회가 아닌 국가에 귀속되거나 개인에 귀속된다면 그것은 모두 자본주의 체제라고 볼 수 있는 것이다. 따라서 소비에트는 대중이 '비합리적'으로 유린되고 권위에 대한 갈망이 존속하는 한 파시즘 구조로 남아있게 된다.[56]

사회주의는 국제적 규모에서만 그 의의가 있다. 파시즘 또는 스탈린주의 같은 국가사회주의(?)는 난센스이며 대중 기만이다. 국제적 경제의 흥성은 있었으나 이에 상응하는 성숙된 성격 구조나 이념을 수반하지 않았기 때문에 독일의 히틀러, 이탈리아의 무솔리니, 프랑스의 도리오와 라발, 러시아의 스탈린, 핀란드의 아네르하임, 헝가리의 호시 같은 민족주의적 독재자를 양산한 것이다. 붉은 파시즘으로서의 이른바 '공산주의'는 조직화된 정서적 전염병이며 인간의 행복과 복지를 파괴하기 위하여 모든 형태의 음모를 사용한다. 따라서 진정한 맑스주의는 '사회'라는 말이 '국가'로 대체되고 국제적 인류가 민족적 애국으로 대체되었을 때 이미 죽은 것이다.[57]

결국 독일의 파시즘이나 러시아의 스탈린주의(붉은 파시즘)는 소비와 생산이 국가통제라는 공통적 구조를 지닌다. 그들은 잔인한 정치적 반동(반혁명)으로 신비주의적 방법을 동원하여 진정한 조국애와 관련 없는 민족선동을 찬양했다. 스스로 사회주의라 부르며 사회주의의 성취되지 못한 기능을 떠맡았다. 그리고는 신이 보낸 전지전능한 독재자에게 맡겨졌으며 대중의 무능과 무기력이 그것에 영합했던 것이다.

56 — 앞의 책, 30쪽

57 — 앞의 책, 35쪽

2-4.

그러면 파시즘을 극복할 수 있는 방향은 어떤 것인가? 라이히는 파시즘이 저지른 살육과 참상의 역사적이고 생물학적 이유를 규명하는 길이라고 말한다. 그가 주장하고 있는 일-민주주의의 방향을 설명하기 전에 우리는 그가 파시즘의 대중 심리연구를 마무리 지으며 결론을 맺는 부분을 먼저 요약할 필요가 있다.[58]

① 인류는 생물적으로 병들어있다.

② 정치는 이러한 병의 비합리적인 사회적 표현이다.

③ 사회생활에서 일어나는 것은 대중의 구조에 의해 능동적으로 또는 피동적으로 그리고 자발적으로 또는 강제적으로 결정된다.

④ 이러한 성격 구조는 사회경제적 과정에 의해 형성되고 그곳에 닻을 내려 그를 영속화시킨다. 인간의 생·병리적 성격 구조는 역사의 권위주의적 과정의 화석이며 대중 억압의 생·물리적 재생산 구조이다.

⑤ 인간 구조는 자유에의 강렬한 열망과 두려움 사이의 모순에 의해 움직이고 있다.

⑥ 대중의 자유에 대한 공포는 유기체의 생·물리적 경직성과 성격의 비신축성으로 표현된다.

⑦ 사회지도성의 유형들은 대중 구조의 한 면 또는 다른 한 면의 사회적 표현이다.

⑧ 베르사이유 평화협정, 바쿠의 석유, 2, 3백 년의 자본주의 문제가 아니라 인간의 생물학적 기능을 지배해온 4~6천 년간의 권위주의적, 기계주의적 문명이 문제인 것이다.

58 — 앞의 책, 353쪽

⑨ 돈과 권력에 대한 관심은 사랑에 대한 충족되지 못한 행복의 대체물이며 이를 대중의 생물적 경직성이 지원하고 있다.
⑩ 어린이와 청소년의 자연적 성의 억압은 인간 구조를 주물하며 대중을 기계주의적, 권위주의적 문명의 기꺼운 재생산자로 만든다.
⑪ 수천 년의 인간 억압은 점차 제거되는 과정에 있다.

그러면 성적 참상을 어떻게 제거할 수 있는가? 자연적 성생활의 회복과 그것을 도착된 성표현과 구별하는 능력이 있어야 한다. 그렇다면 인간의 거짓의 환상적 자존심은 만족한 생활로부터 오는 자기 확인으로 바꾸어질 수 있는가? 이 대답은 임상적이고 대중 심리적 경험에서 나올 수 있다. 곧, 감옥에 싸여있지 않고, 제한받지 않은 생산적인, 그리고 성적으로 긍정적인 성격구조를 창조하는 것이다. 그렇다면 대중에 대한 개인 독재는 어떻게 방지될 수 있는가? 이는 진정한 사회민주주의 곧 자기 자신의 생활을 지배하는 능력을 키우는 길이다.

우리는 파시즘을 통해 대중의 성격 구조의 영향력이 국가형태를 결정하는 데 결정적인 역할을 하는 것을 보았다. 제국주의를 견디는 것도 대중 구조이며 나아가 그를 지지하는 것도 대중 구조이다. 또한 진정한 '국제적' 민주·자유가 실패할 때 민족적, 혁명적 운동이 일어나는 것도 대중 구조 때문이다. 민주주의가 실패할 때 가족, 민중, 국가를 환상적으로 묶는 것도 대중 구조이다. 그러나 성숙한 대중 구조는 일, 사랑, 지식의 과정을 발전시키기도 한다. 사랑, 일, 지식의 자연적 과정으로서의 일-민주주의는 국가의 권위주의적 질서와는 달리 '사회적 자기지배'이다. 이러한 형체는 갑자기 창조될 수는 없다. 그것은 유기적으로 진화한다. 이를 위한 전제조건은 일의 자연적 조직화에 대한 지식, 곧 일-민주주의의 생물학적이고 사회학적 지식을 기반으로 해야 한다. 그런 점에서 사회주의의 창시자는 생물학적 전제조건을 인식하지 못했으며 다만 1840년과 1920년 사이의 사회적 전제조건으로서의 계급의 양극화만을 보았을 뿐이다.[59]

여기서 라이히가 말하는 일work은 산업노동에만 국한되지 않는다. 그는 일은 자연적 일과 강압적 일로 구분하고 있다. 실험심리학은 인간노동력을 이용하는 방법에 관심이 있고 정신분석학은 지적인 성취에 관심이 있지만, 대중심리의 관점에서 본 일의 분석은 일하는 자와 그의 작품 사이에 맺어지는 관계에 초점을 맞춘다. 사회학적 관점에서 보면 20세기의 일은 의무 법칙과 생계유지에 의해 지배받고 있다. 여기서 일-민주주의의 임무는 일의 조건 및 형식과 일의 쾌락화를 조화시킴으로써 쾌락과 일 사이의 모순을 제거하는 것이다. 그러기 위해서는 최상의 외부적 조건을 만들어 줄 뿐만 아니라 생물학적 충동을 만끽시키는 내면적 전제조건을 만들어야 한다.

정치적으로 볼 때 일-민주주의는 좌익이나 우익이 아니다. 이는 생동적으로 필요한 일을 하는 모든 사람을 통합한다. 그러므로 이는 오로지 미래지향적이다. 이들 대표는 정강을 만들어 주장을 밀고 나가지 않는다. 인간사회의 바람직한 미래의 설계는 만들어져야 하는 이념이나 조건으로부터 나오는 것이 아니라 처음부터 존재해 왔고 발전되어 왔던 자연적 과정으로부터 나온다. 따라서 일-민주주의는 정치적 계획이 아니라 생물-사회학적, 자연적 기본사회 기능이라고 볼 수 있다.

라이히가 일-민주주의 입장에서 보는 자본가 분석은 자못 흥미롭다. 자본가에는 일하는 자본가와 일하지 않는 자본가가 있을 수 있고 그의 정치적 지향성은 별 문제가 아니다. 노동자가 파시스트일 수도 있고 자본가가 사회주의자일 수도 있다. 따라서 자본가와 노동자의 계급 구분이 문제가

59 — 앞의 책, 273쪽

아니라 진정한 일을 하는 자의 구분이 중요한 것이다.[60] 물론 특정 이념이 일-민주주의를 지원한다면 증진될 수 있지만, 비합리적 주장을 하는 이념이 들어오면 변질되어 파시즘과 같은 인간의 비극을 경험하게 된다. 라이히는 철저하게 자연적 흐름을 가로막는 억압을 거부한다. 이러한 그의 학설은 보편적 우주 에너지인 오르곤 에너지의 발견에 근거하고 있다.

2-5.

프로이트가 리비도라는 추상적 개념을 사용하여 에너지 이론을 만든 것에 비하여 라이히는 연역적이고 논리적인 사유에 의하여 우주체계에 오르곤 에너지가 있음을 증명하고 실제로 그것을 우주 체계와 생물체계에서 발견한다. 그는 인간 사고의 발달을 다음과 같은 순서로 그리고 있다.[61]

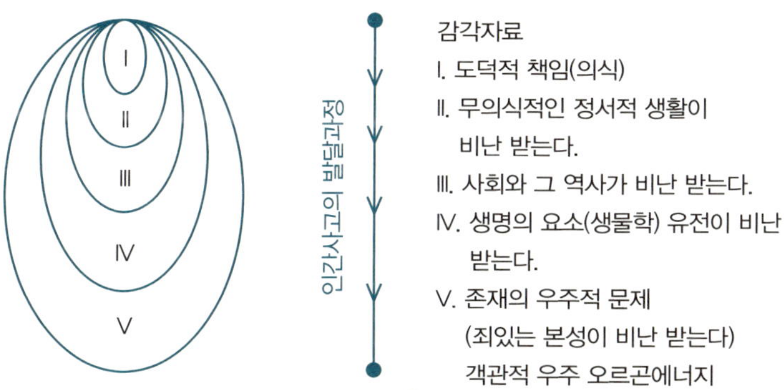

사람의 생각은 우선 감각 자료에서 출발한다. 이는 물론 경험주의의 생각이다. 여기서 인간은 도덕적 문제를 묻게 되고 의식의 측면에서 보는 선

60 — 앞의 책, 410쪽

61 — Wilhelm Reich, Ether, God & Devil & Cosmic Superimposition, (New York, Farrar, Staruss and Giroux, 1973), 22쪽

과 악의 문제를 가름하게 된다. 그러나 인간의 사고는 의식의 문제에서 해답을 찾지 못한다. 선과 악의 문제가 지금까지 의식 세계에서 밝혀지지 않은 무의식의 세계를 밝혀내야 하기 때문이다. 프로이트가 무의식에 관심을 가진 것은 이 단계라고 할 수 있다. 그러나 의식과 무의식의 문제는 개인적 차원에 머무르고 있다. 문제가 개인적 차원에 머무르지 않고 그 개인이 존재하는 사회와 역사의 문제가 제기된다. 아마 이 수준이 프랑크푸르트학파의 생각일 수가 있다. 그러나 역사와 사회에 대한 비난으로 문제를 해결할 수 없다면 이는 더 근원적이고 보편적인 인간의 생명 문제가 결부되어 있는 것이며 우리의 관심은 인간의 생물학적 기초에 초점을 맞추게 된다. 라이히가 성과 일의 기본적 욕구의 구조와 그 사회적 기원과 효과에 관심을 가진 것은 바로 이 단계라고 할 수 있다. 그러나 인간의 사고는 이 단계에서 끝나지 않고 생명체보다 더 넓은 우주 체계를 생각하게 되고 우주적 존재임을 깨닫게 된다. 이때에 비로소 우리는 우주 체계에 존재하는 객관적인 에너지가 있음을 발견하게 되는데 그것이 바로 오르곤 에너지인 것이다.

라이히는 인간사회에 존재하는 이분법적 사상으로서 하나는 영혼 쪽을 강조하는 신비주의와 다른 한쪽은 육체 쪽을 강조하는 기계주의를 들고 이들의 대립과 분열이 바로 오르곤 에너지의 존재를 알지 못하는 데서 비롯된다고 설명한다. 이들의 이분법을 그려보면 다음과 같다.[62]

62 — 앞의 책, 51쪽

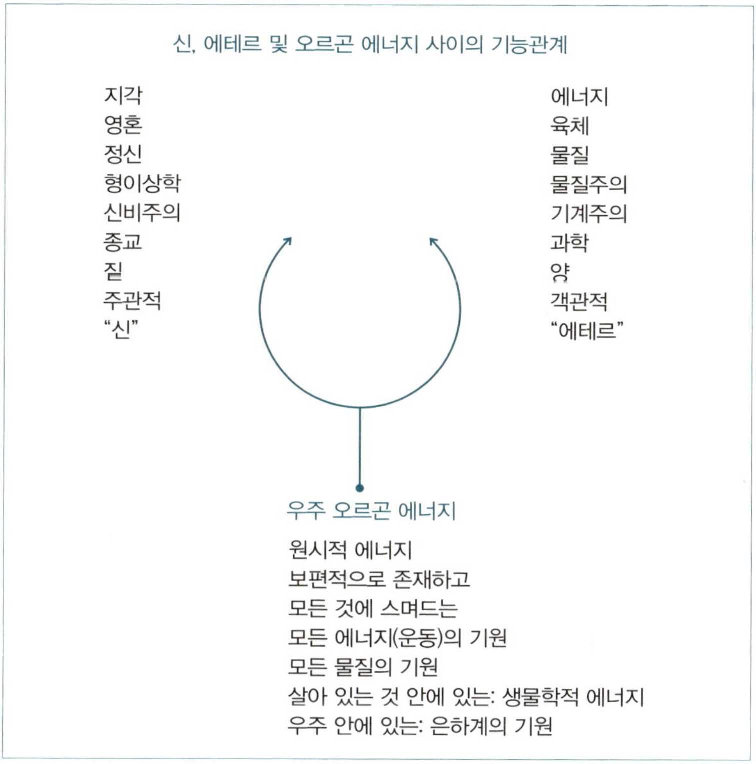

〈그림 1〉

그의 생각은 분명히 2원적 과정의 법칙이 다름을 인정하면서 이원론의 체계를 극복하려는 새로운 합으로서의 일원론의 체계를 지향하고 있다. 곧, 우주 체계에 존재하는 객관적인 에너지를 발견함으로써 프로이트의 리비도이론을 철저하게 극복하고 있으며 동시에 오르곤 에너지를 발견하는 과정에서 인간의 생각이 거시적으로 옮아가는 것을 중시하여 생물학적이고 심리학적인 환원주의에 빠지지 않는 사고의 확장을 보여주고 있다. 바로 이러한 라이히의 생각이 미시적인 것과 거시적인 것을 동시에 보면서 인간과 사회의 보편적이고 근원적인 구조를 꿰뚫어 보는 통찰력으로부터 나오고 있으며 프로이트와 맑스를 동시에 극복하는 도약의 결실이라는 점에서 그의 사상과 이론이 높이 평가되고 있는 것이다.

Ⅵ. 맺는말

프로이트는 본능이 승화되지 않으면 문명발전이 없다고 하였다. 그에 있어서 문명은 인간을 자연에 대립시켜 보호하고 그 상호관계에 적응하게 하는 기관으로 보고 그를 통하여 인간성을 예술적이고 이념적인 보다 높은 심리적 활동으로 향할 수 있다고 보았다. 그러나 라이히는 프로이트나 신프로이트학파를 넘어서서 사회와 그 성원의 깊은 구조를 발견하는 데서 그 해답을 찾고 있다. 그는 맑스의 의식의 개념을 따랐으나 거기에 그람시의 문화적 헤게모니 이론, 곧 지배계급의 이념이 사회기관에 의해 전수됨으로써 지배적 이념이 되는 선진 자본주의에서의 심리적 억압을 다루고 있다.[63] 그에게 있어서 비합리성의 개념이 중심이 되고 있는데 이는 주어진 신념체계를 넘어서 볼 수 있는 논리적 사고 과정을 가로막기 때문이다.

그가 보는 역사, 사회, 인간에 대한 생각을 정리하면 다음과 같다.[64] 첫째, 객관적 사회과정과 그 과정의 주관적 경험은 분리되어야 하며 각각의 과정은 스스로의 법칙에 따르고 다른 에너지 원천을 가지고 있다. 둘째, 지도자는 항상 대중 의지, 곧 평균적 인간 구조의 반영이다. 진보적인 동시에 반동적인 구조를 가진 평균적 인간의 모순과 마찬가지로 지도자의 사고와

63 — Phil Brown, "Civilization and Its Dispossessed: Wilhelm Reich's Correlation of Sexual and Political Repression", The Radical Psychology, (N.Y.: Hooper, 1973), 244-256쪽

64 — Wilhelm Reich, People in Trouble, 171-172쪽

행동은 자기 모순적이다. 이러한 구조는 가족 속에서 준비되고 국가구조 속에 그 효과가 지속된다. 그리고 가족의 문제 곧 성적 조건의 문제는 기술의 문제보다 모든 면에서 더 오래됐고 중요한 것이다. 이는 가족의 변화가 세계의 인간 기술 정복의 변화에 전적으로 의존한다는 사실에도 불구하고 그렇다. 넷째, 기술적으로 말해, 역사의 원동력은 생물학적 에너지, 오르곤 에너지다. 이는 성적 감성과 행복을 위한 욕망으로 표현되는데 정치, 사회, 경제적 조건의 제약을 받는다. 다섯째, 공동사회의 생물학적 에너지의 표현이 그 제약을 넘어서면 러시아에서 본 것처럼 퇴행이 불가피하다. 파시즘에서는 대중의 에너지가 정신적, 물질적 참상을 가져올 만큼 퇴행했는데 그 자신의 의도와 목적을 깨닫지 못했기 때문이다. 여섯째, 독일 사회에서 진보적 과정에 대한 깨달음이 있었음에도 불구하고 보수주의와 정치적 반동 세력이 대중의 에너지를 그들의 이해에 맞게 할 수 있었는데 이것이 파시즘을 구성하였다.

물론 라이히는 파시즘의 비합리성에 대항하기 위하여 대중 정치운동을 하지 않고 성-정치의 실천을 함으로써 깊은 구조의 문제를 해결하는 대신 개인에 초점을 맞추는 나약함을 보여주었다는 것이 문제라고 볼 수 있으며 그 자신 마르쿠제나 프롬과 다른 거시이론을 만들었음에도 이론의 실천 면에서 비판받는 것은 안타까운 일이다. 그러나 그의 사상과 이론이 분명히 말해주는 것은 인간의 생물학적 욕구구조에 대한 깊은 인식, 그것이 억압으로 나타난 대중심리 구조의 반동적 구조, 다시 이와 엇물리는 사회, 경제, 정치 구조와 이념의 역동적 체계를 확연하게 제시했다는 점일 것이다. 이상주의적 이념을 가진 사회변동이 성숙한 인간 구조의 전제 없이는 반동적 파시즘으로 탈바꿈할 수 있다는 사실은 이념의 대립보다 더욱 무서운 악이 우리 자신의 깊은 구조 속에 있음을 일깨워주는 교훈이라 하겠다. 장기적이고 완전한 사회혁명이 혁명 주체들의 합리적 성격 구조에 기반을 두어야 한다는 명제를 우리는 라이히의 「파시즘의 대중심리」라는 저술을 통해 다시 한번 확인하게 된다.

제8장

리처드 루멜트의 『좋은 전략, 나쁜 전략』

박헌준 | 연세대학교 경영대학 명예교수

RICHARD P. RUMELT: GOOD STRATEGY/BAD STRATEGY: THE DIFFERENCE AND WHY IT MATTERS

Good Strategy/Bad Strategy: The Difference and Why it Matters, 2011

박헌준

◎ **소속**

연세대학교 경영대학 명예교수(현)

◎ **경력**

한국소셜벤처대회 집행대표

한국협상학회 회장

한국학술진흥재단 연구지원부장

한국경영사례연구원 책임간사

리처드 루멜트의 『좋은 전략, 나쁜 전략』

Ⅰ. 경영이란 무엇인가?

경영이란 경(經)과 영(營)이다. 근본적으로 경영이란 최선의 파워를 찾아내고 최선의 파워를 이끌어내어 최고의 성과를 만들어 내는 실천적 기술이고 예술적 역량이다. 경영은 경영에 대한 지식이 중요한 것이 아니라 실천적 역량이 중요하다. 경영에 대한 지식을 학습하는 것을 넘어서 경영역량을 어떻게 갖출 수 있으며 실천적으로 어떻게 경영역량을 발휘 하는지를 학습하는 것이 중요하다. 그러므로 경영학도에겐 반드시 실천적 수련을 안내해줄 변혁적 학습transformative learning의 멘토가 필요하다. 리처드 루멜트는 경(經)이란 경영학적 학문 전통에서 가장 훌륭한 멘토이다. 경이란 전략의 영역이고 영(營)이란 조직의 영역이다. 경(經)이란 감성적이라기보다는 지적으로, 기업활동의 진전을 가로막는 장애물이 무엇인지 그 실마리를 파악하고 그것을 극복하기 위한 일관된 행동계획을 세우는 실천적 영역이다. 그러한 역량이 바로 전략의 역량이며 그 전략적 파워의 원천power over이 무엇인가를 이해할 수 있어야 한다. 경(經)과 더불어 대비되는 영(營)이란, 기업이라는 큰 지붕 아래 여러개의 방들이 연결되어 있고 조직 구성원들이 밤새 불을 켜고 일을 꾸려 나가고 사업 조직들이 생명력을 키워 나가는데 필요한 에너지를 어떻게 해야 활발하게 만들어 낼지에 대한 실천적 영역이다. 지적이라기보다는 감성적으로, 무엇을 위한 파워power for가 어떻게 해야 잘 가꾸어질 수 있을 가를 고민하는 영역이다. 바로 이러한 영(營)의 영역을 조직의 영역이라고 하는데 이러한 영(營)의 영역을 어떻게 잘 운영 하느냐가 중요한 이유는 조직의 학습과 혁신, 그리고 성장과 직결되어 있기 때문이다.

오늘날 우리가 알고 있는 경영학이라는 학문은 경제학에 비하면 역사가 짧다. 길어야 140년 정도의 역사를 갖고 있는 학문이다. 만약 경영학의 역사를 근대와 현대로 나눌 수 있다면 근대적 경영학은 관리의 시대라 할 수 있다. 그리고 현대적 경영학은 전략의 시대로부터 시작하여 학습과 혁신의 시대, 과학기술 창업의 시대로 나뉠 수 있을 것이다. 리처드 루멜트 교수는 1966년 경영과 전략에 대한 공부를 시작해서 2020년까지 50여년을 현역 교수이자 전략 컨설턴트로 활동했다. 관리의 시대를 넘어 전략의 시대, 학습과 혁신의 시대, 과학기술 창업의 시대까지 현대 경영학의 모든 경영학적 시대정신을 꿰뚫어 보는 지혜와 현실 비즈니스에 대한 경험을 축적한 경영학자이다. 우리는 정보기술 혁명의 시대를 3차 산업혁명이라 부르는데 3차 산업혁명은 컴퓨팅 시대, 커넥팅 시대, 클라우드 시대를 넘어서 바야흐로 인공지능과 딥러닝을 통한 4차 산업혁명을 꽃피우기 시작하고 있다. 루멜트 교수는 이 새로운 번영의 시대를 관통하는 경영학의 정수 특히 경(經)의 영역 즉 전략 영역의 정수를 제시하고 있다. 또한 경영 리더들을 진정한 전략가로 성장할 수 있게 도와주는 실천적 관점을 제공한다. 그런 면에서 루멜트 교수는 고유한 색깔을 가진 경영학자라고 생각한다. 루멜트 교수의 '좋은 전략 나쁜 전략'은 그만의 고유한 관점을 드러내며 오랜 컨설팅 경험을 바탕으로, 기업 전략 사례분석과 연구를 통해 전략이라는 말이 난무하는 이 시대에 전략에 대한 핵심적 통찰력을 제시해 주고 있다.

그렇다면 루멜트 교수가 이야기 하는 좋은 전략이란 무엇일까? 과연 취해야 할 좋은 전략이란 어떤 것이고, 어떤 것은 버리고 피해야 할 나쁜 전략인가? 둘은 어떻게 다르고 그 차이는 무엇이며 그 차이가 왜 중요한가?

2011년 리처드 루멜트 교수가 뉴욕 Crown Business 출판사에서 출간한 '좋은 전략 나쁜 전략(Good Strategy/Bad Strategy: The Difference and Why It Matters)(국역본: 전략가의 거장으로부터 배우는 좋은 전략 나쁜 전략, 2019년 센시오 출판사, 김태훈 옮김)'이라는 책 속에 경영전략의 역사와 경험에서 뽑아낸 전략의 본질과 정수를 그리고 전략적 작업의 핵심과 의미를 수많은 기업경영 케이스 에피소드의 내러티브를 바탕으로 풀어낸다. 아래에서 루멜트 교수를 소개하고 「좋은 전략, 나쁜 전략」을 요약하고 해설해 보겠다. 끝부분에서 루멜트 교수의 2022년 신작 The Crux: How Leaders Become Strategists을 간략히 소개하면서 마무리한다.

Ⅱ. 전략의 구루, 전략가의 전략가로서 리처드 루멜트 교수는?

전략 분야의 세계적 석학인 리처드 루멜트 교수는 1942년 생으로 2023년 현재 80이 넘은 노교수이다. 그는 학계보다는 오히려 경영 현장과 컨설팅 업계에 더 큰 영향력을 끼친 것으로 알려져 있다. 경(經)의 영역 즉 전략의 영역에서 가장 훌륭한 전략 이론가이면서 가장 뛰어난 전략 컨설턴트로 꼽을 수 있는 전략가가 있다면 과연 누구일까? 세계적인 컨설팅 회사 맥킨지가 발간하는 경제경영분석지 〈맥킨지 쿼털리〉는 그를 '전략의 거장A Giant in the Field of Strategy'이며 '전략가의 전략가Strategist's Strategist'로 불렀다. 경영학자로서 보다는 권위있고 유능한 전략 컨설턴트로 더 많은 활동을 하였던 그는 UCLA 앤더슨 경영대학원의 해리와 엘사 쿠닌 석좌교수이였다. 경영학 교수로서 학문적 경력을 추구하기 이전 루멜트는 UC버클리 공대 출신 공학도이였고 미항공우주국 나사NASA의 시스템 엔지니어로 일했다. UC버클리 공대에서 전기공학 학사1963와 전기공학 석사1965를 마친 그는 캘리포니아

파사데나에 있는 미 항공우주국 나사의 제트추진연구소에서 무인 달 탐사선인 서베이어호 설계 프로젝트와 목성 탐사선 보이저호 설계 프로젝트에 참여한 시스템 엔지니어이었다.

1966년 가을부터 하버드 경영대학원에서 전략 공부를 시작한 뒤 1972년 하버드 경영대학원에서 결정이론과 기업전략에 관한 연구로 경영학 박사 학위를 받았는데 학위를 받은 후 1972년부터 1974년까지 2년간 이란경영연구센터에서 교수로 경험을 쌓기 시작하였다. 이란경영연구센터는, 1959년 하버드 경영대학원의 Georges Doriot교수가 파리 상공회의소의 지원으로 프랑스 퐁텐블로에 설립하였던 유럽경영대학원 INSEAD처럼, 1972년 이란에 세워져 1980년 미국과의 관계가 악화될 때까지 존재했던 미국식 경영교육기관이었다. 1974년 다시 하버드 경영대학원으로 돌아와 전략분야 교수1974-1976로 일하다가 1976년부터 캘리포니아 UCLA 앤더슨 경영대학원 교수로 옮겨가서 평생 재직했다. 잠시 3년간 프랑스 퐁텐블로에 있는 INSEAD 교수1993-1996로 일하면서 미국과 유럽 양 대륙에 걸친 조직들과 기업의 컨설턴트로 활동한 시기가 있었다. 1993년 UCLA에서 해리와 엘사 쿠닌 석좌교수로 임명 되었고, 1995년 INSEAD에서 Shell International 석좌교수로 임명 되었으며, 1994년부터 1996년까지 세계전략경영학회Strategic Management Society 회장이였고, 2005년 세계전략경영학회의 원로원SMS Fellow 회원으로 선출되었다. 루멜트 교수는 평생 수없이 많은 기업의 현실 경영리더들을 만나 경영 현장의 목소리를 직접 들었다. 현실 기업 경영전략을 보고 듣고 경험하고 연구하고 컨설팅 하면서 무엇이 나쁜 전략인지 좋은 전략인지를 직접 피부로 경험하였다. 그러면서 전략에 대한 루멜트 교수만의 통찰력과 자신만의 고유한 관점을 구축하였다. 리처드 루멜트 교수의 전략에 관한 관점과 견해를 현실 경영자들이 특별하게 느끼고 그 진가를 인정하는 것은 당연하다. 루멜트 교수의 전략에 대한 관점은 뛰어난 이론이면서 동시에 현실 경영자들의 가슴을 떨리게 만들고 눈을 번쩍 뜨게 할만큼 실천적 힘을 갖고 있기 때문이다.

리처드 루멜트 교수는 전략분야에서 마이클 포터 교수의 시장-파워 포지셔닝 전략이론적 전통과 엄격히 구분되는 자원기반관점RBV, Resource-Based View 창시자 중 한사람이다. 그가 1972년 학위논문에서 제시하였던 핵심기술core skills, the knowledge underlying linkages among businesses이라는 개념은 18년 후 1990년 게리 하멜 교수와 CK 프라할라드 교수의 핵심역량core competences이라는 개념으로 진화되었으며 1991년 제이 바니 교수의 자원기반관점의 VRIO 모형으로 발전되었다. 물론 1951년 Edith Penrose 교수가 underutilized skills and resources라는 개념을 언급한 점을 생각하면 이러한 관점이 누구의 아이디어인지를 꼭 집어서 밝힐 수는 없을지라도 루멜트 교수가 자원기반이론 창시자 중 한사람이라는 사실은 분명하다. 루멜트 교수가 전략에 대하여 공부를 시작할 때이던 1966년에는 전략에 관련된 책이 오로지 세 권 밖에 없었고 논문은 하나도 없었다고 회고하고 있다. 현재 전략 분야에 축적된 수많은 책들과 논문들을 보면 그동안 얼마나 전략 분야가 성장해왔고 발전해 왔는가를 알 수 있다.

루멜트 교수는 바로 전략에 대한 이론적 지식에 그치는 것이 아니라 그가 전략적 작업strategy work이라고 부르는, 전략적 리더십 역량을 어떻게 갖출 수 있고 실천적으로 전략적 경영역량을 어떻게 발휘해야 할지를, 가르쳐준다. 여러분 경영 리더들과 독자들에게 실천적 학습을 안내해줄 수 있는 전략가의 전략가로서 실무 경영 현장에서 실천하는 경영자들에게 새로운 관점과 통찰력을 제시해준다. 루멜트 교수는 기본적으로 전략을 이론적 틀로 이해하지 아니하고 '전략적 작업'으로 인지한다. 직접 쓸 수 있고 활용할 수 있는 전략적 작업에 대한 관점을 축적시켜 왔다는 말이다. 쿠르트 레빈의 명언 "좋은 이론만큼 실용적인 것은 없다"는 말이나 '요기'라는 별명으로 더 잘 알려진, 뉴욕 양키스 야구팀의 전설적 감독, 로렌스 피터 베라의 “이론상은 이론과 실제가 다르지 않다. 그러나 실제에 있어서 이론과 실제는 다르다”라는 말이 가장 잘 어울리는 전략 분야의 경영학자이다.

경영이라는 수련법을, 전략이라는 수련법을, 익히고 단련하는데 이만큼 영향력이 있는 책은 없다고 해도 과언이 아닐 것이다. 여러분이 ‘경영학’에 대한 학문적 관심을 넘어서 ‘경영’이라는 실질적이고 실천적인 지혜를 얻고 싶다면 꼭 읽어보라. 30여년 간 경영 리더를 길러내는 경영교육자로서 경영학습과 교육에 대해 고민하며 살아온 해설자에게 전략분야의 명저 하나만 고르라면 주저없이 루멜트 교수의 ‘좋은 전략 나쁜 전략’을 추천하겠다. ‘좋은 전략 나쁜 전략’은 치밀한 사례분석과 연구로 경영 리더들이 어떻게 전략을 강력하게 업그레이드 할 수 있는지 실천적인 방법과 통찰력을 제시한다. 전략에 대한 관점의 전환을, 경쟁우위에 대한 관점의 전환을 원한다면, 그리고 전략과 경(經)에 대한 실천적 관점을 품고 싶다면, ‘좋은 전략과 나쁜 전략’을 읽어라. 이 책을 통해서 리처드 루멜트 교수를 꼭 만나보라.

III. 달 주변의 구름을 물들여 환한 달을 그린다?

루멜트 교수는 경영 현장에 만연하고 있는 나쁜 전략의 모습을 드러냄으로써 좋은 전략의 모습을 드러낸다. 달 주변의 구름을 어둡게 표현함으로써 달이 드러나도록 하는 홍운탁월(烘雲托月)이라는 동양 수묵화 기법처럼 달 주변에 그윽이 끼어 있는 달무리를 그려서 달을 표현한다. 문학의 은유처럼 달을 직접 그리지 않으면서 달을 드러내는 간접적 표현으로 전략의 멋을 드러낸다. 2007년 루멜트 교수는 워싱턴 DC에서 전략예산평가센터 주최로 열린 국가안보전략 세미나에서 기업경영 세계의 전략적 관점을 제시하고 토론하면서 '나쁜 전략'이라는 용어를 처음 쓰기 시작했다고 한다. 루멜트 교수의 컨설팅 경험과 연구활동을 통해서 관찰한 바에 따르면 불행하게도 나쁜 전략의 사례가 좋은 전략의 사례보다 훨씬 많으며 갈수록 보편화되고 있다고 한다. 루멜트 교수는 국가안보전략 세미나 이후에도 몇 년 동안 나쁜 전략에 대해 많은 경영인들과 논의하면서 다음과 같은 나쁜 전략의 네 가지 속성을 정리할 수 있었다고 한다. 첫째, 실질적인 내용이 없는 전략일수록 미사여구fluff나 쓸데없이 어렵고 추상적인 용어들을 늘어놓아서 고차원적 사고의 결과물인 듯한 착각을 심어준다. 둘째, 나쁜 전략은 문제를 명확하게 정의하여 대처하지 않고failure to face the problem 정작 문제를 회피하거나 악화시킨다. 셋째, 나쁜 전략은 목표와 전략을 혼동mistaking goals for strategy하여 장애물을 극복하기 위한 구체적인 행동 계획이 아닌 희망사항만 제시한다. 넷째, 나쁜 전략은 중요한 사안을 간과하거나 일관성이 부족한 목표dog's dinner objectives나 비현실적 목표blue-sky objectives 등 잘못된 전략적 목표bad strategic objectives를 추구한다.

나쁜 전략은 목표를 내세우고 행동을 무시한다. 나쁜 전략을 수립하는 사람들은 목표만 제시하면 충분하다고 생각하고 일관성과 현실성이 부족한 전략적 목표를 나열한다. 그리고 이러한 문제를 감추려고 온갖 미사여구를 동원한다. 나쁜 전략도 나쁜 전략 나름대로의 고유한 논리를 갖고 있으며 잘못된 토대 위에 세워진다. 맥락적으로 상황을 정확하게 파악하지 못하면서 문제에 대한 분석을 의도적으로 회피한다. 전략을 문제해결이 아닌 목표 설정으로 오해한다. 자원과 행동을 집중하지 않고 모든 면을 두루두루 또는 모든 이해관계자를 만족시키려 한다. 결국 어려운 선택을 회피하면서 나쁜 전략이 생겨나고 만연하게 된다. 나쁜 전략이 확산되면 기업은 시들고 조직은 와해된다. 나쁜 전략은 구호만 내세우거나 희망사항에 불과한 계획을 수립하고 기준만 높이 잡을 뿐 정작 효율을 개선하지 못한다. 나쁜 전략은 선택과 집중의 힘을 무시하고 상충하는 이해관계와 필요를 동시에 수용하려 든다. 나쁜 전략은 단지 좋은 전략의 부재가 아니라 근본적으로 상황에 대한 오판과 리더십 실패에서 나온다. 강한 열정과 의지만 있을 뿐 전략이 없으면 통찰력과 역량을 확보할 수 없다. 전략은 비전과 달라야 하고, 야심도 아니며, 리더십 자체도 아니며, 기획과도 다르고, 경제적 경쟁 논리도 아니다. 전략은 목표나 비전 또는 단순한 구호가 아니며 이론적으로만 설명하는 것도 아니고 멋진 도표나 그림으로 그럴듯하게 설명하는 것도 아니다. 이러한 접근이 현실 기업경영의 다양한 맥락적 상황에서 잘 작동하기 어려운 이유는 현실 속에서 전략적 작업을 통해 좋은 전략 수준에 도달하는 것이 어렵기 때문이다. 불행하게도 현실 속에서 좋은 전략을 접하기는 정말 어려우며 전략을 말하는 리더들은 늘어나지만 실상은 나쁜 전략을 따르고 있다.

그렇다면 왜 이렇게 나쁜 전략이 많은 것일까? 자연스럽게 의문이 들 수 밖에 없다. 나쁜 전략이 이렇게 만연하는 이유는 무엇일까? 루멜트 교수는 이렇게 답하고 있다. 첫째 이유는, 경쟁, 자원, 과거의 교훈, 변화와 혁신으로 인한 기회와 위기에 대하여 평가하는 분석적 과정에서 여러가지 실수를 저지르는 것이 한 원인이라는 것이다. 루멜트 교수는 오랜 기간에 걸친 강의와 컨설팅 경험을 통해서 이상한 점을 발견했다는 것이다. 이러한 계산 착오를 방지하기 위한 경영에 대한 기술적 훈련이 나쁜 전략을 만드는 경향을 거의 줄이지 못한다는 사실을 깨달았다고 한다. 진정한 문제는 분석적 접근에 따르는 계산 착오가 아니라 좋은 전략을 수립하는 어려운 작업을 회피하는the unwillingness or inability to choose데서 온다는 것이다. 회피의 주된 이유는 선택에 수반되는 고통을 마주하지 못하고 리더가 여러 상충하는 가치들 사이에서 결단을 내리지 못하거나 내리려고 하지 않기 때문이라는 것이다. 두번째 이유는 이미 성공한 조직의 기존 전략은 성공함정이라는 조직학습의 실패로 심각한 위기가 오기 전에는 좀처럼 변하지 않는다는 것이다. 전략을 세우는 작업의 근본적 어려움은 논리가 아니라 선택이며 다른 길들을 버리고 하나의 길을 선택하는 일과 다른 수많은 꿈과 희망과 야심을 거부하는 일인데 이 과정에는 심리적 비용, 조직적 비용, 정치적 비용과 노력이 요구되기 때문이라는 것이다.

나쁜 전략이 만연하는 또 다른 중요한 세번째 이유는 마스 베버가 설명한 카리스마 리더십에 대한 전략 컨설팅 산업에서의 잘못된 접근 때문이다. 피터 드러커도 카리스마 그 자체는 리더의 효율성을 보장하지 않는다고 말했다. 큰 성과를 거두려면 카리스마와 함께 리더의 신중한 관심이 결합되어야 한다는 것이다. 카리스마 리더십과 더불어 1985년에 발간된 워렌 베니스와 버트 나누스의 'Leaders: The Strategies for Taking Charge' 그리고 버나드 배스의 'Transformational Leadership: Industrial, Military, and Educational Impact' 변혁적 리더십에 대한 두 권의 책이 또 다른 영향을 미쳤다. 컨설팅 산업에서 이를 하나의 틀과 공식으로, 즉 비전, 사명, 가치, 전략이라는 컨설팅 도구로 환원하기 시작하면서 거대한 산업을 형성하게 되었고 이것이 화근이 되었다. 리더십 역량과 전략 역량이 우연히 같은 사람에게 결합되는 경우는 있을 수 있지만 리더십과 전략은 같은 것이 아니며 리더십을 전략과 혼동할 때 문제가 생길 수밖에 없다는 것이다.

Ⅳ. 좋은 전략이란 무엇이고 그 중요핵심 알맹이와 논리적 구조는?

좋은 전략은 연쇄적 효과를 안겨줄 핵심 목표에 자원과 노력을 집중해야 한다. 좋은 전략은 힘을 강화시켜주는 지렛대와 같고 지렛대로 삼을 핵심

역량이 있어야 공격적인 목표를 달성할 수 있다. 경영 리더가 상황에 대한 근본적 오판에서 벗어나려면 보다 폭넓은 시각을 가져야 하고 큰 그림을 그릴 줄 알아야 한다. 경영 리더가 리더십 실패에서 벗어나려면 '목표를 부여받는' 것에서 '핵심 목표를 부여하는' 것으로 입장 전환을 해야 한다. 다른 많은 조직들이 예상하지 못하는 전략에 일관된 행동의 힘과 게임의 규칙을 바꾸는 관점의 전환이 연결되면 경쟁자들이 예상하지 못하는 의외성이 나타난다. 리처드 루멜트 교수는 좋은 전략은 의외성과 함께 비대칭성을 가져야 한다고 주장한다. 좋은 전략은 예상을 깨뜨려야 한다. 경쟁 상대방의 예상을 깨뜨려야 하고 다른 경쟁 조직들이 예상하지 못하는 것이어야 한다. 맥락적 상황에 대한 근본적 지혜를 갖추면 의외성과 비대칭성을 찾아낼 수 있다. 전략적 작업의 핵심은 주어진 상황에서 결정적인 영향을 미치는 요소들을 찾아내고 거기에 대응하는 행동계획을 세우는 것이다. 리더의 가장 중요한 책임은 진전을 가로막는 장애물을 파악하고 그것을 극복하기 위한 일관된 접근법을 세우는 것이기 때문이다.

의외성과 비대칭성을 갖춘 좋은 전략의 사례로 루멜트 교수는 1805년 영국 넬슨 제독의 트라팔가 해전의 전략을 이야기 한다. 하지만 우리가 우리의 역사 속에서 잘 알고 있다시피 1592년 한산도 대첩에서의 이순신 장군의 학익진과 트라팔가 해전에서의 영국 넬슨 제독의 정면돌파 전략은 둘의 모양이 서로 전혀 다르다. 둘 다 좋은 전략의 대표적 모습이지만 좋은 전략이란 그 맥락적 상황에 따라 다를 수 있다. 좋은 전략은 직면한 도전적 과제를 있는 그대로 보여주고 그것을 극복하기 위한 해결책을 제공해야 한다. 맥락적 상황에서 맞닥뜨린 문제가 어려운 문제일수록 강력한 효과를 얻기위한 노력에 더 초점을 맞추어야 한다.

루멜트 교수는 좋은 전략의 중요핵심 알맹이는 다음과 같은 논리적 구조를 가지고 있다고 설명한다. 냉정한 진단The diagnosis defines or explains the nature of the challenge, 짜임새 있는 추진방침The guiding policy defines a clear direction for addressing or dealing with the challenge, 일관된 행동coherent action defines how to execute the guiding policy이라는 세가지 핵심요소가 긴밀하게 연결되어 있어야 한다는 것이다. 좋은 전략은 커널The kernel이라고 부르는 중핵, 중요핵심, 즉 알맹이가 있고 세가지 요소로 구성된 논리적 구조를 가진다. 또한 현실에서 전략적 '작업'은 만들어 나가는 것이고 시간 속에서 구현하는 것이기 때문에 사전에 치열한 고민을 통해서 준비를 해야 한다. 좋은 전략의 작업이 제대로 이루어지기 위해서는 현실 맥락적 상황을 논리적으로 이론화하여 유연한 적용을 어렵게 해서는 안된다.

1. 냉정한 진단

1999년 UCLA 경영대학원장 자리에서 물러난 의사결정분야 존 마머 교수는 전략을 가르치고 싶어했고 루멜트 교수에게 조언을 요청했다. 루멜트 교수의 강의를 10회에 걸쳐 참관하면서 마머 교수는 교수법에 대한 의견을 나누었다. 마머 교수는 루멜트 교수에게 사례기반 교육과 전략학습의 장에서 교수는 모든 사례에 대하여 '무슨 일이 벌어지고 있는가What's going on here?'라는 한가지 질문만 하고 있는 것 같다고 지적하였다. 루멜트 교수는 그의 지적이 옳다고 하면서 전략을 세우는 일의 기본은 무슨 일이 벌어지고 있는가를 파악하는 것이며 단지 무엇을 할지 결정하는 것보다 '근본적인 문제가 무엇인지를' 밝히는 것이 훨씬 더 중요하다고 대답했다고 한다. 통찰력있는 냉철한 진단이야말로 상황에 대한 새로운 시각의 전환을 가져오며 완전히 다른 관점을 채택하게 한다.

1983년 스타벅스라는 시애틀의 작은 커피 원두 유통체인에서 마케팅 및 소매운영 매니저로 일하던 하워드 슐츠는 이탈리아 밀라노에 있는 에스프레소 바를 방문하여 에스프레소 문화를 체험하면서 영국 런던의 커피숍 문화와 미국 커피문화에 대한 비교 가설을 세웠다. 이 비교 가설을 바탕으로 일 지오르날레라는 이탈리아식 커피숍을 열었다가 다시 미국 문화에 맞게 정책을 수정 변경했다. 1987년 스타벅스의 소매 체인과 브랜드를 사들인 하워드 슐츠는 스타벅스를 새로운 기업으로 탄생시킨다. 커피문화에 대한 자신만의 새로운 가설에 대한 실험, 데이터를 수집하여 변칙을 발견하고 또 다시 새로운 가설에 대한 실험으로 이어진 학습과정은 스타벅스를 1992년 상장, 2001년 전세계에 4700개의 매장을 갖춘 미국의 아이콘으로 성장시켰다. 스타벅스는 로스팅, 브랜딩, 서빙까지 수직적으로 통합된 사업구조를 갖게 되었으며 다양한 요소들을 긴밀하게 조절하면서 각 부문에서 생성된 정보를 축적, 상호작용을 통한 학습효과를 얻어낼 수 있었다.

2000년 슐츠가 물러난 이후 2008년 스타벅스는 위기를 맞이한다. 방문고객 증가율이 정체되고 이익률이 낮아졌다. 급성장하는 모든 기업은 시장이 포화상태에 가까워짐에 따라 자연스럽게 어느 시점부터 동력을 잃기 시작하게 된다. 누구도 문제를 정확하게 정의하기 어렵고 적절한 행동이나 접근법을 생각해 내기도 어려우며 행동과 결과 사이의 연결고리를 예상하기도 어려운 비구조화 문제에 직면하게 된다. 미국 시장이 포화상태라면 해외시장은 확대할 여지가 있을까? 매장을 지나치게 많이 낸것이 문제일까? 고객의 기호가 변한 것일까? 경쟁자의 등장으로 스타벅스의 차별화 요인이 사라진 것일까? 스타벅스는 커피점일까 도시의 오아시스일까? 다른 종류의 매장이나 상품으로 확장할 여지가 있을까? 커피와 매장의 상대적 중요도는 적당한가? 과연 스타벅스가 처한 상황은 기대관리의 실패 상황일까? 새로운 성장 플랫폼의 부재 상황 일까? 경쟁우위의 잠식 상황 일까?

어떻게 진단을 내리던 각 진단은 다른 진단에 따른 행동들을 배제하게 된다. 문제는 어느 진단이 옳은지 사전에 증명할 수는 없다는 것이다. 슐츠는 위기를 맞이한 스타벅스에 2008년에 복귀 하면서 철저하게 반성을 하였다 '성장을 전략으로 인식하게 되는 순간, 이는 집착과 중독을 낳았다.' 스타벅스는 보다 신중하게 정당한 명분과 수익성이 있는 성장을 추구하는 데 초점을 두면서 다시 회생하였다.

2. 짜임새 있는 추진방침

루 거스너1942~ 는 1989년 American Express에서 RJR 나비스코이 CEO로 옮겨 왔었다. RJR 나비스코는 1988년 KKR의 헨리 크라비스가 벌인 차입 인수합병LBO 전쟁(1989년 Barbarians at the Gate 라는 논픽션 소설로 다루어졌고 나중에 1993년 HBO에서 같은 제목으로 TV 드라마화 되었던 스토리)으로 유명한 회사였다. 루 거스너가 1993년부터 2002년까지 IBM을 기사회생시킨 턴어라운드 리더십은 정확하고 냉정한 바른 진단과 함께 짜임새 있는 추진방침을 보여준다. 1993년 RJR 나비스코 CEO였던 루 거스너가 IBM CEO에 취임하였을 때 IBM은 심각한 침체 상태에 빠져 있었다. 컴퓨터 산업은 마이크로프로세서 기술의 발전으로 상황이 바뀌었고 칩, 메모리, 하드 디스크, 키보드, 소프트웨어, 모니터, 운영체제 등의 분야로 분화가 일어나고 있었다. 데스크탑 컴퓨터가 보편화되고 사람들이 윈텔이라고 부르게 된 윈도우-인텔 시스템이 표준으로 자리 잡는 상황에서 IBM은 과연 어떻게 대응해야 했을까? 당시 IBM 내부와 월스트리트 애널리스트들의 지배적 시각은 산업지형의 변화에 발맞추어 사업분화를 주장하고 있었고 이미 분사를 위한 작업이 진행되고 있었다.

루 거스너는 상황을 분석한 뒤 전혀 다른 진단을 내렸다. 루 거스너는 하드웨어 플랫폼이 아니라 고객 솔루션에 초점을 맞추어 분화가 아닌 통합을 강화해야 한다고 주장한 것이다. 물론 핵심적인 장애물은 내부 조율과 유연성의 부족이었다. 새로운 진단에 따른 추진방침은 IBM의 고유역량을 활용하여 고객에게 맞춤식 솔루션을 제공하는 것이었다. 루 거스너는 고객

솔루션 정책이라는 추진 방침을 세우고 진단을 통해 드러난 장애물을 극복하기 위한 전반적인 접근법을 제시하고 행동을 특정한 방향으로 유도했다. 좋은 추진방침은 경쟁자의 행동과 반응을 예측하고 상황의 복잡성과 모호성을 줄이면서 집중적인 노력을 통한 지렛대 효과를 활용하여 일관된 행동을 유도한다. IBM의 핵심적인 부가가치 활동은 시스템 엔지니어링에서 IT 컨설팅으로, 하드웨어에서 소프트웨어로 전환되었다. 루 거스너의 '코끼리를 춤추게 하라Who says elephants can't dance?'는 책에는 고객에게 통합 솔루션을 제공하는 정책을 추진해 나가면서, IBM의 시장 대응 능력을 강화하기 위해 내부에 고객 지향적 조직 문화를 구축하여, IBM을 회생 도약시킨 과정이 자세히 그려져 있다.

3. 일관된 행동

좋은 전략은 반드시 행동을 수반한다. 많은 사람들은 추진 방침을 정하는 단계에서 멈춘다. 추진방침을 전략으로 오해하기 때문이다. 반드시 주요 행동들로 이동하여야 하고 이러한 행동들을 조직의 역량을 집중하여 서로 상승작용을 하도록 조율하고 일관성을 확보해야 한다. 프랑스 퐁텐블로에 있는 세계적인 경영대학원인 인시아드INSEAD는 II에서 설명했듯이 조르주 도리오라는 하버드대 교수의 구상으로 설립되었다. 인시아드 도서관에 있는 그의 동상에는 "행동하지 않으면 세계는 여전히 아이디어에 머물 뿐이다"라는 말이 새겨져 있다. 힘든 선택을 하지 않고도 원하는 것을 얻을 수 있다는 헛된 희망은 행동을 가로막는 주된 요인이다. 전략은 우선순위를 정하는 어려운 작업을 통해서 만들어진다. 그래야만 효과적인 행동을 취할 수 있다. 행동의 필요성은 다른 어떤 것보다 전략적 아이디어를 날카롭게 다듬어준다. 전략은 기본적으로 가장 중요한 목표를 결정하고 거기에 자원과 행동을 집중하는 것이다. 그러려면 다른 목표를 포기하는 결단이 필요하다.

전략적 행동은 일관성을 갖추어야 한다. 일관성이 없는 전략적 행동은 별개의 목표를 추구하게 되고 상승효과를 일으키지 못한다. 전략은 구체적인 문제를 해결하기 위해 행동을 조율해야 한다. 전략적 조율은 일시적 조정이 아니라 기획에 따른 체계적 조정이어야 하며 자원과 행동을 유기적으로 어떻게 결합해야 하는가를 구체적으로 제시해야 한다. 행동을 조율하는 한 가지 방식은 V.3에서 설명하는 근접 목표를 정하는 것이다. 근접 목표란 타당성을 지닌 현실적인 목표를 말한다. 전략은 조율된 행동을 시스템에 적용하는 것인데 어떠한 시스템도 관성이 없을 수는 없고 그 관성을 극복 하려면 집중된 힘이 필요하다. 다른 한편으로 조율은 기본적으로 모든 분야에 간섭하여 전문성을 약화시키기 마련이다. 특정한 분야에 집중하여 전문성을 확보하는 것과 조율은 상쇄관계에 있기 때문에 적절한 수준의 조율이 꼭 필요하다.

V. 좋은 전략을 만드는 파워의 원천은?

좋은 전략은 조직의 역량을 모아서 최대의 효과를 발휘할 수 있는 곳에 집중하면서 단기적으로는 자원, 행동, 정책의 기민한 통합을 통해서 문제를 해결하고 장기적으로는 미래의 경쟁환경에 대비한 역량을 구축한다. 루멜트 교수는 좋은 전략에서 활용하는 근본적인 역량의 원천을 아홉가지로 설명한다. 아홉가지 근본적인 역량의 원천은 지렛대, 근접 목표, 사슬형 시스템, 설계, 초점, 경쟁우위, 전략적 성장, 변화의 파도와 역학, 관성과 엔트로피 이다. 위 아홉가지 근본적 파워의 원천 중에서 본 해설자에게 가장 루멜트 교수다운 루멜트만의 고유한 관점perspective이 잘 드러나는 파워의 원천을 꼽으라면 아마도 근접 목표proximate objectives에 대한 관점, 전략적 설계using design의 관점, 변화의 파도와 역학using dynamics에 대한 관점을 꼽을 수 있을 것이다. 위 세가지 관점은 전략의 일반적 처방이나 조언과 많은 부분에서 다르고 특별하여 루멜트 교수만의 고유한 전략관을 형성하고 있다고 판단된다. 아래에 위 세가지 관점을, 즉 변화의 파도와 역학에 대한 관점, 전략적 세계의 관점, 그리고 근접목표에 대한 관점을, 다른 여섯가지 관점에 비해서 좀 더 자세히 요약하고 먼저 해설 하려한다. 나머지 여섯가지 관점은 경영자가 쉽게 수긍할 수 있을 뿐아니라 다른 전략 이론들의 주장에서도 찾아볼 수 있는 관점이라는 뜻이다. 아홉가지 좋은 전략을 만드는 근본적 역량의 원천을 찾아내지 못하고 놓치거나, 찾아 내더라도 활용하지 못하면 나쁜 전략이 될 수밖에 없다.

1. 변화의 파도와 역학을 활용하라(Using Dynamics)

변화는 깨달음을 필요로 한다. 1996년 겨울 어느날, 루멜트 교수는 퐁텐블로에 있는 인시아드 연구실을 떠나 마트라 커뮤니케이션즈의 경영진을 만나러 파리로 차를 몰았다. 40세의 CEO인 장-베르나르 레비는 프랑스 행정부와 프랑스 텔레콤을 거쳐 마트라의 위성 사업을 맡고 있었다. 레비는 나중에 2002년 미디어재벌인 비방디의 CEO에 오른 데 이어 2005년에는 비방디 이사회 의장이 된다. 루멜트 교수와 레비는 빠르게 변화하는 통신설비 산업에서 마트라 커뮤니케이션즈가 직면한 문제들을 논의했다. "향후 휴대전화가 통신업계의 지형을 바꿀 것입니다. 또한 규제완화로 게임의 규칙이 바뀔 것입니다. 그리고 인터넷은 통신, 데이터, 엔터테인먼트의 경계를 허물 것입니다."라고 레비가 말문을 열었다. 루멜트 교수는 "그렇다면 네트워크 설비와 무선 통신 설비 부문에서 큰 기회가 생기겠군요?"라고 물었다. 레비는 "그것은 조만간 닥칠 변화이고 장기적으로는 더 큰 변화가 일어날 것입니다."라고 대답했다. 루멜트 교수가 다시 질문을 던졌다. "무엇이 통신 설비 업계에서 구조를 바꾸는 가장 큰 힘인가요? 다들 정보통신과 컴퓨터 사이의 접점은 AT&T와 IBM의 전쟁터라 될 것이라고 예상했었는데 신생기업인 시스코Cisco가 이 새로운 시장을 장악한 점은 어떻게 생각하나요?" 레비는 이렇게 대답했다. "마트라에도 네트워크 설비를 개발하는 엔지니어들이 있고 기술적인 내용을 충분히 알고 있었지만 시스코가 개발한 네트워크 라우터의 성능을 따라 잡는 제품을 개발하지 못했습니다. 시스코 라우터의 핵심은 펌웨어라 불리는 소규모 개발팀이 개발한 소프트웨어인데 거기에 시스코의 장점이 있습니다."라고 대답했다. 루멜트 교수는 그날 밤 파리에서 퐁텐블로로 돌아와서 인터뷰 내용을 정리하고 재검토하였다. 그제서야 소프트웨어가 업계의 구조를 바꾸는 큰 힘이며 근본적 역량이라는 중요한 사실을 깨달았다고 한다.

많은 전략 이론들이 경제적 고지the high ground가 중요한 이유를 자세하게 설명한다. 고지는 공격을 어렵게 하고 방어를 쉽게 만들어 준다. 다시 말해서 경쟁우위의 기반이 되는 비대칭성을 형성한다. 유리한 고지의 가치가 높을수록 확보 비용이 많이 소요되는 반면 쉽게 확보할 수 있는 고지는 공격 당하기 쉽다. 그러나 이러한 이론적 설명은 보다 중요한 현실적이고도 실천적인 질문을 간과하고 있다. 경제적 고지가 중요한 이유에 대해선 설명이 많은데 그 경제적 고지를 차지하는 실천적 방법에 대해선 침묵하고 있다는 것이다. 고지를 어떻게 차지할 수 있는가에 대한 질문을 충분히 하고 있지 않다는 사실은 전략 이론의 맹점이 아닐 수 없다. 사실 경제적 고지를 확보하는 실천적 방법에는 두가지가 있다. 하나는 기술 혁신이나 사업모델의 혁신을 통해서 새로운 고지를 만들어 내는 방법이고, 다른 하나는 변화의 파도에 올라타는 방법이다. 맥락적 상황에 따라 첫번째 방법이 두번째 방법보다 더 쉽거나 더 어려운 것은 아니다. 하지만 변화의 파도에 올라탄다는 두번째 방법은 시장의 지형을 바꿔놓거나 기존 경쟁 구도를 뒤흔들어서 오랜 경쟁우위를 무력화하고 새로운 경쟁우위를 생성한다. 변화의 파도는 통제하기 어려운 강력한 힘을 지닌다. 전략적 리더의 역할은 바로 이 변화의 힘을 활용할 수 있는 통찰과 기술 그리고 창의력을 제공하는 것이다. 그러기 위해서는 변화의 파도와 역학을 이해하고 중요한 고지를 구축할 수 있는 분야에 역량을 집중해야 한다. 변화의 파도와 역학을 이해하려면 과거 역사적 조망hindsight과 함께 미래에 대한 전망foresight도 있어야 하지만 무엇보다도 변화에 대한 통찰력insight과 경영 리더인 당신만의 고유한 관점perspective이 필요하다.

많은 사람들이 현대에 들어 3차 산업혁명과 4차 산업혁명의 영향 아래 변화의 스케일과 속도가 너무 빨라졌다고 얘기한다. 그러나 이 말은 틀렸다. 루멜트 교수는 물론 최근 50년간 1975-2025의 변화가 그 속도, 복잡도, 규모면에서 엄청난 것은 맞지만 19세기 말부터 20세기 초 과거 50년간 1875-1925의 변화보다 더 빠른 것도 아니라는 사실을 이해한다면 다르게 느낄 수도 있다고 말한다. 100년 전에도 변화는 광범위한 범위에 걸쳐서 엄청난 규모와 빠른 속도로 일어났다. 1875년에서 1925년 사이에 일어난 과거의 변화와 현대의 변화를 비교해 보면 현대의 변화가 과거의 변화보다 더 빠르고 거대하다는 인식은 기업 역사에 대한 무지를 드러내는 것이다. 근대적인 요소의 대부분이 형성되었던 과거 100년 전 1875-1925 50년을 생각해보라. 전기가 처음 우리의 공장과 가정의 밤을 밝히기 시작했고 전차가 다니기 시작했으며 통근문화가 생기고 교외 주택지가 생겨났다. 공장들은 증기 엔진이나 수차로 기계를 돌리지 않고 전기 모터로 기계를 돌리기 시작했으며 방적기는 자동으로 옷감을 짜고 또한 전신, 전화, 라디오를 통해 의사소통의 중대 혁신이 일어났다. 철도와 고속도로는 전국을 같은 생활권으로 묶어냈고 자동차라는 교통수단의 등장은 우리의 생활방식을 변화시켰다. 항공운송과 농업이 처음으로 상업화되었으며 1906년에는 첫 자동 연산기계가 개발되었다. 도시의 모습이 바뀌었고 광고, 유통, 마케팅이 태동하면서 유명 브랜드들이 성장하기 시작하였다.

변화의 파도와 역학을 이해하는데 중요한 것은 미래를 예측하는 것이 아니라 사실은 과거와 현재를 이해하는 것이다. 현재 일어나는 수많은 전환과 조정 속에 거대한 변화의 단서가 숨어있다. 이 단서의 파편들을 모아서 패턴을 만들 수 있다면 근본적인 변화의 힘을 파악할 수 있다. 모든 단서는 이미 우리 눈앞에 놓여있고 우리는 거기서 깊은 의미를 읽어내야 한다. 변화가 일어날 때 대부분의 사람들은 겉으로 드러나는 1차적 영향에만 주목하는데 한걸음 더 나아가 그 이면의 힘과 함께 2차적인 영향을 보는 통찰력과 관점을 길러야 한다. "변화의 단서를 찾아내서 태풍을 읽는 일은 아주 중요하고 이 일에는 대단한 통찰력이 필요하다. 그럼에도 불구하고 대부분의 산업은 대부분의 기간동안 안정된 상태를 유지한다는 점도 잊으면 안된다." 루멜트 교수의 변화에 대한 관점은 정말 특별하다. 변화의 영향력과 파급력은 변화의 파도가 지나간 후에야 확인할 수 있다. 하지만 이미 변화의 파도가 지난 후에는 위험을 피하고 기회를 활용하는 것이 불가능하다.

시스코가 활용한 힘은 기술 차원을 뛰어넘는 훨씬 광범위한 것이었다. 과거 통신 설비 부문에서 성공을 좌우한 것은 능력있는 엔지니어들이 작업을 조율하고 대규모 개발 프로젝트를 진행하며 복잡한 제조 공정을 관리하는 역량이였다. 과거 AT&T와 IBM의 성공을 만들어낸 힘이 바로 그것이었다. 그러나 마트라 커뮤니케이션즈의 CEO인 장-베르나르 레비와의 인터뷰 직후 깨닫게 된 것처럼 1996년 무렵부터 성공의 토대가 변화하고 있었다. 소규모 팀이 개발 제작하는 소프트웨어로 바뀌고 있었던 것이다. 규모의 경제에서 기술과 노하우로 무게 중심이 이동하고 있었다. 이러한 변화를 전쟁에 비유하면 전투의 양상이 돌격전에서 게릴라전으로 바뀐 것과 같았다. 산업의 지형을 바꾸는 숨겨진 힘의 거대한 작용을 파악하려면 이처럼 면밀한 분석이 필요하다. 충분한 전문성을 갖춰야 변화의 파도와 역학이 어떤 식으로 펼쳐질지 예측할 수 있다. 변화가 시작되면 여러가지 피상적 진단들이 마구 쏟아져 나온다. 그러나 중요한 일은 변화의 이면에 존재하는 근본적인 힘을 발견하는discerning the fundamentals 것이다.

오랫동안 정보통신 산업은 대단히 안정되어 있었다. 하지만 루멜트 교수가 마트라 커뮤니케이션즈 레비와 함께 시스코에 대한 이야기를 나누던 1996년 무렵 갑작스런 변화의 파도가 밀어 닥쳤다. 90년대 초반은 정보기술혁명의 1세대인 컴퓨팅 시대가 2세대인 커넥팅 시대로의 변화가 태동되던 시대였다. 인터넷 시대를 연 브라우저가 사용되었고 1996년에는 1차 브라우저 전쟁이 94년 창업한 넷스케이프와 마이크로소프트 그리고 아메리카온라인 사이에서 벌어졌으며 1997년에는 2차 브라우저 전쟁이 넷스케이프와 마이크로소프트 그리고 KPMG 사이에서 벌어졌다. 퍼스널 컴퓨터와 인터넷을 통한 데이터 네트워크의 확산이라는 표면적인 추세는 누구나 인지하고 있었고 규제완화와 디지털 기술로의 이행이라는 변화도 오래 전부터 예측되고 있었다. 그러나 쉽게 예측할 수 없었던 근본적 변화는 소프트웨어가 경쟁우위의 원천으로 부상하면서 컴퓨팅 시대가 커넥팅 시대로 바뀌기 시작하고 전통적인 컴퓨터 산업의 구조가 해체되고 있었다는 점이다. 이 변화의 공통분모는 마이크로프로세서 였다. 인텔이 처음 마이크로프로세서를 개발 생산할 때만 해도 고객사에게 마이크로프로세서의 소유권이 주어지는 것이 업계의 일반적 관행이었는데 이러한 관행에 변화가 시작되었던 것이다. 4비트 마이크로프로세서인 4004의 고객사인 비지콤이 이익압박에 시달리면서 인텔에게 가격인하를 요구했고 인텔은 소유권 반환을 조건으로 내걸었다. 차세대 마이크로프로세서인 8008도 컴퓨터 터미널 업체인 CTC의 독점적 사용을 위해 개발된 것이었는데 CTC 역시 나중에 소유권을 인텔에 반환했다. 이러한 변화로 인해 인텔은 주문형 특수 칩을 생산하는 하청 기업이 아니라 소프트웨어를 통해 특별한 용도에 응용할 수 있는 범용 칩을 생산하는 기술 기업으로 탈바꿈한 것이다.

인텔의 공동 설립자인 고든 무어는 집적회로의 발전 속도를 예측하는 무어의 법칙으로 유명해졌다. 고든 무어는 특수 칩을 설계하는 비용이 제조하는 비용보다 훨씬 커질 것이라는 것을 알고 있었다. 사실 특수 칩 설계 비용도 급증하고 전용 소프트웨어를 개발하는 비용도 거의 비슷하게 급증하고 있었으나 시제품 제작, 업그레이드, 오류 수정에 필요한 비용은 하드웨어 쪽이 더 컸다. 설계에는 언제나 시행착오가 따르기 마련인데 소프트웨어의 시행착오는 하드웨어의 시행착오에 비해서 비용이 훨씬 적게 든다. 결과적으로 소프트웨어를 통해 특별한 용도에 응용할 수 있는 저렴한 범용 칩 마이크로프로세서가 등장할 수밖에 없었고 이로 인해 컴퓨터 산업 자체가 수직구조에서 수평구조로 재편되었다. 고유한 시스템 통합 기술이 더 이상 중요하지 않게 되면서 부품 별 전문업체가 생겨났다. 많은 협력기업들의 관계망이 만들어지기는 했지만 관계망 자체의 변화가 중요한 것이 아니라 모든 구성요소를 자체적으로 조율하는 거대기업이 존재하기 어려운 상황으로 바뀌었다는 것이 근본적인 변화다.

1996년 시스코는 대기업들의 눈앞에서 네트워크 장비 시장을 차지한 신생기업이었다. 시스코의 성장과정은 변화의 파도에 올라타는 일이 얼마나 강력한 이점인가를 생생하게 보여준다. 시스코가 올라탄 변화의 첫번째 파도는 소프트웨어가 부상한 것이었고, 두번째로 기업 네트워크가 확산되었으며, 이어서 세번째로 IP 네트워크로의 전환이 일어났으며, 네번째로 인터넷의 보편화라는 변화의 파도가 몰려왔다. 1980년대 초 스탠포드 대학 컴퓨터 시설 책임자인 랠프 고린은 애플, 알토, DEC 컴퓨터로 나눠진 네트워크를 한데 묶고 싶어했다. 1982년 스탠포드 공대 대학원생이던 선 마이크로시스템즈 창업 4인방 중 하나인 앤디 벡톨샤임과 윌리엄 이거가 블루박스라는 네트워크 솔루션을 개발했다. 같이 일하던 렌 보색과 샌디 러너는 블루박스를 개량한 후 1984년 시스코라는 기업을 창업했다. 1987년 스탠포드 대학과 시스코는 블루박스에 대한 소유권 분쟁을 벌였는데 가격할인을 조건으로 시스코가 소유권을 인정 받는다. 1988년 벤처캐피탈로부터 첫 자금을 제공받은 후 시스코는 전문경영진인 존 모그릿지1988-1995 CEO로 교체되었고 이후 존 챔버스1995-2015 CEO의 지휘 아래 시스코는 변화의 파도를 타고 승승장구했다.

만약 변화의 파도에 올라타지 못했다면 시스코는 작은 틈새 시장에 만족해야만 했을 것이다. 소프트웨어의 부상이라는 변화의 파도가 몰려 왔을 때 시스코는 하드웨어 제작을 외주로 돌리고 소프트웨어와 판매 서비스에 집중했다. 기업 네크워크가 확산되면서 기업들은 다른 프로토콜을 쓰는 네트워크들을 통합하고 싶어했고 그에 따라 다중 프로토콜 처리 기능을 갖춘 시스코 라우터에 대한 수요가 늘어났다. 기업의 소유가 아닌 IP 네트워크가 무료로 제공되고 특정 하드웨어에 귀속되지 않았기 때문에 IP가 기본이 되었으며 때마침 불어온 인터넷의 보편화라는 네번째 변화의 파도는 상승세를 타고 있는 시스코에게 가속도를 붙여주었다.

바람이 불지 않으면 항해술은 빛을 발하기 어렵다. 마찬가지로 전략적 관점과 역량은 전환기에 가장 빛을 발한다. 산업의 안정기에는 후발주자들이 역전을 이루거나 경쟁구도가 무너지는 일이 드물다. 그러나 전환기에는 과거의 위계질서가 흔들리고 새로운 위계질서가 형성된다. 산업 전반의 변화를 다루는 일은 고차원적 문제이다. 누구도 이 문제에 통달하기 어렵고 꼭 해야할 필요도 없다. 단지 경쟁자의 전략보다 더 올바른 방향으로 항해하는 전략을 수립하는 것이 중요하다.

루멜트 교수는 변화의 파도와 안개 속에서 경쟁자보다 더 밝은 시야를 확보하려면 다음 다섯가지 가이드포스트 즉 길잡이를 잘 활용하면 좋다고 제안한다. 첫 번째 길잡이는 업계 고정비용(특히 개발비용)이 상승rising fixed costs하는지를 살펴야 한다는 것이다. 이러한 고정비용 상승 상황은 자연스럽게 업계의 구조조정을 불러 온다. 두 번째는 규제완화deregulation로 인해 규제산업 특히 항공, 금융, 방송, 운송, 정보통신 산업에 중대한 변화가 일어나는 경우가 많다. 가격규제는 대개 다른 소비자들의 비용으로 일부 소비자들을 보조한다. 규제완화가 일어나 가격경쟁이 일어나면 이런 보조금은 금새 사라진다. 문제는 규제완화가 이루어진 후에도 보통의 기업들은 이전에 수익성이 좋았던 분야에 집착하는데 이는 기업운영의 관성과 부실한 비용분석 때문이다. 세 번째 길잡이로는 변화의 양상을 정확하게 파악하는데 방해가 되는 편향된 예측predictable biases in forecasting 위험을 주의해야 한다. 시장과 경제의 추세는 증가율이 점점 느려지면서 고점을 찍은 후 하락한다고 예측한다. 그러나 내구재 같은 경우는 증가율이 둔화되기 훨씬 전에 판매량이 급감한다는 점을 간과한다. 초기 판매량이 빠르게 늘어날수록 시장은 빨리 포화된다는 예측을 불편하게 받아들인다. 변화의 파도에 직면했을 때 기존 강자들이 도전자들을 쉽게 물리치고 지배적 입지를 굳힐 것이라는 예측은 맞지 않는다. 현재의 승자가 전환기를 거친 후에도 승자로 살아남을 것이라는 예측은 틀린다. 네 번째 길잡이는 기존 강자들이 변화에 저항incumbent response하고 있다는 사실 그 자체다. 다섯 번째 길잡이는 어떤 산업에서 끌개 상태attractor states가 중요한데 이는 수요와 기술의 변화에 따라 최대한의 효율성을 기하는 방향으로 산업의 진화가 진행된다. 산업의 진화 방향에 대한 단서를 제공하는 끌개상태를 찾아내려면 촉진제는 무엇이고 장애물은 무엇인지 두 가지 요소를 모두 잘 파악해야 한다.

2. 전략은 선택이 아니라 설계하는 것이다(Using Design)

전략은 선택이 아니라 설계하는 작업이고 전략가는 의사결정자가 아니라 설계자가 되어야 한다는 루멜트 교수의 통찰은 빛난다. 흔히 전략은 선택이라고 하는데 이는 일련의 전술적 대안 중 하나를 고른다는 뜻이다. 그러나 현실경영 상황에서 이런 방법이 리더의 부담을 덜어주기 어렵다. 왜냐하면 현실적으로 명확한 대안들을 확보하기 어렵기 때문이다. 현실적 전략의 문제는 여러 대의 비행기 중에서 한 대의 비행기를 선택하는 일이라기 보다는 한 대의 고성능 비행기를 설계하는 일에 더 가깝기 때문이다. 기존 역량의 바탕 위에서 더 나은 성과를 만들어 내려면 구성요소를 아주 긴밀하고 현명하게 결합해야 한다. 복잡한 설계가 필요한 문제일수록 더 정교한 조율이 요구된다는 뜻이다. 루멜트 교수가 본래 시스템 엔지니어로서 시스템 설계를 직접 해보았기 때문이기도 하고 그리고 많은 현실 경영자와 토론하고 오랫동안 전략 컨설팅을 해왔기에 깨달은 그만의 고유한 관점이다. 경쟁이 심할 수록 뛰어난 설계형 전략이 필요하다.

전략은 원래 군사적 용어였다. 불행하게도 인류는 전쟁을 일으키고 전쟁에서 이기는 일에 많은 노력을 기울였다. 물론 비즈니스 전략은 소비자에게 더 매력적인 조건을 제시하여 선택을 받아야 한다는 점에서 군사 전략과 다르다. 기업 사이의 경쟁은 격투 대회 라기보다는 미인 대회에 가깝다. 기업은 경쟁자의 공장을 폭파하거나 직원을 죽이지 않는다. 조직 구성원은 본인이 언제든 그만둘 수 있고 조직 구성원에게 회사를 위해 목숨을 걸라고 할 수는 없다. 이러한 근본적 차이점을 잘 이해하는 것이 필요하다. 그럼에도 불구하고 전쟁사에서 얻은 교훈들을 신중하게 잘 적용한다면 활용할 가치가 있다. 기원전 216년 카르타고의 명장 한니발이 로마 군대를 물리칠 때 구사한 군사전략에서 배울 수 있는 전략의 교훈에는 세가지 중요한 측면이 있다. 사전 기획premeditation, 예측anticipation of other's behavior과 조율

purposeful design of coordinated actions이 그것이다. 상황에 따른 임기응변의 요소를 간과할 수 없지만 전략이란 언제나 미리 기획된 것이어야 하고, 상대방의 생각이나 행동에 대한 예측을 포함해야 하며, 마지막으로 시간적 공간적으로 치밀하게 조율된 행동들을 목표에 맞게 설계해야 한다.

경쟁우위를 확보하기 위해서는 자원과 행동을 긴밀하게 결합해야 하는데, 다만 모든 구성요소들은 유기적으로 결합되어야 하는 전체의 부분이라는 점, 구성요소들 중 일부는 부분적 대체관계 또는 상쇄관계에 있다는 점, 그리고 전략적 자원은 유한하다는 점에 유의해야 한다. 구성요소들 사이의 유기적 결합에서 나오는 긍정적인 속성을 상보성complementarity 이라고 한다. 고급차가 운전자에게 도로에 착 달라붙어서 달리는 듯한 느낌을 안겨주려면, 섀시, 조향장치, 서스펜션, 엔진, 유압장치, 전기장치가 긴밀하게 조율되어야 한다. 단지 질 좋은 부품들을 쓴다고 해서 드라이빙 머신이 탄생되는 것이 아니라 구성요소들을 유기적으로 긴밀하게 결합해야 비로소 운전의 재미를 위해 만들어진 정밀한 기계같은 느낌을 줄 수 있다. 루멜트 교수의 첫 직장이었던 제트추진연구소에서 설계한 목성 탐사선 보이저 1호는 연구가 시작된 지 14년 후 발사되었다. 로켓 성능이 개선되어 탐사장비를 더 많이 실은 중량이 늘어난 보이저 1호는 목성과 토성을 관측하고 지금도 태양계를 넘어 먼 우주를 항해하고 있다. 보이저 2호는 느린 코스를 지나면서 목성, 토성, 천왕성, 해왕성을 관측했다.

자원과 행동의 유기적 결합에서 만들어지는 상보성과 함께 구성요소인 역량과 설계가 상쇄관계에 있다는 점에도 유의해야 한다. 설계형 전략은 경쟁우위를 확보하기 위해 자원과 행동을 긴밀하게 결합시켜야 하는데 자원의 질이 높을 때 긴밀한 결합의 필요성이 줄어들고 자원의 질이 떨어질 때 긴밀한 결합의 필요성이 높아지는 관계를 고려해야만 한다. 문제는 긴밀한 결합에는 일정한 비용이 들고 자원이 일정한 상황에서 그 역량과 설계 사이에는 부분적 대체관계 또는 상쇄관계가 존재한다는 점이다. 강력한 경쟁우위를 제공하는 전략적 자원을 갖고 있다면 전략 설계를 오히려 단순하게 만들어 줄 수 있다. 그러나 시장에 영원한 강자는 없다는 불편한 진실을 외면할 수 없듯이 어떠한 전략적 자원도 비극적 행로를 피할 수는 없으며 전략적 자원은 영원하지 않다는 불편한 진실을 현실에선 받아들여야 한다. 물론 강력한 자원을 확보하면 정교한 설계형 전략을 세우지 않아도 되지만 확보한 자원이 특별하지 않다면 최대한 활용하는 길을 찾아야 하고 당연히 전략적 자원이 부족할 때에는 행동의 긴밀한 조율이 더욱 필요하다.

또 다른 실천적 문제는 강력한 전략적 자원을 가지게 되면 자칫 안일한 태도를 부르기 쉽고 자만과 관성의 위험으로부터 자유롭지 않는 점이다. 시간이 지나면 대부분 긴장을 늦추고 현명한 설계보다 축적된 자원에 더 의존하기 시작한다. 긴밀한 조율의 원칙을 잃게 되고 프로젝트를 남발하게 되며 또한 지체되는 성장을 극복하려는 욕심에 인수합병을 통해서 젊음을 유지하려고 시도한다. 기존 자원을 새로운 자원창출의 지렛대로 사용할 수도 있지만 거꾸로 방해물이 될 수도 있다는 말이다. 제록스의 아성을 무너뜨린 캐논, IBM을 앞지른 마이크로소프트, K-마트를 따돌린 월마트, HP의 시장을 잠식한 Dell, 기존 항공사를 밀어낸 Fedex, Herz와 경쟁하는 엔터프라이즈, 인텔이 선점한 그래픽 칩 시장을 뺏은 엔비디아, 야후가 장악했던 검색시장을 정복한 구글을 보라. 이 많은 기업들의 케이스를 살펴보면 왜 무너졌고 왜 앞질렀는지를 알 수 있다. 앞선 기업들은 긴밀하게 조율된 설계형 전략을 통해 기존 강자를 물리쳤지만 좋은 전략을 지속하지 못한 기업들은 무너지거나 세상에서 사라지고 만다.

3. 충분히 달성할 수 있는 근접 목표를 설정하라(Proximate Objectives)

루멜트 교수만의 고유한 전략관을 대표하는 또다른 개념은 근접목표라는 개념이다. 루멜트 교수는 리더십의 강력한 도구 중 하나가 현실성 있는 타당한 목표, 즉 근접 목표를 제시하는 것이라고 말한다. 그렇다면 루멜트 교수가 조언하는 근접목표는 제리 포라스와 짐 콜린스가 제안한 '크고 위험하고 대담한 목표'를 추구하라는 비핵BHAG과는 어떻게 다를까? 루멜트 교수의 근접목표라는 것은 1994년 짐 콜린스와 제리 포라스가 쓴 '성공하는 기업들의 8가지 습관Built to last'이라는 책에서 처음 주장해서 유명해진 비핵Big Hairy Audacious Goal이라는 개념과는 반대되는 개념일까? 근접 목표와 비핵, 만약 이 두 가지 조언이 다 맞다면 이것도 필요하고 저것도 필요하다는 얘기인가? 아니면 중간 단계가 필요하다는 말인가? 아니다. 루멜트 교수의 근접 목표는 한마디로 조직이 충분히 달성할 수 있는 역량을 갖춘 목표를 말한다. 역량과 자원을 갖추고 있거나 적어도 어떻게 달성할 수 있을 것인가에 대한 로드맵이 확실해야 한다는 말이다.

과감한 목표 설정의 모범으로 꼽는 대표적 사례로 1961년 케네디가 인간을 달에 보내겠다는 목표를 많이 얘기한다. 케네디의 달 착륙계획은 많은 사람에게 크고 위험하고 대담한 목표처럼 보인다. 그러나 루멜트 교수는 사실은 신중하게 선택된 근접 목표였다고 주장한다. 케네디는 단지 달 착륙 목표를 내거는데 그치지 않고 무인 탐사, 로켓 성능개선, 액체와 고체 연료의 동시개발, 착륙선 개발 등 필요한 단계를 구체적으로 제시하였다. 실제로 달 착륙이라는 목표는 대단히 전략적인 목표이었다. 사실은 자원의 할당과 조율의 문제만 빼면 60년대가 가기 전에 인간을 달에 보내고 다시 돌아오게 만들 수 있는 자원은 소련보다 미국이 더 많았다는 것이다.

케네디는 "어떻게 하면 우주경쟁에서 소련을 앞지를 수 있을까요?"라는 핵심적 질문을 던졌고, 로켓 과학자 베르너 폰 브라운은 1961년 4월 20일 존슨 부통령에게 통찰력 있는 서신을 보냈다. "현재 소련이 대형 로켓 분야에서는 우리를 크게 앞서고 있습니다. 그래서 그들이 달 궤도에 유인 우주선을 띄우거나 무인 착륙선을 보낼 수는 있습니다.” 그러나 폰 브라운 박사의 “우리가 소련에 앞서서 1965-66 먼저 달 궤도에 3명의 우주인을 태운 유인 우주선을 보낼 수 있는 확률은 반반 즉 50% 정도입니다. 그렇지만 우리가 달에 인간을 보내고 다시 돌아오게 만드는 경쟁에서 소련을 이길 수 있는 확률은 훨씬 높습니다. 왜냐하면 이 위대한 일을 완수하려면 현재 로켓의 성능보다 10배는 더 높여야 하기 때문입니다.” 폰 브라운 박사의 프로포절에 따르면 소련이 우주 탐사 경쟁에서 확보한 우위는 단기적인 것이며 달 착륙을 위해서는 훨씬 더 큰 로켓이 필요하기 때문에 향후 경쟁에서는 자원이 많은 미국이 유리하다고 판단한 것이다. 폰 브라운 박사는 선제적으로 야심찬 목표를 발표하자는 제안을 했고 백악관은 이에 동의했다. 이 서신을 접수한 지 한 달 후 케네디의 달 착륙계획이 발표되었다.

사실 근접 목표라는 관점은 이해하기도 쉽지 않지만 근접 목표를 수립하는 것은 더욱 어렵다. 그 이유는 현실 사회에서는 실현방법을 모르는 목표를 내걸고 타당성을 지닌 것처럼 꾸미는 경향이 있기 때문이다. 예를 들어 ‘마약과의 전쟁’이니 ‘에너지 독립’ 이니 하는 비슷비슷한 정책 목표를 보면 이러한 경향이 만연하고 있다는 것을 부인하기가 어렵다. 마약과의 전쟁 같은 목표는 마약 근절에 대한 리더의 의지가 아무리 강력해도 그것과 상관없이 미국의 현행 법 집행 구조나 시스템 속에서 실현 가능성이 낮고, 마약 단속은 오히려 거리에서 거래되는 마약 가격을 올려서 마약 조직의 이익만 올려주게 된다고 한다. 에너지 독립이라는 목표도, 유류 가격을 올리고 원자력 발전을 늘리는 정치적 결단이 이루어지지 않는 한, 타당성이 부족한 목표에 불과하다는 것이다.

근접 목표와 관련해서 루멜트 교수는 미국 항공우주국의 무인 달 탐사선 서베이어호 개발 경험을 통해서 리더가 모호성을 제거하는 것이 얼마나 중요한 일인지를 알려 준다. 복잡성과 모호성으로 가득찬 상황에 부딪히면 리더가 정말 해야 할 일은 그러한 복잡성과 모호성을 제거하는 일이라는 것이다. 그렇게 해야 조직이 해결할 수 있는 수준으로 문제를 단순화할 확률이 높아진다. 보통의 리더들은 이 역할을 제대로 수행하지 못한다. 그들은 장애물을 수반하는 모호성을 제거하지 않은 채 야심찬 목표만 내세우며, 달성하지 못했을 때의 책임과 비난을 본인이 다 감수하겠다고 외친다. 케네디 달 착륙계획이 발표된 지 2년 후 나사의 제트추진연구소에서 일하던 루멜트 교수는 무인 달 탐사선 서베이어호 개발을 위한 미래임무 연구팀에서 비슷한 경험과 깨달음을 얻었다고 한다. 현실성 있는 타당한 근접 목표야말로 조직의 에너지를 집중시키는데 경이로운 역할을 한다는 사실을 배우게 되었다. 미래임무 연구팀 팀장인 필리스 부왈다는 문제의 핵심을 간파하는 현실적인 시각을 갖고 있었다. 당시 달 표면에 대한 여러가지 가설과 논쟁이 난무하던 상황에서, 즉 누구도 달 표면이 어떻게 생겼는지를 확실하게 모르는 상황에서, 달 표면 상태에 맞는 탐사선을 설계하는데 애를 먹고 있었다. 설계가 불가능한 상황은 아니었지만 달 표면에 대한 다양한 가설로부터 한가지 설계를 변호하기가 힘들었다. 필리스 팀장은 잠정적으로 모호성을 제거한 구체적인 모델을 제시하였고 엔지니어들은 추측을 멈추고 본격적인 작업에 돌입할 수 있었다고 한다. 일을 진전 시키려면 모호성을 제거해야 하는 것이 선제조건이라는 필리스의 통찰은 대부분의 조직적인 노력에 적용된다.

루멜트 교수는 상황이 불확실할수록 긴 안목을 가져야 한다는 조언도 불합리하다고 한다. 왜냐하면 상황이 불확실할수록 미래를 내다보는 시야가 뿌옇기 때문이고, 상황이 불확실하고 역동적이면 일수록 더욱 현실적인 근접 목표가 필요하기 때문이다. 근접 목표는 미래에 대한 예측에 기반을 두는데 미래가 불확실하고 역동적일수록, 멀리 내다보려 애쓰지 말고 현재 확보한 입지를 강화하면서 현실적으로 가능한 선택지를 만드는데 집중해야 한다고 조언한다. RAND 연구소의 허버트 골드해머는 대 소련 경쟁전략에 대한 논의를 하면서 체스 고수의 경기 방식을 인용했다. "체스의 고수는 게임의 대부분의 시간을 현재의 입지를 강화하는 데 주력하는 수를 찾는다. 자기 말의 이동성을 높이고 적 말의 이동성을 낮추며, 자기 진영을 강하게 만들고 적 진영을 약하게 만드는, 안정된 패턴을 추구한다. 그리고 충분한 경쟁우위를 확보했을 때, 취약한 입장에 처한 적 진영의 목표를 향해 전술적 움직임을 구사한다."

현실적으로 가능한 선택지를 만들면서 근접 목표를 달성하려면 실행 상 몇가지 더 주의해야할 점이 있다. 첫번째는 조직의 위계에 따른 근접 목표의 단계적 설정이 필요하다는 점이다. 조직 규모에 관계없이 상층부의 근접목표에 따라 하층부의 근접 목표가 정해지며 아래로 내려갈수록 내용이 더욱 구체적이어야 하는데 문제는 경영진이 일선 현장의 실정을 잘 모른다는 것이다. 그렇다면 경영진이 일선 경험을 쌓거나 전략 수립시 상하 의사소통을 원활하게 하거나 또는 현실성이 없다는 강력한 증거가 드러나면 즉시 목표를 바꿀 수 있어야 하는데, 경영진이 바뀌지 않는 이상 위와 같은 일은 거의 일어나지 않는다. 자존심이 이유일 수도 있고 대개는 어떤 전략이든 구성원 모두가 동의하기 어렵기 때문이기도 하며 또한 실제로 방향 전환으로 이득을 얻는 사람들이 문제를 유도하기 때문이다. 두번째 주의할 점은 시간의 간격을 둔 순차적 전개가 필요할 때가 있다. 예를 들어 새로운 사업이나 새로운 시장에 진출할 때마다 근접 목표를 조정해야 한다는 것이다. 그리고 세번째 주의해야할 점은 조직 마다 기술과 자원의 차이가 존재하기 때문에 목표 달성에 필요한 여러 수준의 기술들이 있을 때 핵심 목표에 집중하려면 다른 중요한 기본적 기술들에 숙달되어 있어야 한다. 어떤 기본적인 기술 수준에 숙달되지 않은 상태에서 근접목표라는 사안에 집중하기란 어렵다는 점에도 주의해야 한다.

4. 지렛대를 활용하라

좋은 전략은 행동과 자원을 집중함으로써 역량을 확보한다. 어떠한 상황이든 지렛대using leverage와 힘을 극대화할 수 있는 축이 되는 받침점pivot points을 찾아서 힘을 집중하는 것이 필요하다. 마이크로소프트 초기의 성공은 1980년 빌 게이츠가 IBM과 운영체제 납품계약을 유리한 조건으로 성사시킨 일이 지렛대가 되고 미래 성장의 쐐기돌이 되었다. 지렛대를 찾으려면 사람들의 습관, 선호, 정책, 그리고 변화에 대한 제약을 고려하여 수요가 어떻게 변화하고 경쟁자의 대응행동이 어떻게 달라질까를 예측해야anticipation 한다. 받침점은 대개 충족되지 않은 수요나 개발되지 않은 역량 속에서 찾을 수 있다. 받침점을 잘 포착하면 비교적 작은 조정으로도 훨씬 큰 힘을 얻을 수 있다. 현실적 제약constraints과 문턱효과threshold effects를 잘 고려하면 집중에 따른 추가적인 성과를 얻을 수 있다. 소수의 목표에 대한 집중적인 노력은 다수의 목표에 대한 분산된 노력보다 더 큰 성과를 안겨준다. 기업의 자원은 무제한이 아니고 리더의 관심과 주의력attention 또한 무제한이 아니기에 우선적인 목표에 집중해야 하지만 동시에 시스템 전체에 영향을 미치기 위해서는 문턱 즉 임계점을 뛰어넘을 만큼의 노력이 꼭 필요하다. 따라서 소수의 우선순위 목표를 한정하여 자원 투입 효과를 극대화할 필요가 있다.

1976년 석유 재벌인 폴 게티는 사망할 때 캘리포니아 말리부에 지은 게티 박물관을 운영할 게티 재단에 많은 유산을 맡겼다. 1983년 게티 재단의 이사장으로 UCLA 경영대학원장과 증권거래위원장을 지낸 해롤드 윌리엄스가 임명되었는데 윌리엄스 이사장은 게티 재단을 미술품의 단순한 구매자에서 미술계에 영향력있는 발언자로 변모시켰다. 그는 작품을 계속 사들여서 소장 목록을 늘리는 것보다 미술에 보다 진지한 의미를 부여하는 일에 돈을 쓰기 시작했다. 즉 작품 구입이 아니라 미술의 위상을 높이고 미술

연구의 혁신을 위해서, 작품 도록을 디지털로 제작하고 미술 교사들을 재교육 시켰으며 미술품 보존 기술자들을 양성하고 새로운 보존법을 개발했다. 윌리엄스는 똑 같은 가용 자원을 투입하였어도 결정적인 성과를 올릴 수 있는 지렛대와 받침점을 잘 선택하여 집중의 힘을 발휘했던 것이다.

5. 사슬형 시스템을 구축하라

사슬형 시스템에서는 가장 취약한 고리가 성과를 제한한다. 취약한 고리가 있으면 다른 모든 고리들을 아무리 강화해도 전체 시스템에 큰 도움이 되지 않는다. 1986년 우주왕복선 챌린저호의 취약한 고리는 하나의 고무 오링O-ring 이었다. 고무 오링이 약한 상태에서 부스터 엔진만 강화하는 것은 아무 소용 없는 일이었다. 사슬형 시스템은 구성 요소의 질도 중요하다. 질은 양으로 대체되지 않는다. 구성요소의 질과 함께 제한요소limiting factors도 잘 고려해야 한다. 사슬형 시스템의 가치를 결정하는데 중요한 것이 바로 이 제한요소이기 때문이다. 물론 그 제한요소가 고칠 수 있는 상태이고 바로잡을 수 있는 수준일 때는 다르다. 사슬형 시스템 상의 문제를 해결하기 위해서는 병목현상이 어디에 나타나는가를 파악하여야 하는데 병목현상 즉 제한요소가 어디에 있는지 파악할 수 있다고 하더라도 점진적 변화로는 그러한 교착상태에서 탈피하기 어렵다. 하나씩 집중적으로 해결해야만 사슬형 시스템의 효율적 운영이 가능해진다. 결국 경영 리더의 교착점에 대한 통찰력은 물론이고 단기적 비용을 감수할 의지가 필요하다. 흥미로운 점은 시스템의 수월성도 교착상태도 모두 사슬형 시스템의 원리에서 나온다는 사실이다. 일련의 사슬형 활동이 상승작용을 일으킬 때 수월성이 확보되지만 상쇄작용을 일으킬 때는 교착상태가 발생한다는 것이다.

6. 초점을 맞추고 집중하라

성공한 기업 뒤에는 반드시 뛰어난 전략적 논리가 있고 정보로 넘치는 세상에서 비밀이 아님에도 불구하고 드러나지 않은 숨겨진 논리가 있을 수 있다. 경쟁자의 행동보다 경쟁자가 따르고 있는 전략의 논리를 무너뜨리는 변화를 신중하게 살펴야 한다. 경쟁자들보다 더 많은 가치를 제공할 수 있는 시스템을 구축하여 집중적으로 공략해야 한다. 표적시장에 초점을 맞추고 집중하는데에는 조율과 적용이 필요하다. 상호작용을 통해 추가적 역량을 창출하는 정책들을 잘 조율해야 하고 표적시장에 대하여 역량을 잘 적용해야 한다는 뜻이다. 보통의 기업들은 표적시장에 자원을 집중해야 하는데 그러지 못하고 한번에 여러 목표를 추구한다. 게다가 돌파구를 마련할 만큼 그 초점에 충분한 자원을 투입하지 못한다는 점이 성공하는 기업과의 차이다.

7. 성장에 대한 맹목적인 집착을 버려라

기업의 리더들은 여러가지 이유로 성장을 추구한다. 규모가 커지면 관리비가 줄어들 것이라고 생각하기도 하고 주요 임원들을 자르지 않고 변방으로 밀어낼 자리를 만들려는 경우도 있다. 투자은행, 컨설턴트, 법무법인 등은 두둑한 수수료를 챙기기 위해 인수합병을 부추기기도 한다. 자원과 행동의 집중과 조율을 통해서 경쟁우위를 창출하는 초점의 의미를 이해하지 못하면서 세계최대 제조업체가 된다는 생각에 사로 잡히기도 한다. 매출이 급성장하는 반면 자본이익률은 급락하는 상황에서 인수합병을 통해 회사의 몸집을 불리는 쪽을 선택하면 새로운 경쟁우위를 확보하는 일에는 소홀할 수 밖에 없다. 급성장하는 시장의 문제점은 초기 이익 증가가 착시현상을 불러 일으킨다는 것이다. 수요 성장이 견인하는 이익을 생산 캐파를 늘리기 위해서 대부분 재투자하고 만다. 또한 인수합병을 통한 맹목적 성장

전략의 문제점은 쓸데 없이 높은 비용을 지불하게 되는 승자의 저주에 빠지게 된다. 실제로 상장기업 인수에 평균적으로 약 25%의 프리미엄을 지불한다. 진정한 성장은 덩치를 키운다고 이루어 지는 것이 아니다. 건강하게 성장한다는 것이 얼마나 중요한지 잊지 말아야 하고 효율적인 혁신을 통해 고유한 역량과 뛰어난 제품을 개발해야 한다는 점을 잊지 말라.

8. 경쟁우위를 활용하라

경쟁우위는 경쟁자 사이의 차이differences 혹은 비대칭성asymmetries에서 발생한다. 어떤 차이와 비대칭성이 중요한지 파악하고 이점으로 승화시켜야 한다. 하지만 그 누구도 모든 부분에서 이점을 가질 수는 없다. 팀, 조직, 국가는 특정한 조건 하에서 일정한 경쟁관계에서만 이점을 지닌다. 경쟁우위가 지속 가능성을 가지려면 경쟁자가 모방할 수 없어야 한다. 특히 경쟁우위를 뒷받침하는 자원을 모방할 수 없어야 한다.

2008년 말, 루멜트 교수는 월트 디즈니 영화사의 대표인 마크 조라디와 브랜드 확장 전략을 논의했다. 조라디는 디즈니가 가진 가장 가치있는 자산이 브랜드라고 말했다. 디즈니 스튜디오의 딕 쿡 회장은 조라디에게 디즈니 영화의 브랜드를 손상시키지 않고 확장 전략을 수립하라는 과제를 주었고 마크 조라디는 세가지 기본 가이드라인을 마련했다. '욕설 금지', '불편한 성적 묘사 금지', '과도한 폭력 금지'라는 세가지 지침은 디즈니 영화가 전통적 브랜드 가치를 손상하지 않고 점차적으로 모험-액션 장르로 성공적으로 진입할 수 있게 도와주었다. 경쟁우위의 확장에 신중을 기하여 성공을 거둔 대표적 사례이다.

경쟁우위와 경쟁우위가 창출하는 가치 사이에는 네가지 역동적 관계가 존재한다. 첫째, 경쟁우위의 수준이 심화되든지, 둘째, 경쟁우위의 범위가 확대되든지, 셋째, 경쟁우위에 바탕을 둔 제품과 서비스에 대한 수요가 촉진되든지, 마지막으로 경쟁자들의 모방을 막는 격리 메커니즘을 강화하든지 하면 경쟁우위가 창출하는 가치가 늘어난다. 경쟁우위의 원천은 1951년 에디스 펜로즈가 소개한 미활용된 기술과 자원이라는 개념과 통하고 1972년 리차드 루멜트 교수가 제안한 사업을 뒷받침하는 중요한 지식이라는 개념과도 통한다. 루멜트는 이를 핵심 기술이라고 명명했다. 바로 이 개념이 자원기반 관점을 탄생시킨 것이다.

9. 관성과 엔트로피를 민감하게 살펴라

모든 조직은 관성과 엔트로피의 영향에서 자유롭지 않다. 기업은 외부의 위협만큼이나 중대한 내부로부터의 위협에 항상 유의하여야 한다. 기업내부에는 변화에 저항하는 힘인 관성이 있어서 환경변화에 대한 대응을 가로막는다. 모든 조직은 제대로 관리하지 않으면 갈수록 조직력이 악화되는 엔트로피 현상을 피할 수 없다. 뛰어난 리더는 관성과 엔트로피의 인과관계를 진단하고, 변화를 유도하는 타당한 추진방침을 만들며, 운영관행, 조직문화, 조직구조를 바꾸기 위한 일관된 행동을 설계 한다.

Ⅵ. 전략적으로 사고하고 전략가로 행동하라

1967년 여름, 하버드 경영대학원 박사과정 재학 중이던 루멜트 교수는 하버드 경영대학원의 대표적 경영교육과 학습 방법인 사례 기반 학습 방법을 위한 훈련의 일환으로 전략에 관한 사례연구와 사례작성을 위하여 현장 인터뷰를 나갔다. Fansteel의 특수소재부문 사장인 프레드 플레처에게 여러 가지 질문을 던지고 열심히 답변을 받아 적었다. 당시 25살이던 루멜트 박사과정 학생은 특수소재부문의 목표, 경쟁 상황, 강점과 약점, 전문 기술의 통합 방법, 경영 상의 난제 등 전략에 관한 기본적 질문들을 던졌고 3시간 가량의 긴 인터뷰가 끝났다. 인터뷰가 끝난 뒤 플레처는 "올해들어 가장 가치있는 대화를 나누었습니다"라고 말했다. 루멜트 교수는 플레처의 말이 그저 이야기를 들어준 데 대한 감사의 표시일 거라고 생각했었는데 그로부터 15년이 지난 후에야 플레처 말의 의미를 제대로 이해하게 되었다고 한다.

1982년 어느 날 피츠버그에서 Republic Steel의 경영진과 점심 먹는 자리에서 어느 임원이 루멜트 교수에게 컨설턴트로서 들을 만한 이야기라면서 US Steel을 세운 앤드류 카네기에 관한 에피소드를 들려 주었다.

> 때는 1890년 피츠버그의 한 저택, 카네기를 비롯한 유력인사들이 모인 칵테일 파티에서 누군가가 카네기에게 프레데릭 테일러라는 유명 컨설턴트를 소개해 주었다. 카네기는 "이보게 젊은이, 자네가 내게 경영에 관해 들을 가치가 있는 이야기를 해주면 1만 달러를 주겠네"라고 말했는데 모두 깜짝 놀라서 대화를 멈추고 테일러가 무슨 말을 할지 기다렸다. "카네기씨, 당신이 할 수 있는 가장 중요한 일 10가지를 작성하세요. 그리고 1번부터 시작하세요"라고 말했다. 일주일 후 카네기는 테일러에게 1만 달러 수표를 보냈다는 이야기였다.

도대체 어떻게 이처럼 단순한 조언이 카네기처럼 경험 많은 기업가에게 도움을 주었다는 말인가? 농담인지 아닌지 분간이 안되었지만 루멜트 교수는 그날 밤 이 이야기에 숨겨진 깊은 진실을 깨달았다고 한다. 카네기에게 도움을 준 것은 목록 자체가 아니라 목록을 작성하는 일이었다는 것을, 플레처에게 도움을 준 것은 질문 자체가 아니라 질문을 통해 전략적 작업을 생각하게 되었다는 것을 깨달았다. 카네기는 목록을 작성하는 작업에서 보다 근본적인 목표들을 뒤돌아 보고 진전을 위한 방법을 생각하는 기회를 가질 수 있었던 것이다.

좋은 전략을 세우려면 다른 사람들보다 장기적인 안목을 가지고 다른 사람들이 간과하는 부분을 고려해야 한다. 산업구조와 추세에 대한 통찰을 얻고 경쟁자의 행동과 반응을 예측하며 고유한 역량과 자원을 파악해야 한다. 자신의 생각과 판단을 항상 검증해야 하고 뛰어난 리더는 새로운 가설을 세우고 귀납, 유추, 판단, 통찰을 거치는 힘든 길을 걸어가야 한다. 전략은 가설이고 집행은 실험에 해당한다. 실험 결과를 보고 통하는 것과 통하지 않는 것을 배우며, 그에 따라 전략을 조정해야 한다. 변화가 끊이지 않는 세상에서 좋은 전략은 기업가적 요소를 내포해야 한다. 새로운 기회나 리스크에 대응하기 위하여 새로운 방식으로 자원을 조합하는 통찰과 아이디어를 담아야 한다. 전략이란 과학적 가설처럼 세상이 작동하는 방식을 예측하는 것이다. 뛰어난 리더는 비즈니스 상황에 대한 데이터를 철저하게 분석하여 새로운 대응을 위한 판단의 토대로 삼아야 한다. 전략이라는 가설의 궁극적 가치는 사실 여부가 아니라 성공 여부로 판가름이 난다. 좋은 전략은 반드시 경험적이고 실용적이어야 한다.

1998년 5월 애플과 텔레콤 이탈리아사(社) 사이의 계약을 중재하던 루멜트 교수는 스티브 잡스와 애플의 회생전략에 관한 이야기를 나눌 기회를 가졌다. 당시 애플의 상황은 마이크로소프트가 1995년에 윈도우95를 발표한 후 나락으로 굴러떨어진 상황이었다. 1996년 2월 5일자 비즈니스위크지는 커버스토리로 애플의 몰락이라는 기사를 실었다. 애플의 길 아멜리오 CEO는 애플을 살리려고 갖은 애를 다 썼다. 당시에 떠돌던 월스트리트나 업계의 다양한 진단들 중에는 'IBM이나 모토로라에 인수를 요청하라', '소니나 HP와 손을 잡으라', '뉴턴 신기술에 대규모로 투자하라', '교육 시장에서의 이점을 활용하라', 등이 난무했다. 길 아멜리오는 1997년 9월 부도 직전의 위기에 몰린 애플에 잡스를 임시 CEO로 복귀시킨다. 잡스의 복귀 소식에도 업계의 반응은 뜨뜻 미지근하기만 하였다. 하지만 복귀 후 1년 사이에 첨단 제품의 개발을 촉진하고 Sun과 손잡을 것이라는 전문가들의 예측과는 달리 잡스가 선택한 전략은 전혀 예상하기 어려운 것이었다.

잡스는 경쟁이 치열한 PC시장의 니치 제조사라는 현실에 맞게 사업 규모와 범위를 축소했고 생존력을 가진 핵심 부문만 남겼다. 애플이 망하면 마이크로소프트가 독과점 문제에 시달릴 것이라는 빌 게이츠의 우려를 이용해 애플에 1억5천만 달러를 투자하도록 설득했고 제품 라인업을 단순하게 바꾸었으며 거래하던 유통업체도 6개에서 하나로 줄였다. 잡스의 회생 전략은 성공적이긴 했으나 당시 애플은 시장 점유율이 4%도 채 되지 않았고 PC시장의 표준은 윈텔체제라고 부르는 윈도우-인텔 체제로 이미 굳어지고 있었다. 1998년 여름, 다시 잡스와 이야기할 기회를 가졌을 때 루멜트 교수는 이렇게 물었다. “스티브, 애플의 회생은 아주 인상적이었지만 PC산업의 현실은 애플이 틈새시장을 벗어나기 힘들 것 같군요. 윈도우-인텔 표준을 바꾸기에는 네트워크 효과가 너무 강력하지 않은가요? 당신의 전략은, 장기적인 대응책은 과연 무엇인가요?” 잡스는 루멜트 교수의 주장에 동의도 반박도 하지 않았고 그저 웃음을 지으며, 이렇게 대답했다. “다음에 올 대박을 기다릴 겁니다.” 잡스는 새로운 기회의 문을 기다렸고 새로운 기회의 문이 열렸을 때 능숙한 포식자처럼 신속하고 영리하게 덤벼들 준비를 하는데 집중했다. 새로운 기회의 문이 해마다 열리는 것도 아니었고 경영 수완을 통해 억지로 열 수 있는 것도 아니라는 것을 잡스는 알고 있었던 것이었다. 실제로 아이팟과 아이폰으로 애플이 재도약하기까지는 2년의 세월이 더 걸렸다.

전략가는 맥락적 상황에 따라 일어나는 기회와 위기에 대응하는 판단력과 결단력이 필요하고 일관성을 갖춘 행동으로 긴밀하게 연결시켜야 한다. 좋은 전략가가 되려면 전략적 판단력과 결단력을 길러야만 하고 수련해야 한다. 뛰어난 전략적 판단력은 다양한 맥락적 상황에서 사례기반 토론과 학습을 축적해 나가는 수련을 통해서 길러진다. 좋은 전략은 상황에 대한 독립적이고 신중한 분석을 토대로 얻을 수 있는 독창적인 통찰에서 나온다. 반면 나쁜 전략은 대세를 좇아 인기 있는 구호만을 내세운다. 실제로 현실경영에서는 독립적이되 독단적이지 않고, 신중하되 과민하지 않은 이 미묘한 균형을 유지하는 것이 중요하다. 전략적 판단력의 균형을 잃지 않으려면 대세 추종의 위험을 경계하면서 상황을 객관적으로 바라보고 냉철한 판단을 내려야 한다. 군집행동의 유혹과 자신과 자신이 속한 조직만은 특별하다는 내부관점 편향의 위험성에 빠지지 않아야 한다. 체계 내부의 논리만으로는 참과 거짓을 가릴 수 없으며 진실 여부를 가리려면 체계 너머의 지식을 빌려와야 한다. 전략적으로 사고하고 전략가로 행동하려면 폐쇄회로를 넘어 시야를 과거와 외부로 넓혀야 한다.

VII. 좋은 전략가가 되고 또 성장하려면?

1993년 엔비디아를 창업한 젠슨 황은 30살이었다. 엔디비아는 단기간에 인텔을 비롯한 강자들을 제치고 고성능 3D 그래픽 칩 시장을 장악한다. 엔비디아 사례에서 우리가 배울 수 있는 전략의 교훈이 있다면 무엇일까? 루멜트 교수는 '좋은 전략 나쁜 전략'에서 엔지니어로서 경영 리더로의 변신에 성공한 엔비디아 창업자 젠슨 황이 이끌어온 엔비디아 케이스를 소개하고 있다. 엔비디아 케이스에서 진정한 좋은 전략가가 되려고 애쓰는 뛰어난 경영 리더를 만나보고 시장의 강자가 된 엔비디아를 통해서 수준 높은 전략적 작업이 이루어지는 모습을 찾아 보라고 추천한다. 엔비디아의 급격한 부상은 거의 전적으로 뛰어난 전략 덕분이라는 것이다. 책에서 소개한 엔비디아의 2010년까지의 성공 스토리를 살펴보면 냉정한 진단, 짜임새 있는 추진 방침, 일관된 행동이라는 전략의 알맹이를 명확하게 파악할 수 있다. 정확한 예측, 복잡성을 줄이는 추진 방침, 설계의 힘, 초점, 경쟁우위, 변화의 파도와 역학 활용 같은 뛰어난 전략의 구성요소들도 확인할 수 있다.

2011년에 출판된 '좋은 전략 나쁜 전략' 이후에도, 1993년 창업 이후 30년간 해설자가 이 글을 쓰고있는 2023년 현재까지도, 창업 CEO 젠슨 황은 엔비디아의 성공 스토리를 계속 써나가고 있다. 본 해설자는 최근에도 엔비디아 케이스를 EMBA 강의실에서 강의하면서 경영자 학생들과 토론을 통해 많은 것을 배우고 있다. 그리고 아래 여섯가지 질문들 예와 같이 루멜트 교수처럼 지혜롭고 날카로운 질문을 던지기 위한 노력을 지속하고 있다. 여러분 경영학도 독자들도 엔비디아라는 기업이 진화 발전 성장해 온 모습을 살펴보면서 여러가지 도전적 문제 상황에 대한 판단력과 그에 따른 대응책을 여러분의 관점에서 고민해보라. 독자 여러분 스스로 전략적 작업에 대한 분명한 입장을 정하는 능동적 학습을 통해서 자신의 판단에 대한 타당성을 검증하라. 비즈니스 케이스를 통해서 꾸준히 여러 다양한 맥락적 상황에 대한 전략적 판단과 전략적 작업에 대한 학습기회를 축적해 나갈 것을 추천한다.

1. 엔비디아는 1993년 창업 후 1995년 출시한 첫 제품 NV1의 실패를 어떻게 넘어 섰을까? 97년 RIVA128, 98년 TNT부터 엔비디아는 본격적인 비상을 시작했으며 99년 출시한 TNT2와 99년 연말 출시되었으나 20여년이 넘은 지금도 그래픽카드 역사에 회자되는, GeForce256에 이르기까지 성능우위를 확보하게 된다. 엔비디아는 어떻게 개발주기의 단축과 신제품 출시지연 예방이라는 전략을 강구할 수 있었나? 초기 추진방침은 어떤 일관된 행동이 뒷받침되었을까?

2. 기술의 변화는 대개 산업구조의 변화를 수반한다고 하는데 엔비디아는 성능우위를 확보한 이후 수익성 개선을 이루기 위하여 어떠한 추진방침으로 산업구조의 변화를 유도하였을까? 칩제조사와 보드제조사(다이아몬드 멀티미디어와 델)와의 협력 관계를 협상력의 관점에서 설명해보라.

3. 엔비디아는 단기간에 인텔을 비롯한 강자들을 제치고 고성능 3D 그래픽 칩 시장을 장악했으며, 같은 기간 애플의 주가 상승 폭을 앞설 정도로 1999년 상장이후 2007년까지 주가가 21배나 상승했다. 과연 어떻게 경쟁자들과 기술격차를 벌리는데 성공했을까? 94년 창업했던 주요 경쟁사인 3dfx와는? 잠재적 경쟁사였던 인텔과는? 또 다른 경쟁사인 실리콘 그래픽스와는? 진정한 경쟁자인 ATI Technologies와는? 이들 경쟁사들과 어떻게 경쟁하였으며 시장경쟁에서의 시사점은?

4. 2010년 이후 엔비디아는 그래픽 칩의 연산능력을 활용, 슈퍼컴퓨터 제작을 위한 Telsa라는 신제품을 내놓았으며, Tegra라는 통합 칩을 출시하면서 인텔-AMD-윈도우가 장악한 헤게모니를 밑에서부터 뒤흔드는 양면 협공작전을 펼쳤는데 이에 대한 전략적 평가와 결과는 어떤가?

5. 2020년 9월 ARM 인수 결정은 엔비디아와 반도체산업 생태계의 미래에 어떤 영향을 미칠 것으로 예상했으며 2022년 2월 최종 인수 불발은 과연 어떤 영향을 미쳤는가? 딜 성공 시의 엔비디아 미래, 딜 실패 시의 미래, 딜 실패 원인, 딜 실패 시의 엔비디아의 플랜 B 시나리오는 어떻게 준비했어야 할까?

6. 엔비디아가 3D 그래픽 칩 제조사에서 인공지능과 딥러닝의 플랫폼 컴퍼니로 자리매김하려는 전략에 대한 평가는? 어떤 어려움이 존재하고 어떻게 해결해 나가야 할까? 엔비디아는 과연 AI 기술과 클라우드와 하드웨어를 연결시켜서 AI-as-a-Service, AIaaS 역량에 집중 투자하여야 할까? 점점 더 많은 빅테크 경쟁사들이 인공지능 영역으로 진입하면서 과연 엔비디아가 리딩 포지션을 유지할 수 있을까? 리딩 포지션을 유지하고 지속하려면 엔비디아에게 꼭 필요한 전략은?

VIII. 가장 중요하고 어려운 핵심 난제(The Crux)

2019년 12월 스키와 하이킹을 좋아하던 리처드 루멜트 교수는 아스펜 마운틴의 유명 스키 슬로프인 블랙 다이아몬드 FIS 모굴 트레일에서 스키를 타다가 사고로 부상을 입어 한동안 스키도 하이킹도 할 수 없는 처지가 된다. 게다가 2020년초 발발한 Covid-19 팬데믹으로 꼼짝달싹할 수 없게 된 루멜트 교수는 예기치 않은 조용한 집중 시간을 활용하여 우리에게 또 다른 명저를 선물한다. 드디어 뉴욕 Crown Business 출판사에서 2011년 출간되었던 Good Strategy/Bad Strategy: The Difference and Why It Matters (국역본: 전략의 거장으로부터 배우는 좋은 전략 나쁜 전략, 2019년 센시오 출판사, 김태훈 옮김)이후 11년만에 2022년 5월 뉴욕 Public Affairs 출판사에서 The Crux: How Leaders Become Strategists라는 책을 출간하게 된다.

경영 리더와 경영학도들에게는 행운이라고 할 수밖에 없는 루멜트 교수의 또 다른 명저인 이 책은 마치 가뭄에 단비와 같은 희소식이 아닐 수 없다. 본 해설자는 "좋은 전략 나쁜 전략"의 해설과 요약 마지막 부분에서 "VII. 좋은 전략가가 되고 또 성장하려면?"이라는 과제를 질문으로 남겨 두었다. 그리고 엔비디아 케이스를 통해서 스스로 학습하고 성찰하고 모색해 나가야 한다고 독자 여러분에게 열린 작업으로, 열린 질문으로 남겨 두었다. 본 해설자는 경영 리더들이 전략가가 되는 법이라는 구체적이고 실천적인 루멜트 교수 자신의 답변서가 출간된 것을 누구보다 기쁘게 생각하고 환영한다.

이 책의 제목인 The Crux (가장 중요하고 어려운 핵심 난제)는 루멜트 교수가 INSEAD 유럽경영대학원이 있는 프랑스 퐁텐블로에 살고 있을 때 그가 만나게된 용어·개념이다. 퐁텐블로 숲 속으로 산책이나 하이킹을 가서 숲에서 프랑스와 세계의 암벽 등반가들을 만나 얘기를 나눈데서 유래한다. 르 뚜아 뒤 뀔 드 쉬앙Le Toit du Cul de Chien(The Roof of the Dog's Ass)이라고 알려진 퐁텐블로 숲의 암벽바위는 말 그대로 개 엉덩이 모양의 커다란 천장 바위처럼 생겼으며 이 퍼즐같은 칸타루프 멜론 모양의 커다란 바위다. 이 바위를 맨손으로 타고 등반에 성공하려면 등반가의 힘과 유연성이 엄청나게 좋아야 하고 대단한 끈기가 요구된다. 암벽 등반가들은 큰 바위 볼더를 '문제'라고 부르고 등반 과정을 '문제를 푼다'라고 한다. 암벽 등반가들 사이에서 가장 중요하고 어려운 핵심 난제를 The Crux라고 한다는 것을 알게된 루멜트 교수는 그 후부터 세가지 전략적 역량의 결과물을 가리키는 표현으로, 가장 중요하고 어려운 도전과제라는 뜻으로, The Crux를 사용하기 시작했다고 한다. 루멜트 교수가 말하는 세가지 전략적 역량이란 첫째, 경영에 있어 어떤 전략적 도전적 이슈가 정말로 가장 중요한가(어떤 이슈는 덜 중요한가)? 둘째, 그 이슈들 하나 하나를 해결해 나가고 다루는 것이 얼마나 어려운가? 셋째, 욕심을 부려서 한꺼번에 여러가지 이슈들을 다루지 않고 가장 중요하고 어려운 과제에 집중할 수 있을까? 이 세가지 테스트에 대한 판단력과 가장 중요하고 어려운 도전적 핵심 과제에 집중하는 역량을 The Crux라고 표현하기 시작했다는 것이다.

암벽 등반가들에게는 세계적으로 두 곳의 암벽 바위가 유명한데 그 하나가 바로 프랑스 퐁텐블로 숲 속의 암벽 바위이고 또 다른 하나는 미국 텍사스 엘파소 휴에코 탱크스 스테이트 파크Hueco Tanks State Park에 있는 화성암 바위이다. 암벽 등반의 난이도 등급체계 중 가장 권위있는 등급체계가 바로 퐁텐블로 등급과 휴에코 탱크스 등급이다. 오늘날 암벽등반은 한국의 MZ세대들도 실내 암장을 찾아 열광하면서 즐기고 있다. 스포츠 클라이밍으로 발전된 암벽등반은 구체적으로 세가지 종목, 즉 볼더링, 리드 클라이밍, 그리고 스피드 클라이밍으로 구성되어 있는데 이 중에 볼더링이라는 종목은 암벽의 루트를 '문제'라고 부르고 볼더러들은 볼더링을 문제를 푸는 과정이라고 생각한다.

현실 경영 현장에서 애자일Agile 방법론과 애자일Agile 조직운영을 실천하기 어려운 이유 중 하나는 '일을 던져줄 리더가 없다'는 것이라고 한다. MZ세대 조직구성원들의 가장 큰 불만이 바로 '일을 던져줄 리더가 없다'는 것이다. 암벽등반에서 문제를 출제하는 전문가를 루트 세터라고 부르는데 루트 세터처럼 경영 리더들이 가장 중요하고 어려운 도전적 핵심 과제 The Crux가 무엇인지를 찾아내고 그 도전적 핵심 과제를 조직 구성원들의 역량에 맞게 일을 나누어 주거나 일을 던져줄 수 있게 되어야 전략가로의 성장과 변신이 가능해진다.

독자 여러분이 경영 리더로서 맞닥뜨리게 되는 도전적 핵심 과제들을 가로질러 넘어서 올라설 길을 찾아내고, 발굴하고, 설계해 나감으로써, 가장 커다란 성과를 얻어낼 수 있는 곳이 바로 The Crux인 것이다. 경영 리더로서 맞닥뜨리는 도전적 과제들을 규명해내고 다양한 맥락적 상황 속에서 그러한 도전적 과제들 중에 무엇이 가장 중요하고 어려운 핵심 난제인가를 찾아내는 일이 바로 전략가로 성장하는 길이라는 것을 루멜트 교수는 새 책 The Crux: How Leaders Become Strategists을 통해서 강조하고 싶었나 보다. 경영학도 여러분들은 부디 '나만의 고유한 핵심 난제 *Your Own Distinctive* CRUX'를 찾아 나가는 노력을 지속하여 전략의 파워가 어디에 있는지를 깨닫고 성장해 나가길 바란다. 경(經)Strategy Work의 덕(德)Power이 어디에 있는지를 찾아내고 소중하게 간직하여 미래의 우리사회에 큰 영향을 끼쳐나갈 경영학도들에게 축복이 있기를 바란다. 경영학도 여러분들이 경영 리더로 성장하는 학습여정에서 루멜트 교수를 만남으로써 바로 그가 전해주고 싶은 실천적 지혜를 얻을 수 있기를 바란다.

제9장

김준석·박주연·김치헌, 『변화와 혁신: 혁신역량을 키울 때 창의성의 꽃이 피어난다』

김준석 | 연세대학교 경영대학 명예교수

김준석

◎ **소속**
연세대학교 경영대학 명예교수(현)

◎ **경력**
연세대학교 입학관리처장
연세대학교 경영대학 학장
연세대학교 경영대학원 원장
한국경영정보학회 회장

혁신과 창의성*

시장이 구조적으로 급격히 변화하고 있다. 전통적으로, 기업은 시장수요를 쫓아가는데 급급했다. 최근 IT의 창의적 응용이 폭 넓게 이루어지면서, 기업이 새로운 시장을 만들고 고객이 다시 시장을 변화시키는 플랫폼 비즈니스가 주도하는 시대로 탈바꿈하고 있다. 예를 들어, 구글이 검색서비스를 매개로 온라인 광고 시장을 석권하면서 전통적 광고 산업에 지각 변동을 일으키고 있다. 민박집에서 출발한 숙박 공유사이트 에어비엔비AirBnB가 호텔산업의 오랜 강자인 힐튼을 위협할 정도로 급속히 성장하고 있다.[1] 세계적 기업이 S&P 500 지수에 편입된 후 존속하는 평균 기간이 단축되고 있다. 바꾸어 말하면, 기업의 평균 수명주기가 짧아지는 추세이다.[2] 생산 및 판매의 효율성을 높여 경쟁력을 유지하는데 초점을 맞춘 과거 전략은 더 이상 효과적이지 못하다. 하루가 다르게 변화하는 비즈니스 환경에서, 기업이 지속적으로 성장하려면 혁신에서 새로운 길을 찾아야 한다.

혁신의 원동력은 창의성이다. 개인적 창의성이 커질수록 혁신을 위한 아이디어 구상이 증가할 수 있다. 개인적 창의성이 유전적 요인에 의해 주어진 것인가? 아니면 교육과 훈련에 의해 후천적으로 향상될 수 있는가? 일

* 김준석 · 박주연 · 김치헌, 『변화와 혁신: 혁신역량을 키울 때 창의성의 꽃이 피어난다』(2019, 박영사)의 일부를 발췌한 내용임.

1 — http://biz.chosun.com/site/data/html_dir/2015/03/04/2015030400579.html

2 — Standard and Poors, Winter, 2012.

란성 쌍둥이를 대상으로 진행된 연구에 의하면, 유전적 요인에 의해 결정되는 창의성이 대략 30% 정도에 그치는 것으로 밝혀졌다.[3] 오히려, 쌍둥이의 창의성에 더 큰 영향을 미친 요인은 서로 다른 교육적 환경임이 밝혀졌다. 한편, 이 연구와 함께 진행된 '일반적 지능'(IQ)의 경우 80~85%가 태어날 때부터 유전적 형질에 의해 정해지는 것으로 밝혀졌다. 즉, 개인적 창의성은, 일반적 지능과 비교할 때, 유전적 요인보다 교육 및 훈련에 의해 더 크게 향상될 수 있는 재능임을 알 수 있다. 그렇다면, 기업의 경영자가 임직원의 창의성 향상을 위한 시스템을 효과적으로 관리할 때 아이디어 구상이 증가하게 되고, 혁신 성과를 제고할 수 있다는 논리적 추론이 가능하다. 이와 관련해 살펴볼 주요 내용은 다음과 같다.

- 혁신의 방향
- 창의성이란 무엇인가?
- 창의성의 구성요소(과업-적합 역량, 창조-적합 프로세스, 그리고 내적 동기부여)
- 외적 업무환경
- 혁신 프로세스

콘티넨탈리소스 사례

"해럴드 햄 '콘티넨탈리소스' 회장은 '셰일' 산업의 개척자로 일컬어진다. 셰일은 원래 지하 3000m 지역의 암반층을 뜻한다. 이 지층에 원유와 가스가 잘게 흩어져 있는데, 이를 셰일 오일, 셰일 가스라고 부른다. 인류가 이 지층

3 — Reznikoff, Marvin, George Domino, Carolyn Bridges, and Merton Honeyman, "Creative Abilities in Identical and Fraternal Twins," *Behavior Genetics* 3, No. 4, 1973, pp.365-377.

에 자원이 있다는 걸 알게 된 시기는 1800년대 일이지만, 기술력도 부족하고 채산성도 맞지 않아 200년 가까이 제대로 생산하지 못하고 있었다.

가난한 소작농의 13번째 아들로 태어난 햄 회장은 먹고 살고자 10대 때부터 일해야 했다. 처음에는 트럭 운전으로 시작해, 석유회사에 취업했고, 나중에는 직접 회사를 차리고 개발사업에 뛰어들었다. 햄 회장은 1971년 첫 번째 유정을 뚫었고, 두 번째 시추에서 이른바 '대박'을 쳤다. 이후 10여 년간 시추 대부분은 성공적이었고, 큰 돈을 벌었다. 햄 회장은 석유 및 가스 광구 500여 개를 인수하면서 사업을 확장하였다. 그러나 운이 다했던 것일까? 햄 회장은 1980년대 후반부터 17번 연속으로 시추에 실패하면서, 회사는 도산 위기에 몰렸다. 사실 시추라는 것은 도박성이 짙다. 석유가 있는지 없는지 지질 탐사를 이용해 미리 예측하지만, 막상 뚫어야 알 수 있는 것이다. 햄 회장은 17번의 실패를 통해 '수직시추법'은 불완전하며, 정확한 결과는 더 정밀한 지질 탐사가 필요하다는 것을 배웠다. 그때 실패한 덕분에 이후의 성공을 누릴 수 있었다고 햄 회장은 회고하였다.

유전을 찾아내는 비법이 무엇이었냐는 질문에 대해 햄 회장은 지질학의 중요성을 언급했다. "암석의 특성을 아는 것은 석유 탐사 개발 업체에 매우 중요합니다. 지질학적 지식을 적극 활용하면, 불확실성이 매우 높은 시추 사업의 위험성을 줄이고 경제적으로 자원을 생산할 수 있습니다. 콘티넨탈리소스는 우수한 지질학자를 모아 팀을 꾸렸고, 지금도 그 팀을 유지하고 있습니다. 이들의 임무는 단 하나, 새로운 개발 지역을 찾아내는 것입니다. '에임스 홀'을 찾아낼 수 있었던 것도 역시 그들의 힘이었습니다."

에임스 홀은 수억 년 전 소행성이 떨어져 생긴 분화구다. 소행성과 충돌해 암반층에 구멍이 뚫린 상태였는데, 삼투압 현상에 따라 지층 밑에 매장된 석유가 위로 스며들어 모이게 되었다. 햄 회장은 여기서 아이디어를 얻었다. 셰일층의 암석에 '수압파쇄법'hydraulic fracturing이란 기술을 이용해 구멍을 뚫으면, 삼투압 현상으로 석유를 뽑아낼 수 있다고 생각한 것이다. 여기에 덧붙여, 수평으로 넓게 자리 잡은 셰일층의 특성을 고려해, 일반적인 수직시추법보다는 '수평시추법'horizontal drilling이 더 효과적인 대량생산을 가능케 할 것이라고 생각했다. 이 두 가지 기술의 융합 덕분에 햄 회장은 셰일산업의 개척자로 불리게 되었다. 햄 회장은 두 가지 기술을 융합하게 된 동기에 대해 다음과 같이 설명하였다. '수압파쇄법'은 사실 1948년부터 있던 기술입니다. 셰일층에서 자원을 생산하려면, 일단 셰일층 암석을 부숴서 균열을 만들어내야 하는데, 폭탄보다는 물이 저렴하고 친환경적입니다. 균열이 생기면 이 자리에 셰일 자원이 모여듭니다. 이를 채굴하면 되는 것이지요. 셰일층의 특성을 보면 수평 시추법이 가장 효율적입니다. 얕은 셰일층은 두께가 고작 2m에 불과할 만큼 얇은 대신, 수평으로 넓게 퍼져 있습니다. 수평 시추법은 가로로 최대 3000m까지 시추할 수 있습니다. 기존 수직 시추법으로는 하루에 30배럴도 생산하지 못한 유전에서, 수평 시추법을 활용한 것만으로 하루에 700배럴 이상을 생산할 수 있었습니다. 이 두 가지 기술을 조합하면 셰일층에서 원유를 생산하는 건 그렇게 어려운 일은 아닙니다."[4]

출처: 윤형준, 『조선일보』 土日섹션 Weekly BIZ, 2015년 6월 13-14일

Ⅰ. 혁신의 방향

혁신은 창의적 아이디어에 의해 시작된다. 창의적 아이디어는 혁신을 위한 씨앗이다. 혁신은 창의적 아이디어를 고객이 원하는 제품 및 서비스로 실현하는 과정이다. 경영 철학자 드러커Drucker는 "혁신은 새로운 자원을 창

4 — 윤형준, 『조선일보』 土日섹션 Weekly BIZ, 2015년 6월 13-14일

조하는 체계적 과정이다. 예를 들어, 페니실린 곰팡이, 할부판매방식, 화물용 컨테이너 등은 시장 수요에 맞추어 새롭게 개발된 자원"이라고 정의하였다.[5] 혁신은 보통 첨단 기술이 존재해야 가능한 것으로 여긴다. 물론 새로운 기술을 토대로 제품 또는 서비스 혁신을 할 수 있다는 주장은 당연한 것이다. 그런데 혁신은 기술뿐만 아니라 시장의 고객 관점에서 보아야 하는 개념이다. 일본의 닌텐도는 1980년대 주로 어린이 고객을 위해 게임용 소프트웨어를 개발하였다. 가정용 TV에 닌텐도가 개발한 어댑터를 연결해 게임 프로그램을 구동시키는 방식이었다. 당시 모든 어린이가 꼭 가지고 싶어했던 게임 소프트웨어 중 하나가 바로 '마리오 브라더스'이었다. 닌텐도가 어댑터를 개발할 때 사용한 프로세서는 인텔사가 개발했던 '8088' 칩이었는데, 그것은 당시 시장에서 이미 퇴출된 기술이었다. 닌텐도는 진부한 기술을 이용하고서도 어린이 고객을 위한 제품을 비교적 저렴한 가격에 공급할 수 있었다. 즉, 고객이 원하는 제품과 서비스가 무엇인지 늘 탐색하고, 이를 다른 기업보다 한 발 앞서 제공할 수 있는 기회를 지속적으로 탐색하는 과정이 혁신이다. 그런데 혁신의 방향은 다음에 살펴보는 것과 같이 다차원적이다.

크리스텐슨Christensen, C. 교수 등은 '파괴적 혁신Disruptive Innovation' 개념을 "새로운 제품 또는 서비스의 개발과 더불어 새로운 시장을 개척하는 전략"으로 정의하였다.[6][7] 오라일리O'Reilly III & Tushman 등은 파괴적 혁신을 '시장(고객)'과 '조직 역량(기술)'이란 두 가지 차원에서 〈그림 1〉과 같이 네 가지 유형

5 — Drucker, Peter F. *Innovation and Entrepreneurship*, Collins Business, 1985.

6 — Christensen, Clayton M., *The Innovator's Dilemma*(Boston: Harvard Business School Press), 1997.

7 — Christensen, Clayton M., M. E. Raynor, and R. McDonald, *Harvard Business Review*, December, 2015, pp.44-53.

으로 구분해 설명하고 있다.[8] '혁신 유형 1'(기존 기술+기존 고객)은 점진적 개선에 해당된다. 즉, 기업에서 현재 보유하고 있는 조직 역량 또는 기술의 틀 속에서 새로운 제품 또는 서비스를 기존 고객에게 제공하기 위한 전략이다. 치열한 시장 경쟁에서 성장하려면, 기업은 더 나은 품질의 제품 또는 서비스를 고객에게 더 저렴한 가격으로 신속하게 공급할 수 있어야 한다. 이와 같은 점진적 개선의 초점은 주로 생산 및 판매 등의 효율성 제고와 원가절감에 모아지며, 시장 및 기술의 변화가 적은 비즈니스 환경에서 효과적일 수 있다. 그러나 기술과 시장이 하루가 다르게 변화하는 비즈니스 환경에서, 점진적 개선만으로 기업의 경쟁력을 장기적으로 유지하기란 어려운 일이다.

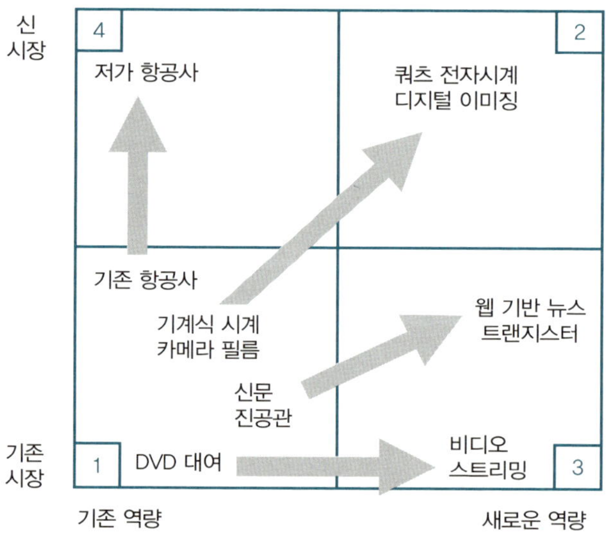

〈그림 1〉 혁신의 방향

8 — O'Reilly III, C. A. and M. L. Tushman, *Lead and Disrupt: How to solve the innovator's dilemma*, Stanford Business Books, 2016.

'혁신 유형 2' (신 기술+새로운 고객)는 그야말로 '파괴적 혁신'이다. 기업의 제품 또는 서비스의 기반이 되는 기술적 역량을 혁신해 새로운 고객층을 확보하는 전략이다. 예를 들어, 쿼츠를 이용한 전자시계에 의해 기계식 시계의 시장이 하루 아침에 축소되었다. 디지털 카메라 그리고 스마트폰의 등장과 함께 코닥 또는 후지필름이 지배하던 카메라 필름 시장이 거의 사라지고 말았나. 한 가지 주목힐 점은 새로운 기술적 역량 못지 않게 새로운 시장 또는 고객의 요구를 파악하기 위한 데이터 분석도 중요한 조직 역량이라는 것이다. 혁신의 초점은 고객의 가치를 향상시키는데 모아져야 한다. 기업이 새로운 기술적 역량을 개발하더라도 시장 및 고객의 요구를 충분히 이해하지 못할 때, 혁신에서 실패할 위험성이 높다.

'혁신 유형 3' (신 기술+기존 고객)은 새로운 기술적 발전을 앞세워 기존 고객층을 확보하는 파괴적 혁신전략이다. 예를 들어, 웹 기반 뉴스가 기존 신문의 독자를 〈그림 1〉과 같이 대부분 대체하였다. 기존 신문의 독자와 광고 수입이 급감하면서 파산하는 신문사가 증가하였다. 넷플릭스 등이 제공하는 비디오 스트리밍에 의해 블록버스터가 지배하던 영화 DVD 대여 산업도 사라졌다. '혁신 유형 4' (기존 기술+새로운 고객)는 기업의 기술적 역량에 큰 변화가 없지만, 파격적 비즈니스 모형을 도입해 새로운 고객의 요구를 충족시키는 전략이다. 예를 들어, 기존 항공사와 저가 항공사 간의 비행기 예약시스템 또는 공항 운영과 같은 기본적 역량에는 별 차이가 없다. 그런데 저가 항공사의 성공 비결은 비행기가 지상보다 하늘에 떠 있는 시간을 기존 항공사보다 더 높임으로써 비용을 절감하는데 있다. 단거리 노선에 주로 취항하는 저가 항공사가 이와 같은 목표를 달성하기란 실제 어려운 일이다. 저가 항공사가 이 목표를 달성하려면 기존 항공사에서 관습적으로 유지해온 운영 방식을 송두리째 변화시켜야 한다. 예를 들어, 승객의 탑승, 여행 가방의 하역, 청소 및 연료 보충 등을 보다 더 신속히 처리하는 비즈니스 모형의 혁신이 필요하다.

결론적으로, 시장 또는 고객의 요구와 기술이 하루가 다르게 변화하는 비즈니스 환경에서, 기업이 성장하려면 점진적 개선은 물론 파괴적 혁신의 전략적 방향을 구체적으로 모색해야 한다.

Ⅱ. 창의성이란 무엇인가?

창의성은 아이디어를 구상하는 원천이다. 혁신 과업에 대한 제품 또는 아이디어의 창의성은 개념적으로 다음 두 가지 근본적 요인을 기준으로 평가될 수 있다.[9,10]

> 혁신 과업을 위한 제품 또는 아이디어가
> 1) 새롭고 가치가 있어야 하며;
> 2) 과업의 유형이 알고리듬이 아닌 휴리스틱이어야 한다.

1. 새롭고 가치 있는 아이디어

개인 또는 팀이 혁신 과업으로 제시한 아이디어가 창의적이기 위해서는 새로워야 한다. 검색서비스를 제공해 주는 사이트가 새롭게 개발되었는데, 이미 존재하는 구글 서비스와 유사하다면 창의적이라 할 수 없다. 아이디어가 새로워야 한다는 개념은 이를 구상한 개발자의 입장이 아니라 사용자 또는 고객의 관점에서 본 것이다. 예를 들어, 현재 새로운 개념이라고 평가

9 — Amabile, Teresa M., *Creativity in Context*, Westview Press, 1996.

10 — Johansson, Frans, *The Medici Effect*, Harvard Business School Press, 2006.

받고 있는 아이디어가 실제로는 오래 전에 발견된 것일 수 있다. DNA의 이중나선형 구조는 왓슨 등에 의해 처음 발견되었다. 그런데 많은 사람이 이 개념에 대해 큰 관심을 갖게 된 시기는 무려 50여 년이 경과한 후였다. 또한, 에디슨에 의해 발명된 백열등은 그 이전부터 사용되어 온 스크류 형태의 병뚜껑 방식을 응용한 사례이다. 스크류 방식의 백열등이 당시 창조적이지 않다고 여긴 사람은 거의 없었다. 앞에서 살펴본 컨티넨탈리소스 회사에서 셰일 오일과 가스 추출을 위해 최근 응용한 '수압파쇄법'은 1950년대 이전에 이미 알려진 기술이었다. 즉, 고객을 위해 새로 구상된 아이디어는 물론, 새로운 제품 또는 서비스를 개발하는데 도움이 된다면 이미 존재해온 기술이더라도 혁신을 위한 창의적 아이디어가 될 수 있다.

그리고 아이디어가 창의적이기 위해서는 고객의 가치를 높여줄 수 있어야 한다. 아이디어가 아무리 새롭더라도 고객에게 아무런 가치가 없다면 창의적 아이디어의 범주에 포함되지 않는다. 고객의 가치를 향상시킨 혁신 사례로 스마트폰을 들 수 있다. 인터넷 검색, 홈쇼핑, 모바일 뱅킹, 게임, 사진 등 고객에게 매우 다양한 가치를 종합적으로 제공해 주는 혁신 사례이다.

2. 휴리스틱 유형의 과업

기업의 과업은 '알고리듬'과 '휴리스틱'이란 두 가지 유형으로 구분될 수 있다. 알고리듬 유형이란 복잡하고 어렵지만 하나의 최적 해가 분명히 존재하는 과업이다. 예를 들어, 수많은 제약조건 하에서 목적함수를 최대화 또는 최소화할 수 있는 선형계획법이 존재하는 과업은 알고리듬 유형이며, 창조적 과업으로 분류되지 않는다. 또한, 화학적 복합물이 아무리 복잡하더라도 이미 알려진 매뉴얼에 따라 생산되었을 때 창조적 과업의 대상이 아니다.

반면에, 휴리스틱 과업에는 하나의 목표나 해답이 명확히 존재하지 않는다. 이는 고객의 가치를 높여줄 수 있는 제품 또는 서비스가 단 하나만 존재하지 않음을 뜻한다. 휴리스틱 과업의 해답은 개인적 상상력을 바탕으로 인지과정을 거쳐 도출되며, 해당 분야 전문가가 창조적이라고 수용할 수 있는 수준에서 결정된다. 휴리스틱 과업의 목표나 해법이 분명히 정해진 것이 없다 보니, 목표를 설정하고 해법을 구상하는 과정은 과업 해결사 또는 창조자의 역할이다. 다만, 시장의 고객이 안고 있는 문제 또는 요구(제품 또는 서비스)를 적절히 파악할 수 있다면 창의적 아이디어의 구상 방향을 보다 더 효과적으로 설정할 수 있다. 또한, 기술의 발전과 더불어 고객의 요구가 끊임없이 변화하기 때문에 창의적 아이디어의 구상이 아무런 제한없이 지속적으로 이어져야 한다.

결론적으로, 창의성이란 고객의 관점에서 새롭고 가치 있는 아이디어를 시장 환경의 변화에 맞추어 지속적으로 구상해내는 역량을 뜻한다. 아이디어가 아무리 획기적으로 새롭고 가치를 더 높여줄 수 있다 하더라도 최종 정답은 아니다. 창의성이란 제품 또는 서비스를 아무런 제약없이 지속적으로 혁신하려는 개인적 마인드이다.

III. 창의성의 구성요소

경영자가 임직원의 창의성을 어떻게 높일 수 있는가? 창의성 이론의 대가인 애머빌Amabile에 의하면, 개인적 창의성은 〈그림 2〉에서 보는 것과 같이 '내적 창의성' 요소와 '외적 업무환경'에 의해 결정된다.[11] 내적 창의성

11 — Amabile, Teresa M., 1996, 전게서

요소는 1) 과업-적합 역량; 2) 창조-적합 프로세스; 그리고 3) 내적 동기부여의 세 가지 요소로 구성된다. 한편, 외적 업무환경은 개인의 내적 창의성 요소에 부정적 영향을 미칠 수 있다. 경영자가 임직원의 창의성을 북돋우려면 내적 창의성 요소를 진작시키고, 부정적 영향을 미칠 수 있는 외적 업무환경을 관리해야 한다. 내적 창의성 구성요소를 우선 살펴보기로 하자!

- 과업-적합 역량
- 창조·적합 프로세스
- 내적 동기부여

1. 과업-적합 역량

개인적 '과업-적합 역량'은 창의적 아이디어를 구상할 수 있는 기반이다. 개인적 아이디어 구상은 새로운 변화에 맞추어 다양한 지식과 정보를 분석하고 인지하는 활동을 통해 이루어진다. 즉, 개인의 과업-적합 역량이란 혁신을 위한 창의적 아이디어를 구상하는데 기반이 될 수 있는 지적 그리고 인지적 활동의 범위와 깊이를 뜻한다. 그러므로 과업-적합 역량의 크기는 혁신하고자 하는 제품·서비스와 관련된 지식, 기술적 역량, 그리고 그것에 적합한 재능을 얼마나 갖추고 있는지에 따라 결정된다. 예를 들어, 컨티넨탈리소스 회사는 '에임스 홀'이란 지질학적 지식에 수압파쇄법과 수평시추법을 결합함으로써 셰일 오일과 가스를 매우 효율적으로 추출하는데 성공하였다. 특정한 제품 또는 상황에 한정된 지식보다는 일반적 지식을 결합할 때 창의적 아이디어를 더 많이 구상할 수 있다. 그 이유는 좁은 범위의 지식보다는 광범위한 지식을 결합할 때 구상할 수 있는 아이디어의 수가 훨씬 더 많아질 수 있기 때문이다. 그러므로 혁신 과업에 적합한 일반적 지식의 학습이 과업-적합 역량을 키우는데 중요함을 알 수 있다. 그리고 앞서 예시한 셰일층의 개발 사례와 같이, 복잡하고 다양한 실험을 체계적으로 수행하는데 필요한 기술적 역량과 재능도 또한 뒷받침되어야 한다. 과업-적합 역량이 클수록 다양한 지식의 인지와 더불어 비즈니스 통찰력이 향상되고 더 많은 아이디어를 구상할 수 있는 기반이 된다.

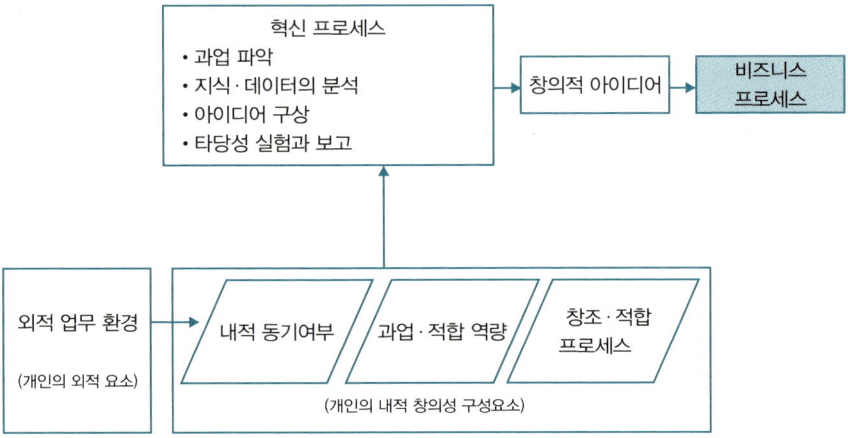

〈그림 2〉 창의성의 구성요소와 혁신 프로세스

2. 창조-적합 프로세스

개인적 '창조-적합 프로세스'는 '인지방식'과 '업무방식'에 의해 결정된다. 개인적 인지방식은 다양한 지식과 정보 간의 복잡한 관계를 이해하고, 당연한 것으로 여겨 왔던 틀에 박힌 고정관념에서 벗어나 과감하게 발상의 전환을 할 수 있는 역량이다. 창의적 아이디어를 풍부하게 구상하려면 다양한 지식을 결합할 수 있어야 한다. 그런데 개인마다 정도의 차이는 있지만, 다양한 지식을 새로운 시각에서 결합하는 것을 저해하는 '연상장애'

Associative Barriers가 존재할 수 있다.[12]

연상장애란 개념은 무엇인가? 심리학 연구에 의하면, 인간은 어떤 키워드를 듣거나 이미지를 보는 순간 그것과 연관된 생각 또는 아이디어를 머릿속에 떠올리게 된다. 개인의 머릿속에서 떠오르는 생각은 교육 배경과 경험에 따라 다를 수 있다. TV 요리 경연대회에서, 유명한 요리사가 양 손에 칼을 쥐고 고기 덩어리를 빠른 속도로 잘게 다지고 있었다. 이를 본 작곡가는 요리사가 드럼을 치는 것 같다고 하고, 다른 공연 기획자는 '난타 공연'을 보는 것 같다는 서로 다른 느낌을 표현하였다. 인간은 복잡한 문제의 해법을 찾는 과정에 과거 경험을 토대로 단순하게 인지하려는 경향이 있다. 복잡한 데이터 분석과 같은 인지 활동에 소요되는 노력을 최소화하고자 하는 인간의 속성 때문이다. 과거 경험에 의존한 연상은 문제를 효율적으로 해결할 수 있는 장점이 있지만, 한편 적지 않은 문제를 내포할 수 있다. 바로, 인간의 폭 넓은 사고를 저해하는 현상이다. 즉, 인간은 여러 가정의 타당성을 검토해 보지도 않고 과거 경험에 몰입해 서둘러 결론에 도달함으로써 다른 대안이나 가능성을 모색해 볼 기회를 놓칠 수 있다. 이런 현상이 인간의 '연상장애'이며, 창의성을 떨어뜨리는 커다란 걸림돌이다. 개인의 창조-적합 프로세스의 성과를 향상시키려면 연상장애로부터 벗어나기 위한 마인드 전환이 필요하다.

인간은 자신의 연상장애를 어떻게 감소시킬 수 있는가? 한 가지 방안은 문화적 다양성을 높이는 것이다. 문화란 규칙과 전통으로 정의될 수 있다. 그리고 개인의 사고방식과 행동양식에 스며든다. 문화적 다양성은 연상장애를 떨어뜨리는데 매우 효과적이다. 연상장애로부터 벗어나기 위한 또 다른 방안은 다양한 교육을 섭렵하는 것이다. 개인마다 학습한 교육 내용이

12 — Johansson, Frans, 2006, 전게서.

다를 때 각자의 머릿속에서 이루어지는 연상이 서로 다르게 형성되기 때문이다. 예를 들어, 의과대학에서는 의사가 되려는 학생에게 의학에 관한 전문적 지식은 물론 환자를 진료하는데 준수해야 할 규칙과 절차 등을 교육한다. 의학 분야의 한정된 교육을 받은 의사마다 나름의 연상 장애가 형성되며, 다양한 분야 간의 교류를 어렵게 만드는 요인이 될 수 있다. 그런데, 개인이 다양한 문화나 교육을 두루 섭렵하기란 어려운 일이다. 연상장애를 감소시키기 위한 현실적 방안은 다양한 문화와 교육 배경을 가지고 있는 동료로 팀을 구성하는 것이다. 팀원 간의 다양한 문화, 교육 그리고 지식이 결합되면서, 창의적 아이디어를 구상할 수 있는 인지적 역량이 높아지게 된다.

그런데, 다양한 문화와 지식을 갖춘 동료로 팀을 구성하더라도 창의적 아이디어가 저절로 구상되는 것은 아니다. 오스본Osborn은 다양한 지식을 효과적으로 결합하기 위한 방안으로 브레인스토밍을 오래 전에 제시하였다.[13] 이 방법은 새로운 아이디어를 도출하기 위한 목적으로 여전히 널리 응용되고 있다. 그런데, 브레인스토밍이 아이디어 구상에 있어서 효과적인지를 검증한 심리학 연구에서 오스본의 당초 주장과는 다른 결과가 일관되게 나타났다. 즉, 팀의 동료가 함께 모여 브레인스토밍을 했을 때 구상된 아이디어의 수가 개인적으로 생각한 아이디어를 중복된 것을 제외하고 모았을 때 수의 절반가량에 그쳤다는 것이다. 왜 그런 가? 그 이유로 다음 세 가지 원인이 밝혀졌다. 첫째, 브레인스토밍 과정에 '무임승차자'가 존재할 수 있다. 둘째, 동료 간의 '평가불안' 때문에 훌륭한 아이디어가 있더라도 이를 표출하지 않고 억누르는 현상이다. 셋째, '봉쇄' 현상이다. 브레인스

13 — Osborn, Alex, *Applied Imagination: Principles and Procedures of Creative Problem Solving*, New York: Scribner, 1957.

토밍 과정에서 동료가 제시하는 아이디어를 듣고 있던 다른 동료에게 불현듯 새로운 아이디어가 떠오르더라도 이를 표출할 기회가 일시적이지만 봉쇄될 수 있다. 그런데 인간의 단기 기억저장 능력의 한계 때문에 다른 동료가 제시한 의견을 모두 통합함과 동시에 새로운 아이디어를 구상하기가 어려울 수 있다. 더구나 브레인스토밍에 참여하는 팀원의 숫자가 증가할수록 아이디어의 구상이 거꾸로 더 많이 감소하는 것으로 나타났다.[14]

브레인스토밍의 단점을 극복하기 위한 방안으로 소셜미디어 중 '위키'의 사용을 들 수 있다. 위키는 '대화형 지식관리 지원시스템'이다. 사용자는 위키를 이용해 온라인 공동체를 형성하고 활발하게 토론할 수 있다.[15] 특히, 아이디어 구상에 필요한 지식이 지리적으로 널리 분산되어 있을 때 더 효과적일 수 있다. 위키는 개방형 플랫폼으로서 사용자가 자유롭게 의견을 제시하고, 편집할 수 있도록 허용하고 있다. 그러므로 평가불안 때문에 훌륭한 아이디어가 있더라도 이를 표현하지 않는 경우는 드물다. 그리고 위키는 인간의 단기 기억저장 능력의 한계를 완화시켜 줌으로써 브레인스토밍의 '봉쇄'라는 단점을 해소시켜 줄 수 있다.

그리고 창조-적합 프로세스의 성과가 업무방식에 의해 달라질 수 있다. 몇 가지 예를 들어 보기로 하자. 한 가지 혁신 과업을 해결하기 위해 오랫동안 관심을 갖고 집중할 수 있어야 한다. 비 효과적인 아이디어 탐색 전략이나 당장 해결하기 어려운 문제가 있다면 일단 유보할 수 있어야 한다. 과업이 매우 어렵더라도 그 해결을 위해 인내하며 혼신의 노력을 기울여야 한다.

14 — Johansson, Frans, 2006, 전게서.

15 — Bibbo, Danielle, James Michelich, Eric Sprehe & Young Eun Lee, "Employing Wiki for Knowledge Management as a Collaborative Information Repository: an NBC Universal Case," *Journal of Information Technology Teaching Cases*, 2012, 2, pp.17-28.

3. 내적 동기부여

개인이 창조적 활동에 몰입하는 이유는 무엇인가? 위에서 설명한 개인의 '과업-적합 역량'과 '창조-적합 프로세스'는 해당 과업을 해결하는데 필요한 역량과 마인드를 뜻한다. 그런데 개인이 특정한 과업을 해결하는데 적합한 역량을 보유하고 있더라도, 그 과업을 실제로 해결하고자 하는 동기는 다른 차원이다. 개인이 특정한 과업에 관여하게 만드는 원동력은 사회심리학 연구에 의하면 자신의 '내적 동기부여'이다. 개인이 과업을 업무가 아니라 '재미있는 놀이'로 여길 때 그의 내적 동기부여가 높아지고, 스스로 몰입하는 과업 관여가 이루어진다.[16][17] 개인의 내적 동기부여와 창의성 간에 긍정적 상관관계가 있음이 관련 연구에서 밝혀졌다. 즉, 개인이 내적 동기부여가 높은 상태에서 과업에 관여할 때 창의성도 높아질 수 있다는 것이다. 그렇다면, 경영자는 직원의 과업에 대한 내적 동기부여를 어떻게 높일 수 있는가?

인간은 본래 호기심이 많다. 그리고 새로운 과제에 늘 도전해 보려는 욕구도 가지고 있다. 한 살에서 세 살 정도 어린 아이들 중에서 호기심 및 도전해 보려는 욕구가 없는 경우를 본 적이 있는가? 어른이 될수록 호기심과 도전 의식이 약해지는 이유는 사회적 환경 탓이다. 어른으로 성장하는 과정에 다양한 평가 및 보상과 같은 외적 요인에 의해 인간의 본성인 호기심과 도전 의식이 약화되기 쉽다. 인간의 호기심과 도전 의식을 원래 모습으로 되살리려면 그들의 내적 동기부여를 북돋워야 한다. 그러기 위해서는 자율권과 장인정신이 필요하다.

16 — deCharms, R., *Personal Causation*, New York: Academic Press, 1968.

17 — Deci, E. "Effects of Externally Mediated Rewards on Intrinsic Motivation," *Journal of Personality and Social Psychology*, 1971, 18, pp.105-115.

• 자율권: 개인의 내적 동기부여를 결정짓는 가장 중요한 요소는 자율권이다.[18] 개인이 특정한 과업에 관여할 것인지 여부를 자율적으로 선택할 수 있을 때 그의 내적 동기부여가 높아진다. 또한, 그 과업을 어떻게 해결할 것인지 스스로 결정할 수 있을 때 개인의 내적 동기부여가 높게 유지될 수 있다. 부모의 무서운 호통 또는 용돈에 의해 마지못해 공부하는 아이 또는 경영자의 지시에 따라 특정한 과업을 수행해야 하는 직원의 자율권은 낮은 수준이다. 아이가 원해서 스스로 공부할 때와 직원이 자유롭게 특정한 과업을 선택해 몰입할 수 있을 때 자율권은 높은 수준이 된다. 피카소, 고흐, 오키프 등은 자신들이 원하는 그림을 그렸다. 피카소의 입체주의, 고흐의 인상파 및 오키프의 아메리칸 모더니즘은 화가 자신의 구상에 따라 독특하게 구현되었다. 그들은 어떤 그림을, 언제, 어떻게 그릴 것인지 자율적으로 결정하였다. 그들에게 그림의 유형과 방법을 지시한 사람은 아무도 없었다. 그림의 주제를 미리 지정 받은 화가와 스스로 자유롭게 선정한 화가의 창의성을 검토한 결과 후자가 더 높은 것으로 밝혀졌다.[19] 인간이 자율적으로 과업에 관여할 때 내적 동기부여가 높아지는 것은 물론이다. 그럴 경우, 인간은 더 큰 만족감을 느끼고, 성과도 더 높게 나타났다.

그런데, 기업의 직원이 자신의 혁신 과업을 직접 선택하고, 아이디어를 구상할 수 있는가? 경영 환경이 바뀌지 않는 한, 그것은 현실적으로 매우 어렵다. 전통적으로, 기업은 연간 목표를 세우고, 각 부문

18 — Pink, Daniel H., *Drive: The Surprising Truth about What Motivates Us*, Riverhead Books, New York, 2009.

19 — Amabile, T. M., E. D. Phillips, and M. A. Collins, "Creativity by Contract: Social Influence on the Creativity of Professional Artists", Unpublished Manuscript, Brandeis University, 1994.

과 개인이 해야 할 구체적 업무계획을 수립해 왔다. 직원은 마치 기계의 부속품처럼 주어진 일을 매뉴얼에 따라 정확하게, 또 열심히 수행하고, 그 성과의 평가에 따라 연봉 인상 또는 승진 등의 보상을 받아 왔다. 이와 같은 환경에서 기업의 직원이 과업을 직접 구상하거나 흥미 있는 과업을 선택하기란 불가능한 일이다.

내적 동기부여를 진작시키기 위한 목적으로 직원에게 과업 선택의 자율권을 부여하려면 외적 통제의 경영 환경을 송두리째 변화시켜야 한다. 미국의 창의적 기업 중 하나인 3M은 '훌륭한 인재를 채용한 후 간섭하지 않는다'는 경영 철학을 유지해 오고 있다. 그리고 기술 부문 직원에게 근무 시간의 15%를 자율적으로 선택한 과업에 몰입할 수 있도록 허용하였다. 많은 사람에게 친숙한 3M의 '포스트잇'Post-its은 직원이 자율적으로 과업을 선택할 수 있도록 허용한 후 성취한 혁신 산물이다. 구글도 3M을 모방해 직원이 근무 시간의 20%를 창의적 아이디어를 모색하는데 사용할 수 있도록 독려하였다.[20] 구글이 구글 뉴스, 지메일Gmail, 구글 번역 등 헤아릴 수 없을 정도로 많은 혁신적 서비스를 개발할 수 있었던 원동력의 하나는 새로운 경영 환경의 조성이었다. 즉, 직원이 업무시간의 일부를 자율적으로 할애해 각자 관심 있는 과업을 구상할 수 있도록 허용한 것이다. 그리고 직원이 자율적으로 정한 장소에서 과업을 처리할 때 더 큰 만족감을 느끼는 것으로 밝혀졌다. 예를 들어, 자신의 집을 콜센터 장소로 선택한 직원의 만족도가 더 높은 것으로 나타났다.

또한, 개인이 과업에 자율적으로 관여한다고 해서 혼자서 독립적으

20 — Mediratta, Bharat, "The Google Way: Give Engineers Room," *New York Times*, October 21, 2007.

로 움직여야 한다는 뜻은 아니다. 개인이 혁신 과업을 모두 처리하기란 거의 불가능한 일이다. 누구든지 다른 사람과 함께 자율적으로 팀을 구성해 과업에 관여할 수 있음은 물론이다. 고어Gore & Associates는 고어텍스란 의류 원단으로 널리 알려진 회사이다. 이 회사는 주어진 과업에 직원을 배정하는 일이 없다. 상사와 부하 간의 관계도 희미하다. 회사의 직원은 누구나 자신의 아이디어를 사내 게시판을 통해 많은 사람들에게 널리 알릴 수 있다. 고어 회사에는 수많은 아이디어의 제시와 더불어 다른 동료의 참여를 독려하는 아이디어 시장이 늘 열려 있다. 특정한 아이디어 또는 과업에 관심 있는 직원이 관여할 때 혁신팀이 형성된다. 직원이 관여하지 않는 아이디어는 더 이상 개발되지 않고 묻히게 된다. 이처럼 직원 간에 자율적으로 조성된 팀의 성과가 경영자에 의해 구성된 팀의 성과보다 훨씬 더 높은 것으로 나타났다.[21]

개인이 과업의 관여 여부, 해결 방법 그리고 팀의 구성을 자율적으로 결정할 수 있을 때 그의 내적 동기부여는 높아질 수 있다. 이를 달성하려면 경영의 초점이 통제 중심에서 개인의 자율권 신장으로 변화해야 한다.

- 장인 정신: 장인은 특정 분야의 전문적 지식 또는 기술이 있는 사람이다. 예를 들어, 자동차 엔진, 심장 수술, 요리, 판소리의 명장이 장인이다. 그들은 과업이 복잡해도 재미있는 놀이로 여기고 관여한다. 물론, 장인이 관여하더라도 완전히 해결되는 과업은 드물다. 그들은 어

21 — Shipper, Frank, Greg L. Stewart, & Charles C. Manz, "W. L. Gore & Associates: Developing Global Teams to Meet 21st-Century Challenges," Case 26, *Cases in Crafting and Executing Strategy*, 2010.

렵고 복잡한 과업을 조금이라도 더 낫게 해결하기 위해 끊임없이 노력한다. 이것이 '장인 정신'이며, 내적 동기부여를 높일 수 있는 형이상학적 요소이다.[22]

칙센트미하이Csikszentmihalyi는 사회심리학자로서 인간이 세상을 살아가면서 가장 높은 수준의 만족감을 느끼는 순간을 '플로우'Flow라 불렀다.[23] 그는 인간이 여가보다도 과업으로부터 플로우에 도달할 가능성이 더 높을 수 있다고 통찰하였다. 개인이 과업에 관여하도록 이끄는 내적 동기부여에 플로우 개념은 어떤 의미가 있는가? 우선, 탁구의 예를 살펴보자. 자신과 기량이 비슷하거나 약간 나은 사람과 게임을 할 때 도전감도 생기고 가장 재미있다. 누구나 이 순간 탁구에 몰입하게 되며, 자신의 기량을 최대한 발휘하게 된다. 그러나 자신보다 기량이 월등히 높은 고수 또는 초보와 게임을 하게 되면 승패를 떠나서 좌절하거나 지루해지며, 게임 내용도 나빠진다. 마찬가지로, 개인이 복잡한 과업을 수행하기에 자신의 역량이 현재 약간 부족하지만 노력을 통해 향상시킬 수 있다고 판단할 때, 다른 일에서는 얻을 수 없는 집중과 만족을 느끼는 플로우에 도달한다고 한다.

개인이 플로우에 도달하도록 하려면 과업에 자율적으로 관여할 수 있는 경영 환경이 조성되어야 한다. 만일, 개인이 감당하기 어려운 과업에 경영자의 지시에 의해 배정될 때 그는 불안을 느끼고 좌절하게 된다. 과업에 비해 자신의 역량이 넘친다고 생각하는 개인은 거꾸로 지루함을 느끼게 된다. 인간이 좌절하거나 지루할 때 플로우에 도달하

22 — Pink, Daniel H., 2009, 전게서.

23 — Csikszentmihalyi, Mihalyi, *Beyond Boredom and Anxiety: Experiencing Flow in Work and Play*, 25th anniversary edition (San Francisco: Jossey-Bass, 2000), xix.

기는 어렵다. 인간이 플로우에 도달하면 시간, 장소, 심지어는 자신 마저도 잊어버리는 무아지경에 이른다고 한다. 인간은 플로우의 순간 내적 동기부여가 고조되고 최고 수준의 창의성을 발휘할 수 있다고 한다. 삶의 윤리로서 플로우에 도달하려는 마음이 바로 장인 정신이다.[24]

장인이 되기는 어렵다. 그는 재능을 갖고 태어난 사람이라고 보통 믿기 쉽다. 그러나 장인이 되는 길은 고난의 연속이다. 열정과 인내심을 갖고 노력하지 않으면 도달하기 어려운 경지이다. 장인이 된다는 것은 자신이 관여해 온 과업을 바꾸지 않고 오랫동안 각고의 노력을 기울인 결과이다. 때로 5년, 10년, 또는 평생 끊임없이 노력해 온 사람이 장인이 될 수 있다. 인간은 무엇 때문에 어렵고 힘든 과업에 오랫동안 매달리는 것인가? 드웩Dweck은 인간의 지능을 연구해 온 심리학자로서 '인간은 믿는 만큼 성취한다'는 통찰을 하였다.[25] 장인 정신은 자신이 오랫동안 관여해 온 과업을 조금이라도 더 낫게 해결할 수 있다는 믿음을 가지고 혼신의 노력을 기울이는 마음이다. 하로우Harlow는 인간이 과업의 성과로부터 내적 즐거움을 얻을 수 있음을 발견하였다.[26] 애머빌Amabile 등에 의하면, 인간이 일상적 업무 과정에 얻는 가장 높은 수준의 동기부여가 놀랍게도 업무상 진척이나 발전이라고 한다.[27] 즉, 인간은 자신의 과업이 발전할 때 더 높은 동기부여와 관여를

24 — Csikszentmihalyi, Mihalyi, 2000, 전게서.

25 — Dweck, Carol S., *Self-Theories: Their Role in Motivation, Personality, and Development* (Philadelphia Press), 17, 1999.

26 — Harlow, H. F., "Learning and Satiation of Response in Intrinsically Motivated Complex Puzzle Performance by Monkeys, *Journals of Comparative Physiological Psychology*, 1950, 43, pp. 289-294.

27 — Amabile, T. & Steven Kramer, *The Progress Principle: Using Small Wins to Ignite Joy, Engagement, and Creativity at Work*, Harvard Business Review Press, Boston, Massachusetts, 2011.

느낀다고 한다. 그러므로 애머빌은 경영자가 직원이 발전할 수 있는 환경을 조성해야 함을 역설하였다. 그리고 직원의 발전을 인정하고 축하할 때, 그들은 살아가는 이유를 확인하고 자신들의 삶을 더 풍요롭게 만들어 나갈 수 있게 된다고 하였다. 장인이 한 가지 과업에 평생 관여하더라도 완전히 실현하지는 못한다. 그렇다고 좌절하기 보다는 더 나은 결과를 추구하는 과정에 즐거움을 느끼는 것이 장인 정신이다. 결론적으로, 장인 정신의 함양이야 말로 인간의 과업 관여를 위한 내적 동기부여를 높이기 위한 중요한 방안이다.

• 과업 유형: 한 가지 주목할 점은 과업 유형에 따라 동기부여의 효과가 다를 수 있다는 것이다. 과업의 외적 동기부여 때문에 개인 또는 기업의 성과가 항상 낮아지는 것은 아니다. 만일 그렇다면, 20세기 일반적 경영 방식이었던 보상 및 처벌과 같은 외적 동기부여에 의해 달성했던 생산성 및 성과의 향상을 설명할 길이 없다.[28] 과업의 유형은 앞에서 살펴본 것과 같이 '알고리듬'과 '휴리스틱'의 두 가지 유형으로 나눌 수 있다. 알고리듬 과업은 미리 정해진 방식에 따라 가장 최선의 해법에 이를 수 있는 것이다. 반면에, 휴리스틱(창조적) 과업의 해법은 알고리듬으로 찾을 수 없으며, 모든 가능성을 탐색하는 가운데 기발한 아이디어를 구상해야 한다. 맥킨지 컨설팅 회사의 보고서에 의하면, 미국에서 새롭게 성장하는 직업 중 알고리듬 유형의 업무는 30퍼센트에 불과하고, 70 퍼센트의 업무가 휴리스틱 업무에 해당된다고 한다. 반복적 업무는 자동화되거나 외국에 아웃소싱 되는 반면에, 창의적 업무

28 — Pink, Daniel H., 2009, 전게서.

는 그럴 수가 없기 때문이다.[29] 애머빌에 의하면, 알고리듬 유형의 과업에는 보상이나 처벌에 바탕을 둔 외적 동기부여가 적합한 반면에, 휴리스틱 또는 창조적 과업에는 부정적 효과를 가져온다는 것이다.[30][31] 즉, 과업의 내적 동기부여가 창의성을 높이는데 적합하다는 것이다.

지금까지 개인의 창의성을 결정짓는 세 가지 구성요소인 과업-적합 역량, 창조-적합 프로세스 그리고 내적 동기부여에 대해 살펴보았다. 애머빌에 의하면, 세 가지 요소 중 어느 하나만 결여되더라도 개인의 잠재적 창의성이 최대한 발휘되지 못할 수 있다고 한다.[32] 지금부터 개인의 창의성, 특히 과업의 내적 동기부여 요소를 저해하는 '외적 업무환경'에 대해서 살펴보기로 하자.

Ⅳ. 외적 업무환경

테일러Taylor의 '과학적 관리법'은 20세기 경영의 혁신이었다. 그 핵심은 인간의 행동이 '보상과 처벌'에 의해 결정된다는 것이다. 테일러는 생산라인의 직원을 커다란 기계의 부속품으로 여겼다. 직원이 미리 정해진 시간 및 동작에 따라 로봇처럼 움직일 때 생산성이 향상된다고 본 것이다. 이를 달성하기 위한 수단이 보상과 처벌이었다. 당시 과업의 속성은 주로 동일

29 — Bradford, C. Johnson, James M. Manyika, and Lareina A. Yee, "The Next Revolution in Interaction," *McKinsey Quarterly* 4 (2005): pp. 25-26.

30 — Amabile, Teresa M., 1996, 전게서

31 — Pink, Daniel H., 2009, 전게서.

32 — Amabile, Teresa M., 1996, 전게서

한 작업을 반복적으로 수행하는 것이었다. 즉, 미리 정해진 절차에 따라 정확하게 그리고 열심히 작업한 직원에게는 보너스 또는 승진 등의 보상을 하고, 제대로 수행하지 못한 직원에게는 감봉 등의 처벌을 하는 방식이었다. 이와 같은 '외적 동기부여'에 의해 인간의 행동을 통제해온 방식이 20세기는 물론 현재까지 기업 경영에 있어서 중요한 몫을 차지하고 있다.

한편, 컴퓨터와 인터넷이 결합되면서 시장의 고객 요구가 최근 하루가 다르게 변화하고 있다. 기업은 새로운 비즈니스 환경에서 성장하기 위해 혁신에서 길을 찾고 있다. 혁신에 실패한 기업이 시장에서 사라지는 현실이다. 혁신의 기반은 창의성이며, 그 주요 원동력의 하나는 개인의 '내적 동기부여'이다. 그런데, 사회심리학 연구에 의하면, 보상 및 처벌과 같은 외적 동기부여 방식이 인간의 내적 동기부여와 창의성을 떨어뜨리는 것으로 밝혀졌다.[33] 지난 20세기 경영 혁신을 이룩하는데 유용했던 외적 동기부여가 개인의 창의성을 저해한다는 것이다. 창의성과 혁신의 중요성을 부인하는 경영자는 요즘 거의 없다. 그러나 보상 및 처벌과 같은 외적 동기부여 방식에 익숙한 경영자가 그것을 포기하기란 쉬운 일이 아니다. 창의성에 관한 사회심리학 연구와 기업 경영자의 인식 간에는 상당히 큰 차이가 존재한다. 외적 동기부여에 해당되는 평가 및 보상이 개인의 창의성을 왜 떨어뜨리는지 이해하기 위해 사이몬 교수가 제시한 '관심관리' 개념과 더불어 평가 및 보상에 대해 살펴보기로 하자.

1. 관심관리

인지심리학 연구의 대가인 사이몬 교수는 개인의 과업에 대한 동기부여가 창의적 아이디어 구상에 미치는 영향에 대해 매우 유용한 개념을 제시

33 — Amabile, Teresa M., 1996, 전게서

하고 있다. 즉, 동기부여의 가장 중요한 기능은 인간의 '관심관리Attention Control'이며, 특정 시점에 우선 달성하려는 목표의 선정이 동기부여에 의해 결정된다는 것이다.[34] 사이몬의 '관심관리' 가설은 다음과 같다.

> "한 가지 목표를 달성하려는 동기부여가 강렬할수록, 개인은 그것과 직접적 연관성이 낮은 외적 요인에 대해서 상대적으로 적은 관심을 기울이게 된다."

이 가설은 과업 성과에 따른 조건부 보상과 같은 외적 동기부여가 왜 창의성을 떨어뜨릴 수 있는지 그 이유를 설명하고 있다. 개인은 외적 동기부여에 의해 조건부 보상, 마감일의 준수, 감시자의 승인, 또는 전문가의 긍정적 평가와 같은 좁은 범위의 외적 목표에 초점을 맞추게 된다. 개인이 창의적 성과를 달성하려면 구체적으로 주어진 외적 목표로부터 벗어나서 과업의 광범위한 측면에 더 많은 관심을 기울일 수 있어야 한다. 개인이 외적 목표에 초점을 분산시킬 때 다른 대안을 상상해 볼 수 있는 가능성이 작아지기 마련이다.

창의성의 개념에 있어서, 개인의 내적 동기부여와 외적 동기부여 간의 차이는 혁신 과업에만 모든 관심을 쏟는지, 아니면 다른 목표에도 관심을 분산시키는지 차이로써 설명될 수 있다. 인간이 기울일 수 있는 '관심역량'은 매우 제한적이다. 외적 동기부여 환경에 놓인 개인은 조건부 보상의 충족 여부에 상당한 관심을 기울일 수밖에 없다. 보상이나 승진과 같은 외적 동기부여에 적지 않은 관심을 기울이는 개인이 정작 가장 중요한 아이디어 구상에 쏟게 될 관심은, 내적 동기부여에 의해 보이게 될 관심과 비교할

34 — Simon, Herbert, "Motivational and Emotional Controls of Cognition," *Psychology Review*, 1967, 74, pp.29-39.

때, 상대적으로 적어지게 된다.

결론적으로, 개인이 외적 동기부여에 관심을 분산시키다 보면, 창조-적합 프로세스에서 필요한 고정관념의 탈피, 위험 감수 등이 상대적으로 떨어질 가능성이 높아진다. 그리고 이미 알고 있는 지식 또는 알고리듬에 의존하게 될 가능성이 높아진다. 외적 동기부여를 위해 오랫동안 사용된 평가 그리고 보상이 개인의 창의성을 왜 떨어뜨리는지 살펴보기로 하자.

2. 평가

사회심리학 연구의 주요 가설 중 하나는 "과업 성과에 대한 평가 또는 예상되는 평가가 개인의 창의성에 부정적 영향을 미친다"는 것이다.[35 36 37] 그 근거는 다음과 같다. 개인이 내적 동기부여가 충만한 상태에서 과업에 관여할 때 더 높은 창의성에 도달할 수 있다. 과업을 일이 아니라 재미 있는 놀이로서 여기고 몰입할 수 있기 때문이다. 그런데, 자신의 성과가 다른 사람에 의해 평가될 때, 개인은 과업을 더 이상 놀이가 아닌 업무로 인식하게 된다. 과업 담당자는 평가에 관심을 분산시키면서 과업 자체에 모든 초점을 맞출 수 없게 된다. 그는 또한 위험성이 높은 과업을 회피하려는 성향을 보일 수 있다. 학생이, 성적에 높은 관심을 둘수록, 어렵지만 미래에 도움이 될 과목보다는 좋은 성적을 받을 수 있는 과목 위주로 수강하는 태도에 비유할 수 있다. 즉, 개인이 창의적 아이디어를 구상하려면 과업에 몰입하고 사고의 폭을 넓혀야 함에도 불구하고 평가에 초점을 분산시키는 순간

35 — deCharms, R., *Personal Causation*, New York: Academic Press, 1968.

36 — Deci, E. "Effects of Externally Mediated Rewards on Intrinsic Motivation," *Journal of Personality and Social Psychology*, 1971, 18, pp.105-115.

37 — Lepper, M., D. Greene, & R. Nisbett, "Undermining Children's Intrinsic Interest with Extrinsic Rewards: A Test of the 'Overjustification' Hypothesis," *Journal of Personality and Social Psychology*, 28, 1973, pp.129-137.

거꾸로 좁아질 수 있다는 것이 위 가설의 근거이다.

그런데, 과업 성과의 평가가 창의성에 미치는 영향에 관한 초기 연구 결과는 일관되지 않았다. 첫 번째 관점은 개인의 과업 성과에 대한 평가가 창의성에 부정적 영향을 미친다는 것이다. 학부 학생을 대상으로 한 임상 면담연구에서, 학생 스스로 내적 평가를 한 집단이 외적 평가를 받은 집단에 비해 표준 창의성 검사에서 더 높은 성과를 보인 것이다.[38] 두 번째는 평가가 창의성을 저해하지 않는다는 반대의 연구 결과이다.[39 40] 피아니스트 및 수학자 중 젊을 때 리사이틀, 콘서트 그리고 경시대회 등에서 경쟁을 해보았던 또는 평가를 받았던 집단이 그런 경험을 해본 적이 없는 집단보다 각 분야에서 두각을 나타낸 경우가 더 많은 것으로 나타났다. 이와 같이 상반된 연구 결과는 실험에서 사용된 과업의 속성에 의해 달리 나타났음이 밝혀졌다.[41]

특히, 휴리스틱 과업에 대해 평가가 이루어질 때, 개인의 창의성이 떨어지는 것으로 밝혀졌다. 그가 인지하는 평가 불안이 과업에 몰입하는 것을 저해하고 내적 동기부여를 떨어뜨림으로써 창의성이 감소되는 것으로 밝혀졌다.[42] 그러므로 경영자가 혁신에 성공하려면 외적 통제인 평가 대신에 내적 동기부여를 높이기 위한 방안에 초점을 두어야 한다. 앞서 설명한 것

38 — Garfield, S. J., H. A. Cohen, & R. M. Roth, "Creativity and Mental Health," *Journal of Educational Research*, 63, 1969, pp147-149.

39 — Bloom, B. S., & L. A. Sosniak, "Talent Development vs. Schooling," *Educational Leadership*, 1981, pp.86-94.

40 — McGraw, K., "The Detrimental Effects of Reward on Performance: A Literature Review and a Prediction Model," In M. Lepper & D. Greene (Eds.), *The Hidden Cost of Reward*, Hillsdale, N.J.: Lawrence Erlbaum Associates, 1978.

41 — Amabile, Teresa M., 1996, 전게서

42 — Pink, Daniel H., 2009, 전게서.

과 같이, 혁신 과업은 알고리듬이 아닌 휴리스틱 유형의 과업이기 때문이다. 한편, 알고리듬 유형의 과업에 대한 평가는 개인의 생산성에 긍정적 영향을 미치는 것으로 나타났다. 개인이 반복적으로 수행하는 과업 성과에 대해 평가가 이루어지더라도 초점이 분산되는 등의 부정적 영향이 미미하기 때문이다.

3. 보상

산업사회 경영자는 생산성을 향상시키기 위한 도구로 보상을 활용하였다. 예를 들어, 미국 포드 자동차 회사는 20세기 초 생산라인에 컨베이어 벨트 시스템을 도입해 근로자의 시간과 동작을 모두 통제하였다. 그 결과 생산성이 비약적으로 향상되었다. 공장 근로자는 자신이 원하는 과업을 선택할 수도 없었고, 그 과업을 나름대로 어떻게 처리하면 좋을 것인지 궁리할 필요도 없었다. 이와 같은 과업 환경에서 경영자는 근로자로부터 더 많은 노력을 이끌어내기 위해 그들에게 보너스 또는 승진과 같은 보상을 제시하였다. 예를 들어, 공장 근로자가 생산량을 지난 해보다 초과 달성하면 일정률의 보너스를 지급하는 것과 같이 성과에 따른 조건부 보상 정책이 적용되었다. 이런 보상 방식이 여전히 적용되고 있다. 시장의 변화가 적고 대량생산이 가능했던 시기에, 보상은 알고리듬 과업의 생산성을 향상시키는데 긍정적 효과를 가져온 것이 사실이다.[43]

그러나 시장이 하루가 다르게 변화하고 있는 21세기 경영의 초점은 혁신에 모아지고 있다. 그것을 위한 기반은 창의성이다. 그런데, 창의성이 노력의 대상인가? 창의적 아이디어란 다만 열심히 노력한다고 성취할 수 있는

43 — Kruglanski, A. W., I. Friedman & G. Zeevi, "The Effects of Extrinsic Incentive on Some Qualitative Aspects of Task Performance," *Journal of Personality*, 39, 1971, pp.606-617.

대상이 아니다. 개인의 창의성은 위에서 살펴본 것과 같이 과업에 관여하려는 자신의 내적 동기부여에 의해 생성된다. 그리고 개인의 과업 관여를 위한 내적 동기부여는 일이 아니라 재미있는 놀이와 같은 느낌이 들 때 생성된다. 그런데, 평가와 관련된 절에서 살펴본 것과 같이, 휴리스틱 과업에 대한 보상이 외적 통제로써 개인의 내적 동기부여를 크게 떨어뜨리고, 결국 창의성의 저하로 이어진다는 것이다. 그 이유는 무엇인가? 이에 대한 해답을 얻기 위해 두 집단에 대해 실험 연구가 이루어졌다. 한 집단의 피험자에게는 보상 계획이 제시되고, 다른 집단의 피험자에게는 아무런 언급도 없었다. 보상 계획을 제시 받았던 피험자가 보였던 행동을 그러지 않았던 피험자의 행동과 비교할 때 나타난 차이는 다음과 같이 요약되었다.[44]

- 보상 계획을 제시 받았던 피험자는 보다 더 단순하고 쉬운 과업을 선택하였다.
- 그들은 보상을 얻기 위해 과업의 범위를 좁게 설정하였다.
- 그들이 과업에 보인 흥미는 낮았다.
- 그들은 고정관념을 벗어나는데 더 큰 어려움이 있었다.
- 그들이 과업을 처리하면서 느낀 즐거움은 크지 않았다.
- 결과적으로, 그들의 성과는 덜 창의적이었다.

개인이 보상받을 목적으로 특정한 과업을 수행할 때 창의적 성과가 나타나길 기대하기는 어렵다. 보상은 일시적 각성 효과를 볼 수 있는 카페인에 비유할 수 있다. 보상에 의해 일단 길들여진 개인은 과업보다는 다음 보상

44 — Deci, E. L., and R. M. Ryan, *Intrinsic Motivation and Self-Determination in Human Behavior*, New York: Plenum, 1985.35. Amabile, Teresa M., 전게서

에 초점을 맞추게 된다. 그것은 과업에 관여하는데 있어 중요한 개인의 내적 동기부여를 장기적으로 감소시키게 된다. 기업의 경영자가 직원에게 혁신을 독려하려면 과업에 자율적으로 관여할 수 있는 비즈니스 환경을 조성해야 한다. 예를 들어, 금전적 보상보다는 훌륭한 성과를 보인 직원에게 인정과 칭찬을 하는 것이 오히려 장인정신을 북돋울 수 있다. 그리고 직원에게 과업과 관련해 통제보다는 유용한 정보를 제공해 주는 것이 창의성 향상에 도움이 될 수 있다.

4. 창의성을 촉진하는 외적 업무환경

외적 동기부여가 내적 동기부여와 창의성을 항상 저해하는 것은 아니다. 개인의 자율권, 역량 또는 과업 몰입을 지원하는 외적 동기부여 요소는 창의성을 촉진시킬 수 있다. 예를 들어보자. 전혀 기대하지 않은 보너스 형식의 보상, 도전해 볼만한 가치가 있는 과업의 자율적 선택, 다양한 역량과 재능을 겸비한 동료가 특정한 과업을 중심으로 협업할 수 있는 팀의 구성, 새로운 아이디어의 발굴을 격려하는 상사, 창의성을 독려하는 경영자의 분명한 비전과 메시지 전달, 창의적 업무의 적절한 인정, 조직 내에 아이디어 공유를 촉진하는 문화 등은 내적 동기부여와 창의성을 촉진하는 외적 업무환경이다.[45]

V. 혁신 프로세스

창의적 아이디어를 지속적으로 구상하려면 〈그림 3〉의 윗부분에서 보는

45 — Amabile, Teresa M., 1996, 전게서

것과 같이 '혁신 프로세스'를 하나의 시스템으로 운영해야 한다. 혁신 프로세스는 애머빌이 제시한 다음 다섯 단계로 구성된다: 1) 과업 파악; 2) 데이터 수집과 분석; 3) 아이디어의 구상; 4) 타당성 실험과 보고; 그리고 5) 성과. 애머빌은 선행 연구를 토대로 혁신 프로세스의 각 단계별 활동과 위에서 살펴본 창의성 구성요소 간의 관계를 〈그림 3〉과 같이 설정하였다.[46]

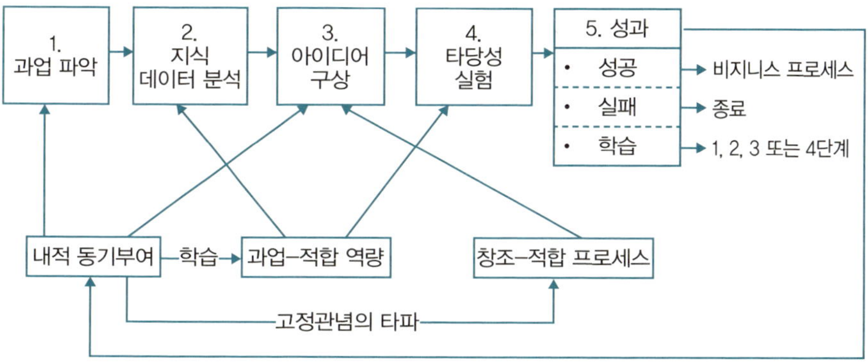

〈그림 3〉 혁신 프로세스와 창의성의 구성요소 간의 관계

1. 과업 파악

혁신 프로세스는 〈그림3〉을 보면 혁신을 위한 '과업 파악'에 의해 시작된다. 시장의 변화를 적시에 정확하게 파악하는 일이 혁신의 지름길이다. 과업 파악의 중요성은 아무리 강조해도 지나치지 않는다. 장기간에 걸쳐 엄청나게 많은 투자를 한 제품·서비스가 고객의 요구를 충족시키지 못할 때, 기업이 실패할 위험성이 커질 수 있다.

개인이 혁신하려는 동기는 무엇인가? 일반적으로, 기업의 임직원은 변

46 — Amabile, Teresa M., 1996, 전게서

화를 기피하거나 두려워한다. 기업의 고유 목적은 이미 개발된 제품을 효율적으로 생산하고, 고객에게 안정적으로 공급함으로써 수익을 실현하기 위한 것이다. 기업이 새로운 제품을 혁신하고자 할 때, 다양한 지식 및 정보의 수집과 분석뿐만 아니라 조직 구조도 변화시켜야 한다. 개인이 이와 같은 어려움을 감수하고서 제품을 혁신하려는 시도는 〈그림 3〉에서 보는 창의성의 구성요소 중 '내적 동기부여'로 설명될 수 있다. 즉, 개인이 새로운 제품 개발에 흥미를 느끼고 이에 도전해 보고자 하는 내적 동기부여가 높아질 때 혁신 프로세스가 시작된다. 특히, 개인이 혁신 과업을 자율적으로 선정할 수 있을 때, 아이디어를 보다 더 풍요롭게 구상할 수 있다.[47] 그리고 3M과 구글이 업무시간의 15~20%를 직원이 자율적으로 쓸 수 있도록 허용한 비즈니스 환경도 아이디어 구상에 긍정적 효과를 보인 것으로 나타났다. 물론, 경영자에 의해 선정된 과업이더라도 개인이 그에 대해 흥미와 즐거움을 느낄 수 있다면 창의성을 발휘할 수도 있다. 그러나 자신이 아닌 다른 사람에 의해 결정된 과업에 대해 개인의 내적 동기부여가 높아지기는 어렵다는 것이 통설이다. 즉, 개인이 흥미를 느낀 혁신 과업을 스스로 구상할 수 있을 때 창의적 아이디어의 구상이 보다 더 풍요로워질 수 있다.

2. 지식·데이터 분석

혁신을 위한 과업이 파악되면, 그것과 관련된 지식 및 데이터의 분석과 학습이 두 번째 단계에서 이루어져야 한다. 이를 효과적으로 수행하려면 〈그림 3〉에서 보는 창의성의 구성요소인 '과업-적합 역량'을 갖추어야 한다. 앞에서 살펴본 콘티넨탈리소스 회사의 과업-적합 역량은 '에임스 홀'과

47 — Getzels, J. & Csikszentmihalyi, M., *The Creative Vision: A Longitudinal Study of Problem-finding in Art*, New York: Wiley-Interscience, 1976.

같은 일반적 지질학 지식과 더불어, 셰일층의 가스와 원유를 추출하기 위한 수압파쇄법과 수평시추법에 관한 전문적 지식과 기술이라 할 수 있다. 혁신 프로세스에 참여하는 팀원이 적절한 과업-적합 역량을 갖추고 있을 경우 아이디어의 구상을 위한 잠재적 자원이 된다. 기업의 역량이 반대로 부실하면, 그 준비에 많은 투자와 시간이 필요하며 아이디어의 구상이 지연될 수 있다.

한편, 개인이나 팀원이 단순히 창 밖을 내다보다 불현듯 스치는 생각을 토대로 혁신을 위한 아이디어를 지속적으로 찾아내기는 어려운 일이다. 혁신 과업을 파악하려면 제품에 관한 일반적 지식을 바탕으로 광범위한 지식과 데이터의 분석이 필요하다. 예를 들어, 소셜 미디어인 블로그, 제품의 추천시스템, 트위터, 모바일 도구 등을 통해 기업과 고객 사이에 오가는 대화나 메시지 등을 분석함으로써 어떤 제품을 혁신해야 할 것인지 알아낼 수 있다. 또한, 빅데이터의 저장과 처리가 기술적으로 그리고 경제적으로 가능해지면서, 시장의 변화를 효과적으로 파악할 수 있는 가능성이 한층 더 커지고 있다. 특히, 빅데이터 분석의 핵심은 모르고 지나쳤던 다차원적 변수들 간의 '상관관계'의 파악이다. 예를 들어, 대형 쇼핑몰의 판매 분석 담당자가 고객의 구매 패턴, 향기가 없는 로션, 징크나 철분이 많이 함유된 비타민의 구입 등을 분석함으로써 그녀의 임신 여부와 출산 예정일까지 알아낼 수 있다. 출산일이 가까워지면 갓난아기의 옷이나 침대 등을 맞춤 홍보할 수도 있다. 얼핏 보기에 별 관련이 없어 보이던 다차원적 변수들 간의 상관관계가 빅데이터 분석을 통해 의미 있는 정보가 될 때, 혁신을 위한 개인의 상상력을 자극할 수도 있다.

3. 아이디어 구상

혁신을 위한 아이디어의 구상이 세 번째 단계에서 이루어진다. 예를 들어, 혁신 과업이 '자율주행차' 개발이라 하자. 레이더, 센서, 세부적 지도, 인공지능 등 지금까지 독립적으로 개발되어 온 다양한 기술을 자율주행차라는 틀에 어떻게 구성하면 고객의 가치를 높일 수 있는지 파격적 아이디어의 모색이 필요하다. 그 설계에는 크게 보아 두 가지 방안이 존재한다. 하나는 인간이 운전하는 과정에 사고가 날 위험성이 높아지면 자율적 시스템이 개입하는 경우이다. 이와 달리, 자동차가 인간의 개입 없이 완전히 주도적으로 움직이도록 하는 또 다른 방안이 있다. 그런데, 후자를 채택하려면 인공지능이 자율주행차 시스템에 반드시 포함되어야 한다. 예를 들어, 대형 수도관이 갑자기 파열되어 도로가 일시적으로 폐쇄되었을 때, 자동차가 미리 설정된 지도와 달리 어떻게 우회할 것인지 스스로 판단할 수 있는 기능이 필요하기 때문이다. 혁신을 위한 아이디어 구상 단계에서 아이디어가 가급적 많이 제시될수록 바람직하다. 그 이유는 다양한 아이디어의 검증을 위한 실험 결과를 토대로 학습하게 되고, 타당성이 보다 더 높은 아이디어의 구상으로 이어질 수 있기 때문이다.

아이디어의 구상을 촉진하는 개인의 창의성 요소는 〈그림 3〉을 보면 '창조-적합 프로세스'이다. 그 개념의 핵심은 단순하다. 개인이 아이디어를 구상하려면 자신의 고정관념에서 벗어나야 한다는 것이다. 과거 경험을 토대로 형성된 고정관념에서 벗어나지 못하면 새로운 시각에서 고객의 요구를 상상하기가 어렵기 때문이다. 고정관념에서 벗어나기 위한 방안의 하나는 다양한 지식과 경험을 쌓은 동료로 팀을 구성하는 것이다. 그런데 서로 마음이 통하고 함께 일하기에 편안한 동료로 팀을 구성하려는 '유유상종'의 유혹을 떨쳐 버리기 쉽지 않다. 창의성을 높이려면, 자신과 다를 뿐만 아니라 꼭 필요하다면 싫어하는 사람과도 팀을 구성할 수 있는 용기가 필요하다. 다양한 분야의 동료가 만날 때 서로 모르거나 생각해보지 못했던 지식의 교집합이 이루어지고, 새롭고 창의적인 아이디어가 더 많이 구상될 수 있기 때문이다.[48] 물론, 서로 다른 가치관을 가지고 있는 사람들이 만나 하나의 과업을 해결하는데 필요한 협업을 조정할 수 있는 리더십이 필요하다.

아이디어의 수가 많아질수록 보다 더 창의적인 아이디어 구상에 도움이 되는가? 역사적으로, 피카소가 남긴 작품의 수는 무려 2만여 점에 이르렀으며, 아인슈타인이 발표한 논문은 240편 이상이었다. 바하는 매주 칸타타를 썼으며, 에디슨은 1,039 개의 특허권을 기록하였다. 그런데, 각 분야에서 뛰어난 창의성을 발현했던 인물의 작품이나 아이디어 중에서 인류에 널리 회자된 것은 일부에 불과했다. 개인이 아이디어를 풍부하게 모색하는 과정에 보다 더 창의적인 아이디어의 구상이 가능해진다.[49] 그 이유는 아이디어 구상에 우연적 요소가 포함되기 때문이다. 그러므로 고객에게 새롭고 가치 있는 제품 또는 서비스를 확실히 예측해 구상하기란 어려운 일이다.

개인이 고정관념에서 벗어나 창의적 아이디어를 구상하도록 창조-적합 프로세스를 촉진시키는 요인은 무엇인가? 그것은 개인의 내적 동기부여이다. 개인의 창조-적합 프로세스가 〈그림3〉을 보면 내적 동기부여에 의해 촉진될 수 있음을 알 수 있다. 개인의 내적 동기부여는 과업에 대해 흥미를 느끼고 자율적으로 도전할 수 있을 때 충만해진다. 그리고 개인은 과업 해결을 위해 몰입하고 만족감을 느끼게 된다. 즉, 내적 동기부여는 개인의 창의성이 샘솟게 만드는 촉진제 역할을 한다. 개인의 창조-적합 프로세스와 내적 동기부여가 적절히 결합될 때, 창의적 아이디어의 구상을 위한 시너지 효과가 이루어질 수 있다.

48 — Johansson, Frans, 2006, 전게서

49 — Johansson, Frans, 2006, 전게서

4. 타당성 실험과 보고

하나의 아이디어가 완성된 제품으로 실현되는 경우는 드물다. 혁신 프로세스란 새로운 제품·서비스를 위한 아이디어 또는 가설의 타당성 실험 및 실패의 경험을 거울삼아 학습함으로써 보다 더 창의적인 아이디어를 구상하는 과정이다. 앞에서 살펴본 콘티넨탈리소스 회사는 셰일층의 개발에 있어서 17번의 실패를 통해 수직시추법은 불완전하며, 수평시추법을 수압파쇄법과 함께 사용할 경우 생산성을 획기적으로 향상시킬 수 있음을 학습하였다. 혁신 프로세스는 초기 아이디어가 모호하고 불확실하더라도 반복적 실험과 학습을 거쳐 점차 예측 가능한 아이디어로 발전시켜 나가는 과정이다.[50]

아이디어의 타당성을 검증하려면 창의성 구성요소 중에서 과업-적합 역량이 필요함을 〈그림 3〉에서 볼 수 있다. 개인의 과업-적합 역량이란 앞에서 이미 설명한 혁신 과업과 관련된 지식 및 기술 등을 뜻한다. 혁신을 위한 아이디어가 타당한지 실험하는 단계에서 개인의 과업-적합 역량은 매우 중요한 준거의 틀이 된다.

5. 성과

혁신 프로세스의 성과는 〈그림 3〉에서 보는 것과 같이 성공, 실패 또는 부분적 학습 중 하나이다. 첫째, 혁신 프로세스의 성과는 반복적 실험 및 학습에 의해 아이디어의 타당성이 충분히 검증될 때 비로소 '성공'이라고 평가된다. 그리고 최종적 산출물인 창의적 아이디어는 비즈니스 프로세스로 이전되고, 제품의 실제 생산, 판매, 유통과 같은 일상적 활동이 이어지게 된다. 둘째, 과업 목표에 적합한 창의적 아이디어를 수많은 실험에도 불

50 — Amabile, Teresa M., 1996, 전게서

구하고 구상할 수 없었을 경우, 그 혁신 프로세스는 '실패'로 종료된다. 셋째, 혁신 프로세스의 성과로 완전한 성공도 실패도 아닌 부분적 학습이 이루어질 수 있다. 혁신 프로세스의 속성상 이와 같은 부분적 학습이 오히려 더 빈번하게 나타날 수 있다. 부분적 학습 효과는 〈그림 3〉을 보면, 혁신 프로세스의 1, 2, 3, 또는 4 단계로 피드백 될 수 있다. 그에 따라, 과업의 수정, 지식 및 데이터의 재분석, 새로운 관점의 아이디어 구상 또는 새로운 실험이 필요할 수 있다. 또한, 혁신 프로세스의 성과에 따라 창의성의 세 가지 요소인 내적 동기부여, 과업-적합 역량 그리고 창조-적합 프로세스의 조정도 필요하다.

결론

- 시장이 구조적으로 급격히 변화하고 있다. IT의 혁신적 응용이 봇물 쏟아지듯 진행되면서 시장의 요구와 생산방식이 송두리째 변화하고 있기 때문이다. 기업의 경쟁력은 산업사회 경영전략의 초점이었던 생산 및 판매의 효율성 제고만으로는 더 이상 유지하기 힘들어졌다. IT에 의해 촉발된 변화의 시대에, 기업이 성장하려면 혁신에서 새로운 길을 찾아야 한다.
- 혁신은 고객이 기대하지 않았던 가치를 높여줄 제품 또는 서비스의 개발을 뜻한다. 이는 고객 및 조직 역량의 관점에서 '점진적 개선'과 '파괴적 혁신으로 구분될 수 있다. 점진적 개선은 현재 조직 역량 또는 기술 수준에서 기존 고객에게 새롭고 좋은 품질의 제품·서비스를 더 낮은 가격에 빠르게 공급하기 위한 것이다. 한편, 파괴적 혁신은 새로운 기술 및 비즈니스 모형을 개발해 새로운 시장을 개척하거나 기존 고객을 확보하기 위한 장기적 실험이다. 기업이 성장하려면 점진적 개선과 파괴적 혁신 모두 필요하다.

- 창의성은 혁신의 원동력이다. 그것은 새롭고 가치 있는 제품 또는 서비스를 아무런 제한 없이 구상할 수 있는 역량이며, 교육과 훈련에 의해 향상될 수 있다. 개인의 창의성은 '내적 창의성 요소'와 '외적 업무 환경'에 의해 결정된다.
- 내적 창의성은 1) 과업-적합 역량; 2) 창조-적합 프로세스; 그리고 3) 개인의 내적 동기부여의 세 가지 요소로 구성된다. 첫째, 개인의 과업-적합 역량이란 혁신을 위한 창의적 아이디어를 구상하기 위한 지적 그리고 인지적 활동의 범위와 깊이를 뜻한다. 둘째, 개인의 '창조-적합 프로세스'는 다양한 지식과 정보 간의 복잡한 관계를 이해하고 고정관념에서 벗어나 창의적 아이디어를 구상할 수 있는 역량이다. 인간의 '연상장애' 현상은 고정관념에서 벗어나는데 걸림돌이 될 수 있다. 이런 현상을 감소시키려면 다양한 지식의 교집합과 문화적 다양성을 높여야 한다. 셋째, 개인의 내적 동기부여는 특정한 과업에 관여하게 만드는 원동력이다. 과업을 업무가 아니라 재미있는 놀이로 여기고, 자율적으로 관여할 때 높아진다. 또한, 개인은 과업의 성과가 발전할 때 가장 높은 수준의 내적 즐거움을 느낀다.
- 한편, 외적 동기부여 환경에 놓인 개인은 조건부 보상의 충족 여부에 상당한 관심을 기울이게 되며, 혁신 과업에 쏟는 관심은 상대적으로 적어지게 된다. 그 이유는 인간이 기울일 수 있는 관심역량이 제한적이기 때문이다. 결과적으로, 외적 동기부여는 개인의 창의성을 떨어뜨릴 가능성이 높다.
- 과업이 알고리듬 유형이면 외적 동기부여가 적합할 수 있다. 반면, 휴리스틱 유형의 경우, 외적 동기부여가 내적 동기부여 및 창의성을 떨어뜨리는 원인이 된다.
- 혁신 프로세스는 개념적으로 1) 과업 파악; 2) 지식·데이터의 수집과

분석; 3) 아이디어 구상; 4) 타당성 실험; 그리고 5) 성과의 다섯 단계로 구분된다. 그 핵심은 창의적 인지 과정이며, 혁신을 위한 아이디어를 반복적 실험 및 학습을 통해 구상하는 지속적 시스템이다. 혁신 프로세스에서 창의성의 구성요소인 과업-적합 역량, 창조-적합 프로세스 그리고 내적 동기부여가 적절히 결합될 때 아이디어 구상에 있어서 시너시 효과가 나타날 수 있다.